ALLBRIGHT
LAW OFFICES
锦天城

锦天城法律实务丛书

科创IPO

KECHUANG IPO

QIYE DE ZHISHI CHANQUAN LUOJI

企业的知识产权逻辑

齐宝鑫　池振华 / 著

法律出版社 LAW PRESS · CHINA | 北京

图书在版编目(CIP)数据

科创IPO:企业的知识产权逻辑 / 齐宝鑫,池振华著. -- 北京:法律出版社,2023
(锦天城法律实务丛书)
ISBN 978-7-5197-7866-8

Ⅰ.①科… Ⅱ.①齐… ②池… Ⅲ.①创业板市场-上市公司-知识产权-研究-中国 Ⅳ.①D923.404

中国国家版本馆CIP数据核字(2023)第069224号

锦天城法律实务丛书	**科创IPO:企业的知识产权逻辑** **KECHUANG IPO:QIYE DE ZHISHI CHANQUAN LUOJI**	齐宝鑫 池振华 著	策划编辑 薛 晗 田 浩 责任编辑 薛 晗 田 浩 装帧设计 臧晓飞

出版发行 法律出版社
编辑统筹 法商出版分社
责任校对 王晓萍 王语童
责任印制 胡晓雅
经　　销 新华书店

开本 710毫米×1000毫米 1/16
印张 19.75 **字数** 320千
版本 2023年6月第1版
印次 2023年6月第1次印刷
印刷 三河市龙大印装有限公司

地址:北京市丰台区莲花池西里7号(100073)
网址:www.lawpress.com.cn
投稿邮箱:info@lawpress.com.cn
举报盗版邮箱:jbwq@lawpress.com.cn
销售电话:010-83938349
客服电话:010-83938350
咨询电话:010-63939796

书号:ISBN 978-7-5197-7866-8
定价:88.00元
凡购买本社图书,如有印装错误,我社负责退换。电话:010-83938349

序　一

党的二十大报告指出，加强知识产权法治保障，形成支持全面创新的基础制度。这充分说明了保障知识产权在推动全面创新中发挥着重要的支撑作用。

对任何企业而言，通过创新获得知识产权是塑造竞争壁垒，进而形成核心竞争优势的重要手段。知识产权作为人类发明创造的法律保护手段，其保护的难度不仅仅在于将智力成果有形化，还包括将其商业价值和社会价值最大化。如果企业不懂、不能或者不会利用知识产权来保护智力成果，就难以形成核心竞争优势。

《科创 IPO——企业的知识产权逻辑》这本书，以在科创板上市的企业为案例，不仅全面分析了科技企业在知识产权保护方面所面对的挑战，而且深入分析了已上市企业应对上市委问询的回复，全面问答了科创企业如何保护知识产权，如何利用知识产权形成核心竞争力等关键问题。

科技企业是推动中国式现代化的重要力量，如今，科技企业在我国的发展迎来了历史机遇，我国经济的韧性发展与市场的成长潜力为培养世界级科技企业提供了良好机遇，尤其是上交所科创板的成立，为孕育世界级科技企业创造了土壤。科创板从 2019 年首批 25 家公司起步，截至 2022 年 12 月 28 日，上市公司数量已经突破 500 家，总市值约 6 万亿元。科创板成立的这三年多时间，虽然伴随着疫情等多种不确定因素，但始终稳中求进，迎难而上。随着外部因素逐渐常态化，科创板强磁场效应将持续放大，继续成为硬科技企业上市的主要助推板块。

“芯动力”、“医疗兵”和“能源咖”占据了科创板大半江山，半导体行业、生物医药行业、新能源行业等作为本书研究的重点，可以较好地揭示在科创板制度标准下，上市委问询时重点考察的“得分点”。

对于科技企业来说，专利是体现科创属性的核心，将专利应用于主营业务是实现商业化和产业化的关键环节。本书不仅可以帮助拟在科创板上市的企业弯道超车，提前“预知”可能存在的挑战，更是科创企业在日常管理中完善知识产权保护体系的“百科全书”。从公司的核心技术及相关技术人员，到知识产权权属、知识产权诉讼，再到宏观层面的知识产权管理制度和研发体系，知识产权的保护从来都不局限于企业运营中的单项工作，而是一项系统性工程。只有科创企业深刻意识到知识产权保护的重要性，切实落实日常管理运营工作，一个有“真材实料”的硬科技公司才能通过科创板的考验，成功上市。

当然，对于那些即使没有上市计划的科技企业而言，本书也有极大的参考价值，可以帮助企业管理者识别知识产权保护的难点，进而帮助企业制定知识产权战略，利用知识产权来塑造核心竞争优势，从而推动企业持续增长。

曹仰锋*

* 曹仰锋，博士、香港创业创新研究院院长、北京大学光华管理学院管理实践教授。

序　二

作为一名以证券法律服务为专业的律师，我有幸见证了中国资本市场的发展演变，经过这些年在资本市场领域的深耕与摸索，不难发现，科创板以信息披露为核心的核准方式从试点阶段的初步尝试，到如今能够收获资本市场的积极反馈，离不开科创板对拟上市企业“科、严、新、稳”各方面的高要求，离不开对中介机构、企业责任的有效监管与督促。各个环节精准把控，方能有效提升科创板上市企业的综合质量。

科创板审核虽严格，但是全环节公开、透明、可预期，可以说，科创板既往的答卷就是拟上市企业最好的“复习资料”。通过推敲审核逻辑，帮助企业自查自纠，避免踩坑，提高对上市结果的可预测性。出于工作需要和对专业的追求，我团队一直专注于申请上市案例的研究，以归纳总结上市实践中的共性和特性问题，为此我团队还专门创设了“证券法律喵”微信公众号，这一点和本书的理念不谋而合。借助于长期积累的项目经验以及案例研究，更能够近距离地感受证券市场的律动和审核政策的变化。

本书剖析和总结了特定行业企业上市中应对知识产权问题的思路，这也引发了我的一些思考。科创板开板以来，科创属性不够、知识产权原创性不足、权属不清、非专利技术/技术秘密保护不到位等等，这些无疑不是悬在科创企业头上的“达摩克利斯之剑”。面对这些关键问题，企业除了审时度势把握时机外，更重要的是精心准备，练好“内功”。而律师事务所作为企业上市的中介机构，既要有专业能力和从业经验，对企业负责，又要按照发行上市的条件将符合要求的企业推向资本市场，对投资者负责。在落实以信息披露为核心的注册制改革中，中介机构“核清楚”是一以贯之的高标准，律师作为法律的实践者，更应本着拟上市企业“委托人”的身份参与证券市场服务，谨守“看门人”的职责。

通读全书，字里行间透露着深厚的知识产权实务经验及对科创板 IPO 的理解。本书从半导体、生物医药、新材料、新能源、智能制造等多个行业的审核及回复要点出发，深入分析知识产权共性问题及应对方案，提炼归纳科创企业的知识产权逻辑，为相关领域拟上市企业提供知识产权诊断体检问题清单。同为专业法律人，我也希望业内齐头并进，多多交流分享法律知识与实务经验，在全面注册制改革的东风加持下，全力以赴塑造科创新生态，精益求精提供法律优服务。

王　立*

* 王立，上海市锦天城律师事务所高级合伙人、锦天城资本市场业务委员会秘书长。

自 序

宏观上看知识产权是国家层面的知识产权管理，我们从发达国家不断学习知识产权管理的历程和启示；中观上看知识产权是行业层面的知识产权管理，强化生物医药和半导体等行业的知识产权管理实务，进一步打通高校和科研院所与企业的产学研合作，最终让知识产权反哺科研，并成为行业发展的引擎；微观上看知识产权是企业层面的知识产权管理，这就要求科创企业把知识产权战略管理抓起来，特别是拟上市企业恶意知识产权诉讼的应对。

资本是企业家用于创新的杠杆，企业要充分利用多层次的资本市场。2021 年科创板上市公司 IPO 融资总额约占上交所融资总额的一半，背靠国家的知识产权法律法规体系支持、科创板注册制的政策制度支持以及国际国内市场对于创新源动力的强烈需求，科创企业正经历着强势利好风口，更应当把握机遇上市，直面竞争与挑战，争做行业内创新“龙头”企业。

北京大学光华管理学院教授周长辉说过“视野半径决定选择，选择决定结果”。只有不断拓宽视野，才能让自己的选择更加明智。于是我密切关注行业的可持续发展，平日喜欢研究产业的创新驱动，在深刻分析了一个又一个科创板上市企业的真实案例之后，我萌生了要写这本书的念头，想要与更多需要长远发展的科创企业一起分享整个行业的前沿动态及知识产权诊断清单。

以中美之间的企业发展为例，中美之间最大的差异就是科技差异。中国虽然发展得很快，但是在科技核心产业上依然存在被制约的情况。比如芯片和生物医药是美国最核心的科技资产，这一点从美国对中国几家知名企业的制裁就可以看出。广为人知的是美国制裁华为和中芯国际，而少有人知的是，美国也制裁了中国生物医药企业药明康德。医药产业也好，半导体产业也好，解决技术限制，都是企业发展必须要面对的困难与门槛，同时也是发展“硬科技”最核心的问题。在此笔者提三个转变：把知识产权从成本中心转变成利润中心；把过去被动的战术应对转变为主动的战略作为；把事后是知识产权纠纷处理转化为事前的知识产权规划。

一些非常优秀的科创企业，需要被关注到，要想激发它们无尽的潜力，只需要给它们一个成功的机会。不能因为它们埋头研发技术，不懂知识产权的企业管理，不懂合规发展，就因此在 IPO 之路上折戟。为了帮助企业在 IPO 这条“曲径”上能够顺利前进，同时也为了众多有真才实学、价值潜力巨大的中小科创企业能成功“通幽”，本书致力于为其尽可能地识别并扫清知识产权领域的障碍，促进各大科创企业自查自纠，提升其 IPO 的成功概率。

我始终认为，这些需要指引的科创企业是中国的未来，中国企业必须走创新引领发展的可持续道路，才能实现技术领域的伟大复兴，提升综合国力，提高中国在国际社会上的话语权。

目·录

第一章 IPO的知识产权逻辑概述

第二章 IPO的知识产权逻辑详解

第三章 IPO的知识产权案例分析

第一章 IPO的知识产权逻辑概述

近年来，知识产权问题成为越来越多科创企业成长发展中的关键问题之一。企业IPO上市的知识产权逻辑，有利于推动和落实“创新是引领发展的第一动力，保护知识产权就是保护创新”这一号召。

科创企业，指研究方向面向世界科技前沿、面向经济主战场、面向国家重大需求、面向人民生命健康，主要服务于国家科技创新战略、突破关键核心技术，科技创新能力突出、科技成果转化能力突出、行业地位突出、市场认可度高的科技创新企业。[①] 科创企业需要符合国家战略、突破关键核心技术、市场认可度高，拥有大量的自主知识产权是它们的共同点，保护知识产权就显得尤为重要。对于这些企业来说，如何避免潜在的知识产权纠纷？如何防范专利“狙击”或恶意诉讼？如何构建自身风险防范机制？又如何应对发展过程中一系列的知识产权挑战？

当发展至一定阶段为融措更多资金而准备IPO时，科创企业可以上市科创板，也可以选择主板、创业板等其他板块。各个板块融资的要求不同，企业依照自身需求和板块的适配性进行选择。

本部分通过梳理医疗健康与医药、互联网与信息技术（主要是半导体）、新材料、新能源、环保、智能制造等行业内企业核心知识产权问题，提炼归纳科创企业的知识产权逻辑，为相关领域及其他类似企业提供知识产权诊断体检问题清

---

① 《资产评估专家指引第14号——科创企业资产评估》，载http://www.aicpa.org.cn/ahzx/templetlib/upload/2021-12-31/1640900521965694.pdf，最后访问日期：2022年12月12日。

单，进而为科创企业发展壮大保驾护航。

一、科创板 IPO 概览

提及科创企业，资本市场最鲜明的标签就是科创板 IPO 上市企业。企业若选择科创板进行 IPO，则将面临对诸多知识产权问题的考量、考察及考验。

科创板是自由的，从核准制到注册制，它为渴望融资的企业开辟了绕开实质审核的“快车道”。

科创板是包容的，它允许尚未盈利或存在累积未弥补亏损的企业上市。

科创板是残酷的，上市委员会的审议同样可以决定上市进程的中止。违法退市、交易量低退市、财务指数不达标退市等更加全面的退市机制也在不停运转。

什么是科创属性？拟上市企业选择科创板是否明智？选择科创板的企业又应遵循怎样的逻辑才得以顺利上市？针对上述问题，本书认为：有硬科技，上科创板。具体将通过以下各章节逐一展开论述。

（一）科创企业与科创板

在资本市场背景下讨论科创企业，直接的素材便是科创板的相关规则和案例。科创板于 2019 年 7 月 22 日开市来，截至 2022 年 12 月 31 日，已有 530 家企业成功上市交易，22 家企业经由上市委审议后通过，但终止上市进程的企业同样不在少数，高达 178 家。科创板的注册制审核模式希望筛选出一批怎样的科创企业？企业又该如何进行知识产权布局才能被认可具有科创属性？以“硬科技”作为纽带联系起的科创板与科创企业到底遵循着怎样的逻辑？本部分将结合科创板特点和全面注册制背景，对半导体、生物医药、新材料、新能源、环保及智能制造行业企业的知识产权关注要点进行调研和总结，简要阐明企业科创板上市 IPO 的知识产权逻辑。

1. 设立历程

2018 年 11 月 5 日，我国在上海举行的首届中国国际进口博览会开幕式上宣布，将在上海证券交易所设立科创板、试点注册制。2019 年 1 月 30 日、3 月 1 日，《关于在上海证券交易所设立科创板并试点注册制的实施意见》《科创板首次公开发行股票注册管理办法（试行）》《科创板上市公司持续监督办法（试行）》相继出台。2019 年 3 月 18 日，科创板上市审核系统开放接收发行人申请。2019 年 3 月 22 日，9 家首批科创板上市申请被受理。2019 年 6 月 5 日，首批 3 家申请企业过会。2019年7月22日，科创板开市，首批25家科创板企业挂牌交易。① 从提出设立到首批挂牌交易，全程历时仅249天。

2. 定位

根据《关于在上海证券交易所设立科创板并试点注册制的实施意见》，科创板主要服务面向世界科技前沿，符合国家战略，突破关键核心技术，市场认可度高的科技创新企业，重点支持新一代信息技术、高端装备、新材料、新能源、节能环保及生物医药等高新技术产业和战略性新兴产业。科创板与主板（含中小板）、创业板、新三板、北交所等其他板块定位的简要对比及服务对象特点如图1、表1所示：

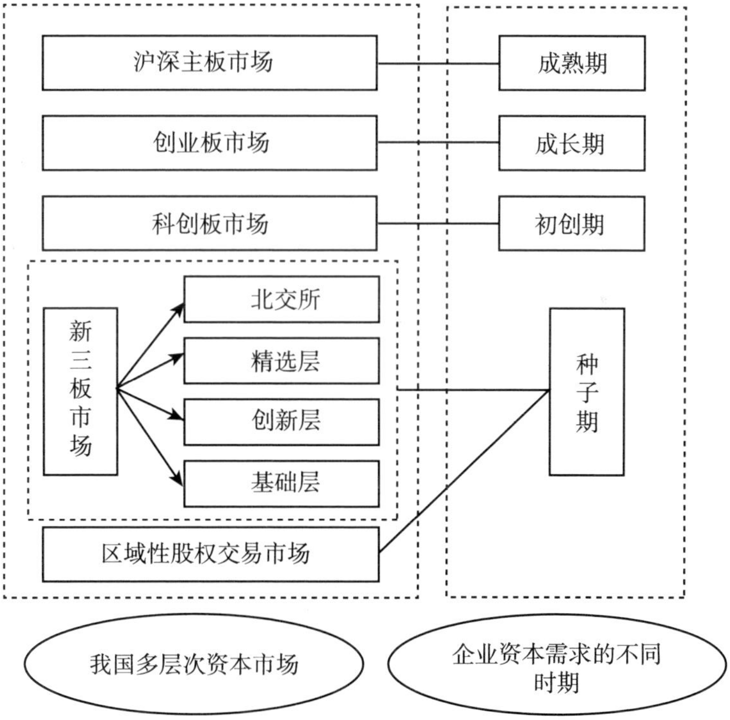

图1 各板块对比

资料来源：徐玉德、李昌镇：《我国资本市场支持科技创新的成效、困境及政策建议》，载《财政科学》2022年第5期；陈洁：《科创板注册制的实施机制与风险防范》，载《法学》2019年第1期。

① 《科创板正式开市！中国资本市场迎来历史时刻》，载http://money.people.com.cn/BIG5/n1/2019/0722/c42877-31248024.html，最后访问日期：2022年12月12日。

表 1　各板块服务对象

项目	科创板	主板	创业板	新三板	北交所
服务对象特点	面向世界科技前沿，符合国家战略，突破关键核心技术，市场认可度高的科技创新企业，重点支持新一代信息技术、高端装备、新材料、新能源、节能环保及生物医药等高新技术产业和战略性新兴产业	为境内外大中型成长企业与成熟企业服务，是资本市场服务实体经济的主要渠道	“三创四新”：主要面向自主创新及其他成长型创业企业的新市场，对企业所属行业并没有明确限定	面向民营中小微企业，门槛较低	面向“中小企业 + 创新企业”，行业层面上更注重“专精特新”*

＊　陈洁：《北交所的定位及未来》，载《中国金融》2021 年第 18 期。

3. 运行成果

科创板平稳运行已有 3 年，截至 2022 年 12 月 31 日，科创板上市项目共 863 家，注册生效 530 家企业，提交注册 33 家，上市委审议 23 家，已问询 57 家，已受理 30 家，终止注册 178 家，中止及财报更新 12 家。整体状况如图 2 所示：

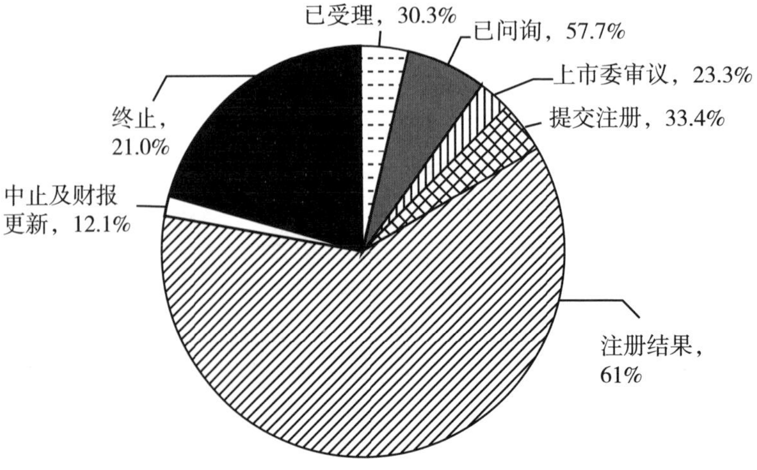

图 2　科创板项目上市整体状况

（二）相关法律规范

本书选取了对科创板上市申请具有指导意义的若干法律规范进行主要内容归纳，具体如表2所示：

表2 对科创板上市申请具有指导意义的若干法律规范

法律规范名称	发布日期	主要内容
《关于在上海证券交易所设立科创板并试点注册制的实施意见》	2019年1月30日	1. 指导思想和原则：党的领导、市场导向、法治导向、信息披露监管。 2. 定位：高新技术产业和战略性新兴产业。 3. 包容的上市条件：允许符合科创板定位，尚未盈利或存在累积未弥补亏损的企业上市。允许特殊股权结构企业、红筹企业上市。 4. 试点注册制改革。 5. 上海证券交易所负责科创板发行上市审核。 6. 完善制度和配套改革措施
《科创板首次公开发行股票注册管理办法（试行）(2020年修订)》	2019年3月1日	1. 授权上海证券交易所进行发行上市审核，后报证监会履行发行注册程序。 2. 发行条件：符合持续经营年限、披露规定、持续经营能力、合法合规，符合政策。 3. 注册程序：从董事会出具方案到证监会同意注册全流程。 4. 特别规定及监管责任
《公开发行证券的公司信息披露内容与格式准则第41号——科创板公司招股说明书》	2019年3月1日	对招股说明书的信息披露要求： 1. 格式要求：封面、扉页、概览、目录等。 2. 发行相关要求：发行概况和风险因素。 3. 发行人经营信息要求：发行人基本情况、业务与技术（包括合作协议）、公司治理与独立性。 4. 发行人财务信息要求：公司财务、募集资金用途及投资者保护。 5. 其他
《上海证券交易所科创板股票发行上市审核规则(2020年修订)》	2020年12月4日	1. 审核重点判断事项：发行条件、上市条件、信息披露要求是否满足。 2. 发行上市审核机构出具审核报告。 3. 审议机构：科创板股票上市委员会对审核报告审议，决定发行人符合要求或中止发行审核。

续表

法律规范名称	发布日期	主要内容
		4. 申请受理。 5. 发行、上市条件审核：发行条件符合《科创板首次公开发行股票注册管理办法（试行）》，上市条件适用市值及财务指标——“五选一”。 6. 信息披露要求预审核—问询机制：通过提出问题、回答等方式提高信息披露质量。 7. 具体审核程序、审议程序、向证监会报送审核意见
《上海证券交易所科创板股票上市规则（2020 年 12 月修订）》	2020 年 12 月 31 日	1. 上市条件：符合发行条件、发行后股本总额不低于 3000 万元人民币、公开发行股份达到公司股份总数 25% 以上（股本总数大于 4 亿元比例达到 10% 以上）、市值及财务指标达标、符合其他上市条件。 2. 市值及财务指标——“五选一”。 3. 持续监督及内部治理。 4. 信息披露的规定。 5. 股权激励、重大资产重组、退市等规定
《科创属性评价指引（试行）（2022 年 12 月修订）》	2022 年 12 月 30 日	科创属性“4＋5”： “4”——支持鼓励科创板定位规定的行业领域中，同时符合研发投入额、研发人员数、应用于主营业务专利数和年复合增长率等指标可以申报。 “5”——不满足上述指标，符合核心技术领先、核心技术人员获奖、承担国家重大项目、形成核心技术和应用于主营业务专利数 50 项以上也可申报

（三）信息披露

1. 核准制与注册制

在证券发行核准制下，证券监督管理机构对发行人上市条件作实质性审查，则成功发行的发行人总量势必受到控制。这会造成首次公开募股市场供需不平衡，导致监管寻租、发行人披露造假等现象，从而又给监管带来更大挑战。① 注册制则以文件审核加问询为基础，提高信息披露质量让市场决定公司的价值，淡

① 李文莉：《证券发行注册制改革：法理基础与实现路径》，载《法商研究》2014 年第 5 期。

化证券监督管理机构的决定权，让符合上市条件的公司更快过会。

从核准制到注册制中不仅包括监管机构从决策者到监管者的角色转变，同样包含着企业逻辑的变化。在注册制下，企业要考虑的是如何满足信息披露要求而非达到发行资格，① 这就涉及“审出一家好公司”还是“审出一家真公司”的命题。

2. 审出一家好公司还是审出一家真公司

当从核准制到注册制的转变被看作从“审出一家好公司”到“审出一家真公司”的目标转变，公司证券的价值判断往往被忽略了。人们开始认为“真公司”的标准是只要公司披露的材料与真实情况保持一致，就该允许公司上市。在科创板制度下，这个看法是不正确的。通过本部分（二）的基础法律规范介绍可以发现，证监会将发行上市审核的权力下放给上海证券交易所，而发行及上市条件都是信息披露范畴外法律规范明确规定的上市硬性准则。换言之，就算是在注册制下，法定条件、信息披露和公司的实际情况三者也必须要一并具备才能满足发行上市的条件。② 所以，“审出一家真公司”也应满足投资价值的最低要求，再同时满足信息披露标准才对成功上市有实际作用。

3. 问的就是硬科技

注册制要求信息披露充分，以发行人递交的招股说明书等为审核依据，针对其中的突出问题进行一轮或多轮从全面到重点的问询，层层提升信息披露质量。基于科创板的定位，问询关注的主要是公司对科技创新相关事项的披露情况。③

根据《科创属性评价指引（试行）（2022 年 12 月修订）》，落实科创板定位具体来讲就是支持和鼓励硬科技企业在科创板上市。而科创属性具体指符合科创板定位的相关行业领域中可以申报科创板上市的两种公司所具有的特点。

第一种：同时符合以下四项指标：“（1）最近三年研发投入占营业收入比例 5% 以上，或最近三年研发投入金额累计在 6000 万元以上；（2）研发人员占当年员工总数的比例不低于 10%；（3）应用于公司主营业务的发明专利 5 项以上；（4）最近三年营业收入复合增长率达到 20%，或最近一年营业收入金额达到 3 亿元。”

第二种：不达第一种指标，但符合下列情形之一：“（1）发行人拥有的核心

① 尹佳瑶、于鸿翠、隋宝玉：《浅析“科创板”注册制》，载《商业经济》2019 年第 2 期。
② 李有星、潘政：《科创板发行上市审核制度变革的法律逻辑》，载《财经法学》2019 年第 4 期。
③ 高青松、杨萍：《科创板问询式审核存在的问题与对策研究》，载《南方金融》2020 年第 5 期。

技术经国家主管部门认定具有国际领先、引领作用或者对于国家战略具有重大意义；（2）发行人作为主要参与单位或者发行人的核心技术人员作为主要参与人员，获得国家科技进步奖、国家自然科学奖、国家技术发明奖，并将相关技术运用于公司主营业务；（3）发行人独立或者牵头承担与主营业务和核心技术相关的国家重大科技专项项目；（4）发行人依靠核心技术形成的主要产品（服务），属于国家鼓励、支持和推动的关键设备、关键产品、关键零部件、关键材料等，并实现了进口替代；（5）形成核心技术和应用于主营业务的发明专利（含国防专利）合计 50 项以上。”

据此可知，关于科技创新相关事项的问询构成审核中评价科创属性不可或缺的一步。而其中被层层“刨根式”问询的，就是公司的硬科技。所以科创板知识产权的企业逻辑就是要围绕着企业科创属性重点展开。

二、主要行业关注要点

本书以半导体行业及生物医药行业为重点领域，选取了自科创板开板至 2022 年之前已于科创板成功注册上市的 69 家半导体公司与 52 家生物医药公司（以下简称样本公司），进行分析研究，相关数据来源为上海证券交易所科创板官方网站（http：//star. sse. com. cn/）的公开披露。样本选取方式为：（1）针对半导体企业，先通过证监会行业分类进行初步筛选，再逐一进行分析以精准识别；半导体企业主要分布于软件和信息技术服务业，计算机、通信和其他电子设备制造业，通用设备制造业，化学原料和化学制品制造业，非金属矿物制品业，专用设备制造业等证监会行业。（2）针对生物医药企业，先通过证监会行业分类进行初步筛选，再逐一进行分析以精准识别；生物医药企业主要分布于医药制造业，研究和试验发展等证监会行业。

此外，为更为全面地分析不同行业的关注要点，本书还选取了新材料领域的四家公司（明冠新材、会通新材、上纬新材、华光新材）、新能源领域三家公司（天合光能、卓越新能、中信博）、环保领域两家公司（英科环保、京源环保）以及智能制造领域两家公司（海德曼、金盘科技）作为补充样本进行分析，相关数据来源于上海证券交易所科创板官方网站（http：//star. sse. com. cn/）的公开披露。选取方式为首先通过名称中关键词进行初步检索，再通过公开披露的招股说明书确认其所在行业为目标领域后，从科创板官网公告总结相关问询回复。

（一）上市耗时及问询轮次情况

本节展示了样本公司的平均上市耗时及平均被问询的轮次随递交申请日期变化的趋势。

科创板自 2019 年 3 月 18 日开放受理上市申请文件系统。作为取整考量，本节统计时间起点选在 2019 年 3 月 1 日，第一个统计周期为 4 个月，后续统一为半年为一统计周期，至 2021 年 6 月 30 日。本书选取的公司递交申请日期最早为 2019 年 3 月 22 日，如武汉科前生物股份有限公司、晶晨半导体（上海）股份有限公司、烟台睿创微纳技术股份有限公司，申请日期最晚的为 2021 年 6 月 29 日递交的浙江臻镭科技股份有限公司，均落在上述统计周期中。

1. 上市耗时

经本书统计，样本公司中半导体公司平均耗时为 219 天，生物医药公司平均耗时为 256 天。上市耗时最久的半导体公司为广州市品高软件股份有限公司，总计 511 天。耗时最久的生物医药公司为武汉科前生物股份有限公司，总计 522 天。耗时最短的半导体公司为中芯国际集成电路制造有限公司，总计 28 天。耗时最短的生物医药公司为成都苑东生物制药股份有限公司，总计 98 天。两行业耗时天数随递交申请日期变化的趋势如图 3 所示。

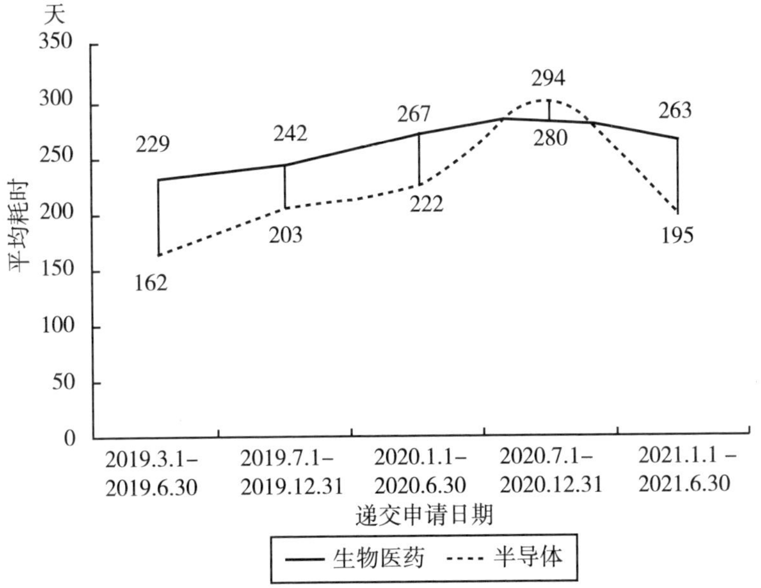

图 3　上市耗时

图 3 中横坐标为递交申请的日期区间，纵坐标为在区间内递交申请的企业上市所花的平均天数。可以看出，自 2019 年 3 月 1 日至 2020 年 12 月 31 日，两行业上市耗时天数整体呈上升趋势，自 2021 年开始则呈现下降趋势。整体来看，除了 2020 年 7 月 1 日至 2020 年 12 月 31 日部分时间段，其他统计区间内生物医药企业上市耗时天数均多于半导体企业上市耗时天数。

2. 问询轮次

经本书统计，样本公司中半导体公司平均问询轮次为 2. 33 次，生物医药公司平均问询轮次为 2. 44 次。受问询轮次最多的半导体公司为广东紫晶信息存储技术股份有限公司、芯原微电子（上海）股份有限公司，各被问询 5 轮。受问询轮次最多的生物医药公司为申联生物医药（上海）股份有限公司，被问询 5 轮。问询轮次最少的半导体公司为中芯国际集成电路制造有限公司、苏州华兴源创科技股份有限公司、聚辰半导体股份有限公司，各被问询 1 轮。受问询轮次最少的生物医药公司为成都苑东生物制药股份有限公司，被问询 1 轮。两行业问询轮次随递交申请日期变化的趋势如图 4 所示。

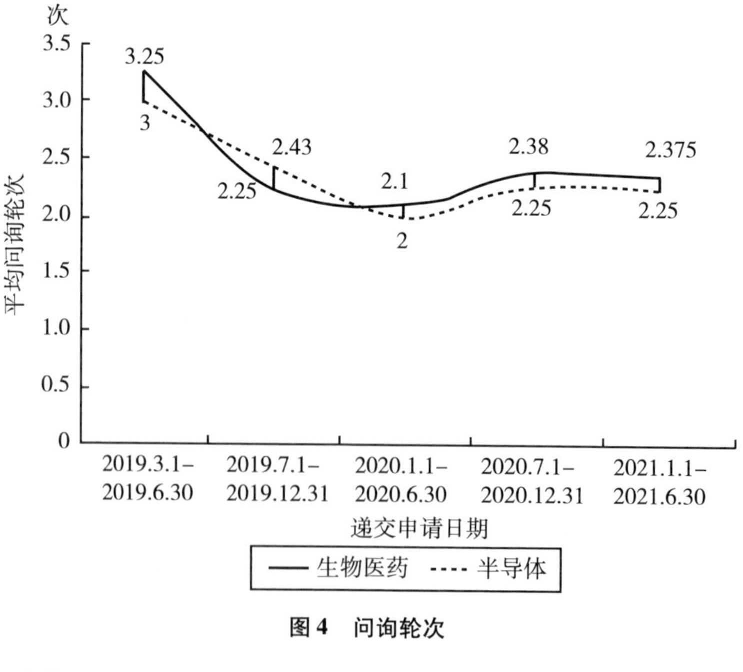

图 4　问询轮次

图 4 中横坐标为递交申请的日期区间，纵坐标为在区间内递交申请的企业上市被问询的平均轮次。可以看出，在统计区间内，两行业企业被问询轮次呈现下

降后平稳小幅上升趋势。若排除2021年存在已递交申请但截至统计周期末尚未成功注册的企业未统计在内的影响，自2020年7月1日至2021年6月30日，两行业被问询轮次均维持在稳定水平，半导体为2.25轮，生物医药为约2.4轮。

（二）值得关注的知识产权要点

本节对样本公司被问询到的知识产权相关问题进行了分类统计。综合看来，核心技术、核心人员、侵权诉讼等问题被问询得最多，是科创板拟上市公司应当关注的要点。

1. 半导体公司关注的知识产权要点

据本书不完全统计，半导体行业超过半数公司被问及的知识产权问题类型如下：排名第一的是核心技术替代性，有67家被问及，约占总数97.10%；紧接着是核心技术竞争力，有66家被问及，约占总数95.65%；核心技术独立性，有53家被问及，约占总数76.81%；核心技术人员认定，有41家被问及，约占总数59.42%；竞业限制和保密协议，有39家被问及，约占总数56.52%。（如图5所示）

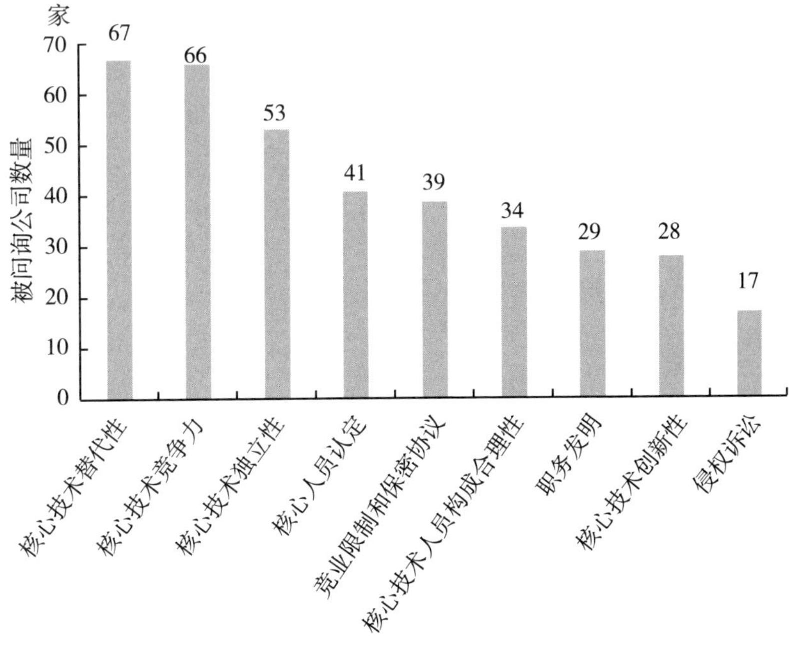

图5　半导体公司关注的知识产权要点

2. 生物医药公司关注的知识产权要点

据本书不完全统计，生物医药行业超过半数公司被问及的知识产权问题类型如下：排名第一的是核心技术竞争力，有 50 家被问及，约占总数 96.15%；紧接着是核心技术创新性，有 49 家被问及，约占总数 94.23%；核心技术替代性有 45 家被问及，约占总数 86.54%；核心技术独立性，有 36 家被问及，约占总数 69.23%；职务发明，有 32 家被问及，约占总数 61.54%；侵权诉讼，有 28 家被问及，约占总数 53.85%。（如图 6 所示）

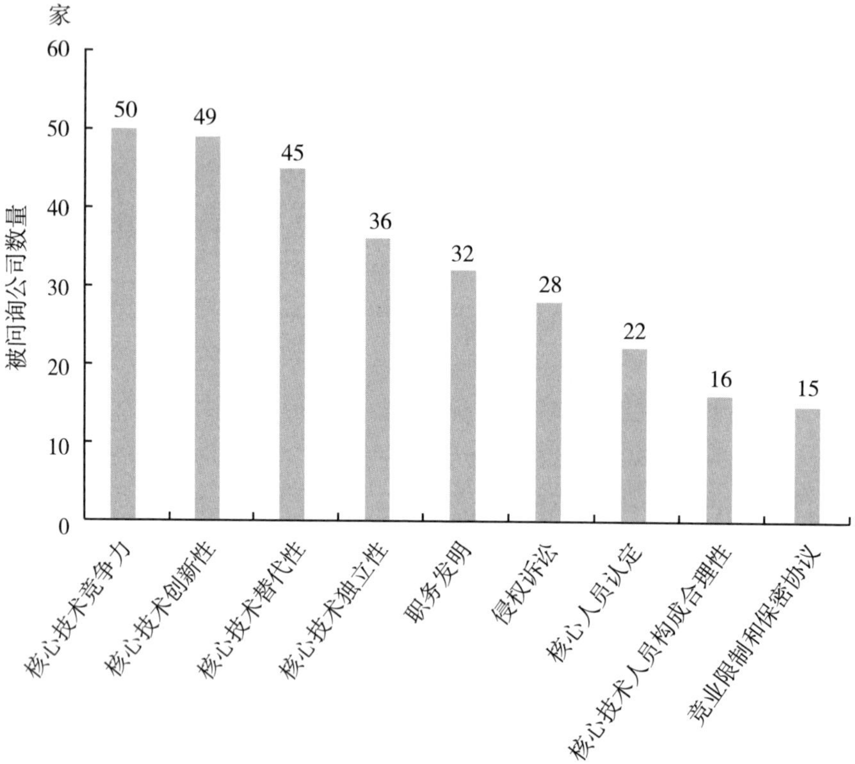

图 6　生物医药公司关注的知识产权要点

3. 新材料公司关注的知识产权要点

根据本书选取的四家新材料公司样本，前述重点关注的九大问题仍然是问询的重点。在四家样本公司所有问询回复中，核心技术竞争力仍然是排名第一的问询重点，四家样本公司均被问询该问题，且出现频次高达 8 次，华光新材被问询提及该问题3次；排名第二的是职务发明、竞业限制及保密协议等，均是围绕核心技术人员展开的问询，问询频次为5次；排名第三的是核心技术独立性，问询频次为4次；排名第四的是核心技术替代性及核心人员认定，问询频次为3次；排名第五的是核心技术创新性，问询频次为1次。由于样本数量有限，因此虽然四家样本公司中并未被提及关于知识产权侵权诉讼的问题，但该问题仍然是科创企业上市过程中重点关注的问题之一。

4. 新能源公司关注的知识产权要点

根据本书选取的三家新能源公司样本，我们就前述重点关注的九大问题进行聚焦分析。在三家样本公司所有问询回复中，核心技术竞争力仍然是排名第一的问询重点，三家样本公司均被问询该问题，且出现频次高达7次，其中，中信博被问及相关问题5次；核心人员认定被问及3次；核心技术创新性、独立性以及人员竞业限制、保密协议等问题被问询的概率大约是67%；职务发明、知识产权侵权诉讼、核心技术人员构成合理性等问询概率为33%。由于样本数量有限，虽然三家样本公司中并未被提及关于核心技术替代性的问题，但该问题仍然是科创企业上市过程中重点关注的问题之一。

5. 环保公司关注的知识产权要点

根据本书选取的两家环保公司样本，我们就前述重点关注的九大问题进行聚焦分析。在两家样本公司所有问询回复中，核心技术竞争力仍然是排名第一的问询重点，两家样本公司均被问询该问题，且出现频次高达6次，其中，京源环保被问及相关问题4次；核心人员构成合理性也在两家公司的问询中均有涉及。此外，核心技术创新性、核心技术替代性、核心技术独立性、职务发明、核心人员认定以及竞业限制、保密协议等问题依旧是问询的老生常谈。由于样本数量有限，虽然三家样本公司中并未被提及关于知识产权侵权诉讼的问题，但该问题仍然是科创企业上市过程中重点关注的问题之一。

6. 智能制造公司关注的知识产权要点

根据本书选取的两家智能制造公司样本，我们就前述重点关注的九大问题进行聚焦检索。在两家样本公司所有问询回复中，核心技术竞争力仍然是排名第一的问询重点，两家样本公司均被问询相关问题，且出现频次高达8次，其中，两家样本公司均被问及相关问题4次；排名第二的是核心技术创新性；排名第三的是核心技术替代性、核心技术独立性、侵权诉讼以及竞业限制、保密协议等问题。由于样本数量有限，虽然三家样本公司中并未被提及关于职务发明以及核心技术人员构成合理性等问题，但此类问题仍然是科创板上市过程中重点关注的问题之一。

综上所述，在过半数样本公司被问及的知识产权问题中，“核心技术”词频最高，进一步细分为核心技术的竞争力、创新性、替代性、独立性等。其中核心技术竞争力的问题是问询的重中之重，几乎所有科创板拟上市公司均被问及该问题。可见，科创板上市，核心技术硬实力还是科创属性的考察重心。

三、知识产权核心问题

据本书上一节统计结果显示，公司被问及最频繁的知识产权问题多与核心技术、核心人员相关，应当予以重视。本节将进一步梳理分析相关的知识产权问题。

（一）整体关注要点

上市委对上述两行业内的核心技术相关关注要点可概括分为以下五大类：公司核心技术、知识产权权属、知识产权纠纷、核心技术人员、知识产权管理制度与研发体系。

1. 核心技术

关于核心技术，上市委关注点主要可细分为核心技术的独立性、先进性、应用、与通用（共性）技术的联系、出资及不可替代性。（如图 7 所示）

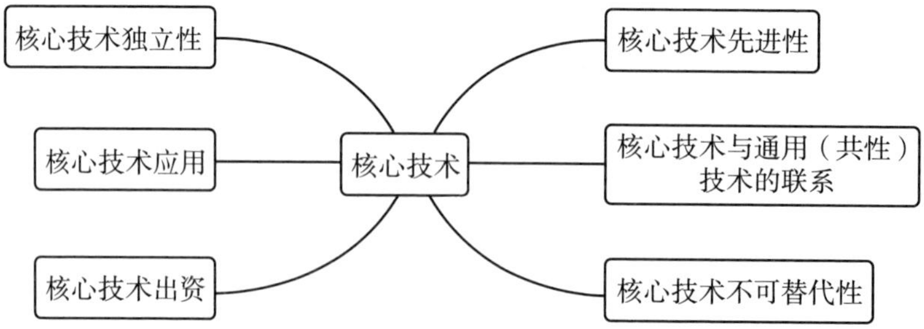

图 7　核心技术

2. 知识产权权属

关于知识产权权属，上市委关注点集中在取得方式，主要可细分为知识产权的自主研发、知识产权受让许可、合作研发及职务发明。（如图 8 所示）

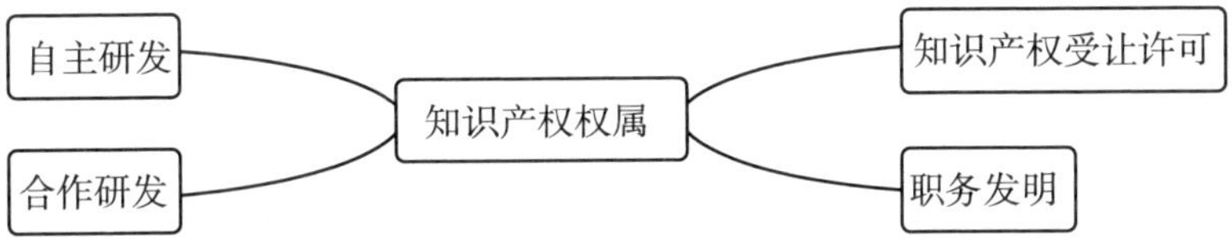

图 8　知识产权权属

3. 知识产权纠纷

关于知识产权纠纷，上市委关注点主要可细分为知识产权权属纠纷及侵权纠纷两种类型。（如图 9 所示）

图 9　知识产权纠纷

4. 核心技术人员

关于技术人员，上市委关注点主要可细分为技术人员构成、技术人员稳定性、是否签署竞业禁止和保密协议。（如图 10 所示）

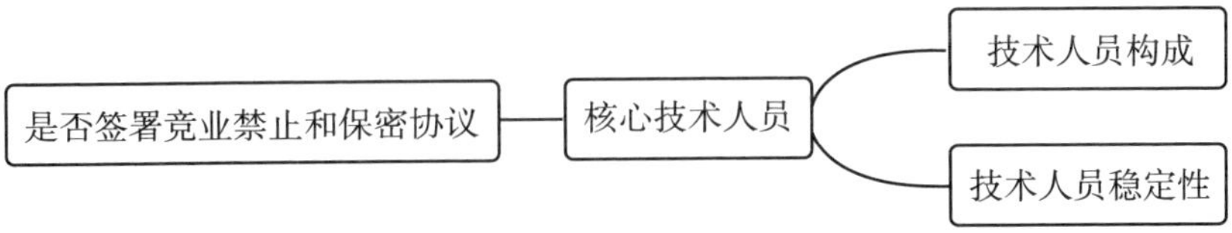

图 10　核心技术人员

5. 知识产权管理制度与研发体系

关于知识产权管理制度与研发体系，上市委关注点为公司是否已建立有关的管理研发体系，主要可细分为知识产权保护体系、应对法律风险方案、高效研发体系、完备研发管理等方面。（如图 11 所示）

图 11　知识产权管理制度与研发体系

（二）核心技术关注要点

1. 技术先进性

对核心技术先进性的进一步关注要点如下：

核心技术在国内、国际或行业领域内的领先性，技术是否具有持续的创新能力以保障领先，及认定先进性的一系列依据。（如图 12 所示）

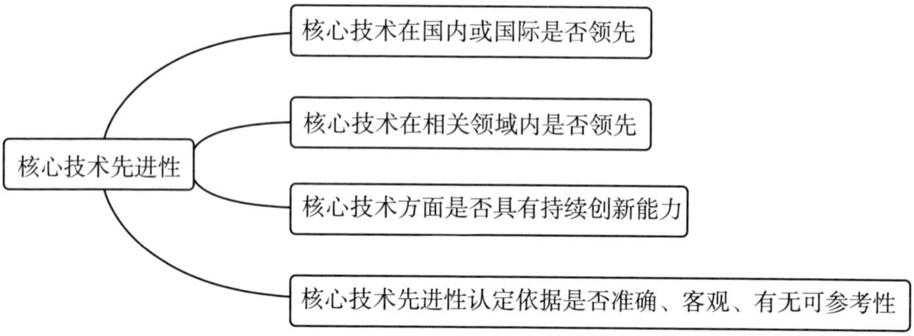

图 12　核心技术先进性

2. 核心技术与通用（共性）技术联系

对核心技术与通用（共性）技术联系的进一步关注要点如下：

公司是否使用通用（共性）技术作为核心技术，若使用则技术成果的权属是否存在纠纷，使用通用（共性）技术作为核心技术是否具有合理性。（如图 13 所示）

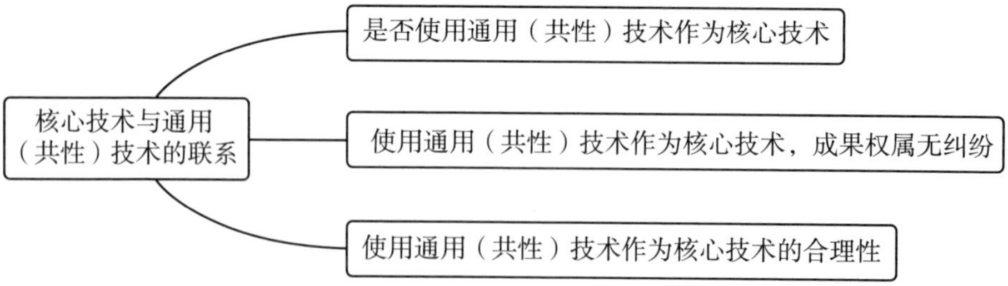

图 13　核心技术与通用（共性）技术的联系

3. 核心技术不可替代性

对核心技术不可替代性的进一步关注要点如下：

核心技术及专利的市场前景，是否存在技术迭代风险，未来行业科技发展是否对公司持续经营造成较大影响及公司拟采取的策略。（如图 14 所示）

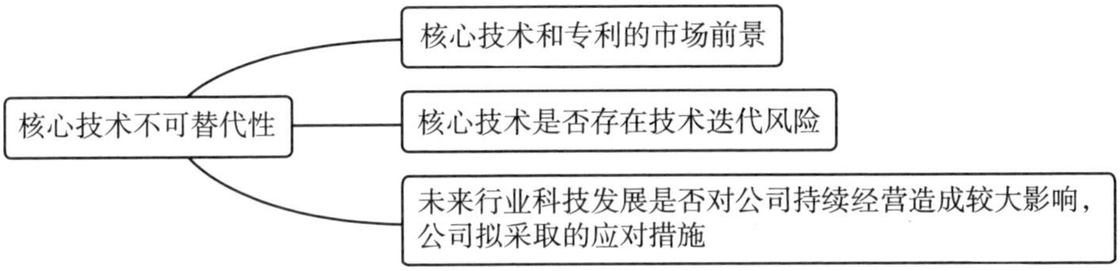

图 14　核心技术不可替代性

4. 核心技术独立性

对核心技术独立性的进一步关注要点如下：

核心技术是否来自主研发，受让取得技术的背景及是否可能对公司持续经营造成重大影响，合作研发、委托研发的合理性及是否影响公司独立使用。（如图 15 所示）

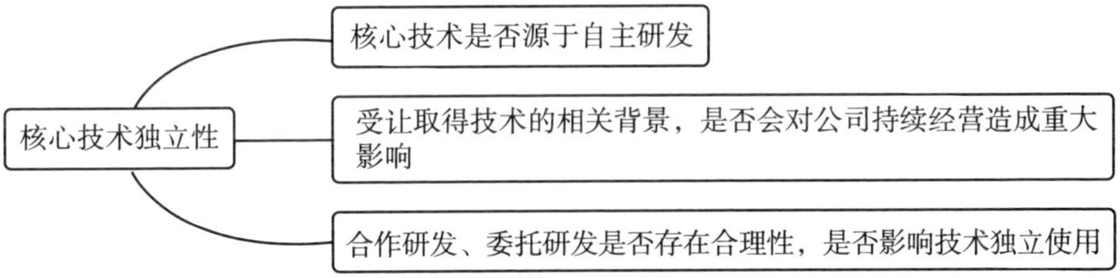

图 15　核心技术独立性

5. 核心技术应用

对核心技术应用的进一步关注要点如下：

核心技术产品是否转化为公司主营产品，公司核心技术产品是否具有较高市场地位和认可度，及有无被替代可能，是否对公司持续经营造成重大影响。（如图 16 所示）

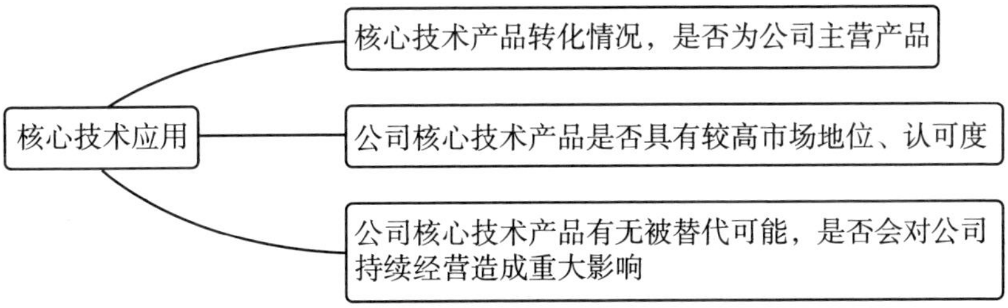

图 16　核心技术应用

6. 核心技术出资

对核心技术出资的进一步关注要点如下：

公司董事、监事、高管、核心技术人员名下是否拥有与公司主营业务相关技术，是否存在将职务发明投入公司的情形，公司相关专利、非专利出资是否具有合理性。（如图 17 所示）

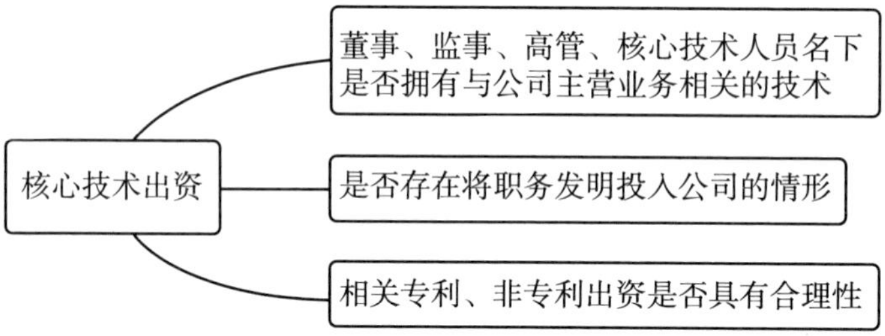

图 17　核心技术出资

（三）知识产权权属关注要点

1. 自主研发取得知识产权

对自主研发取得知识产权的进一步关注要点如下：

自主研发的知识产权形成过程、申请情况，其与核心技术的关联性，自主研发的知识产权权属是否存在瑕疵、纠纷或潜在纠纷，是否存在境外注册、核心技术对应专利未申请的情况及是否对经营产生影响。（如图 18 所示）

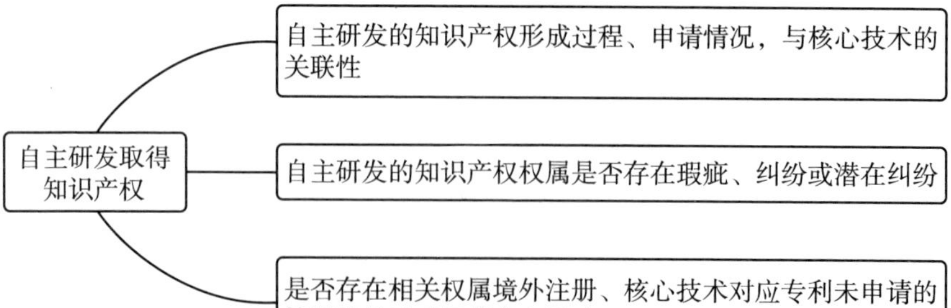

图 18　自主研发取得知识产权

2. 受让、许可取得知识产权

对受让、许可取得知识产权的进一步关注要点如下：

受让取得的知识产权内容和来源、受让原因和价格，授权、许可使用的知识产权在公司经营中的应用，受让、许可取得的知识产权是否存在纠纷，公司对其有无技术依赖，对经营是否有影响。（如图 19 所示）

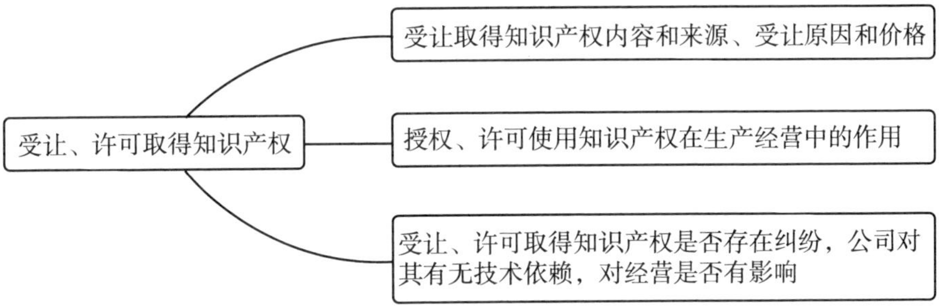

图 19　受让、许可取得知识产权

3. 合作研发取得知识产权

对合作研发取得知识产权的进一步关注要点如下：

研发项目主要内容及成果归属有无纠纷，合作研发协议期限及到期安排，有无排他条款、泄密风险，是否影响持续经营，公司是否具有独立研发能力，是否存在研发依赖。（如图 20 所示）

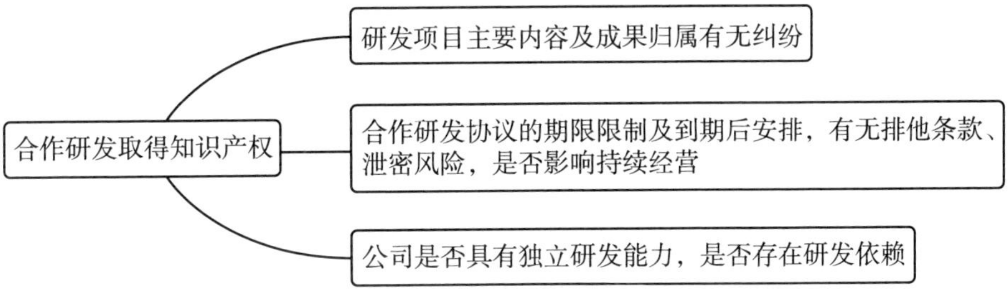

图 20　合作研发取得知识产权

4. 职务发明

对职务发明的进一步关注要点如下：

公司员工或创始人技术成果是否构成原单位职务发明，公司员工离职是否造成技术泄露，被代持股东在公司任职期间所做发明是否存在纠纷，员工与公司间的专利转让是否存在专利权属等纠纷。（如图 21 所示）

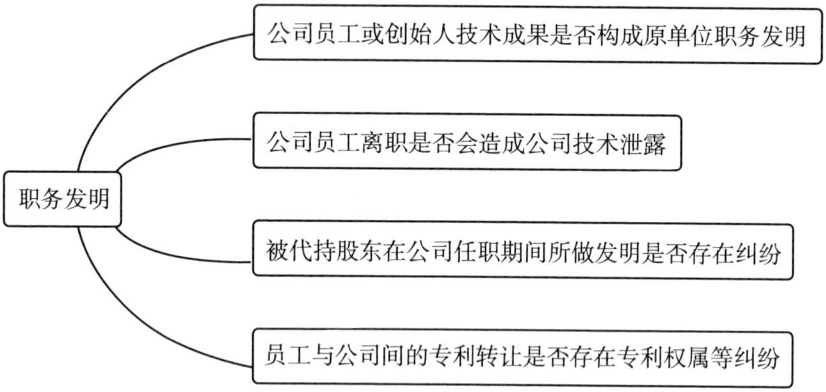

图 21　职务发明

（四）知识产权纠纷关注要点

1. 知识产权侵权纠纷

对知识产权侵权纠纷的进一步关注要点如下：

公司所持知识产权法律状态是否稳定，若稳定则相关知识产权有无被诉可能，有无产品侵权可能，侵权纠纷是否会对经营产生影响，及公司有无相应的应对措施。（如图 22 所示）

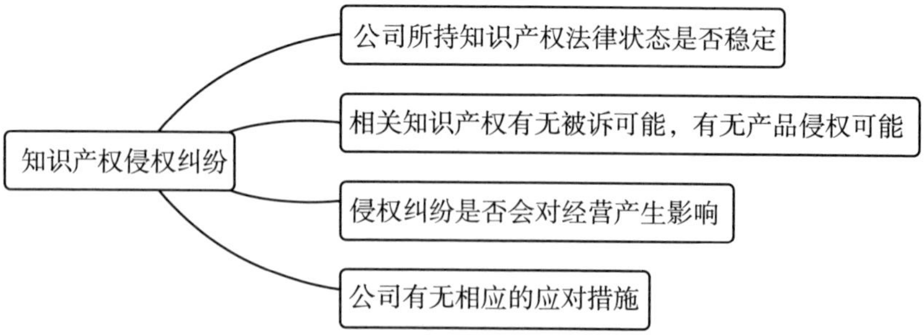

图 22　知识产权侵权纠纷

2. 知识产权权属纠纷

知识产权权属纠纷常与上文第（三）部分涉及许可及转让的要点一并被关注，本部分侧重于披露相关知识产权纠纷对公司经营业绩影响，进一步关注要点如下：

有无专利质押的情况，有无授权、转让获得的知识产权，上述情形是否存在

权属纠纷，是否对经营产生影响。（如图23所示）

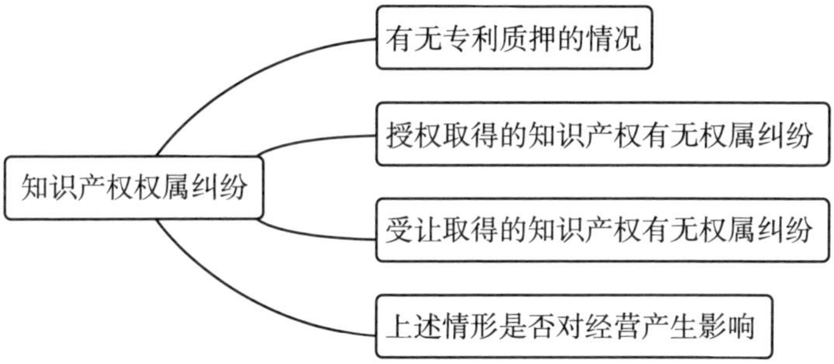

图23　知识产权权属纠纷

（五）技术人员关注要点

1. 技术人员构成

对技术人员构成的进一步关注要点如下：

核心技术人员认定或不认定的依据，与核心技术的对应情况，有无研发人员大幅增长及合理性，研发成果与研发人员的研发能力和技术实力是否匹配。（如图24所示）

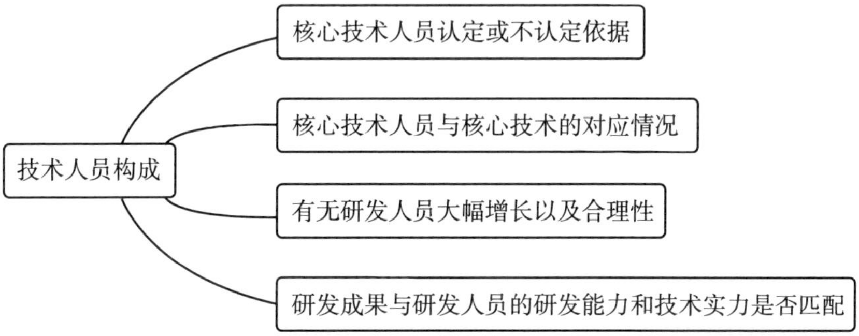

图24　技术人员构成

2. 技术人员稳定性

对技术人员稳定性的进一步关注要点如下：

技术人员薪酬水平与公司研发和技术实力的匹配性及在行业内有无竞争力，有无稳定核心技术人员的措施，核心技术人员是否存在较大变动及是否对经营不利，有无股权激励及离职员工的股权归属有无纠纷。（如图25所示）

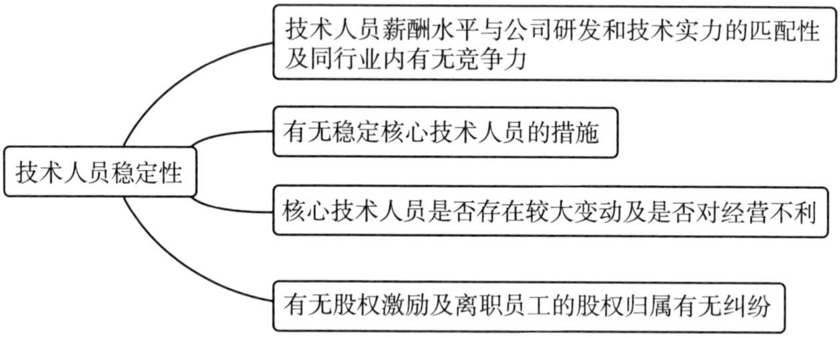

图 25　技术人员稳定性

3. 是否签署竞业禁止、保密协议

对是否签署竞业禁止、保密协议的进一步关注要点如下：

核心技术人员是否违反原单位的竞业禁止协议、是否存在纠纷，公司与核心技术人员是否签署竞业禁止协议、保密协议等制度，员工离职是否产生泄密风险，上述情形是否对公司经营产生影响。（如图 26 所示）

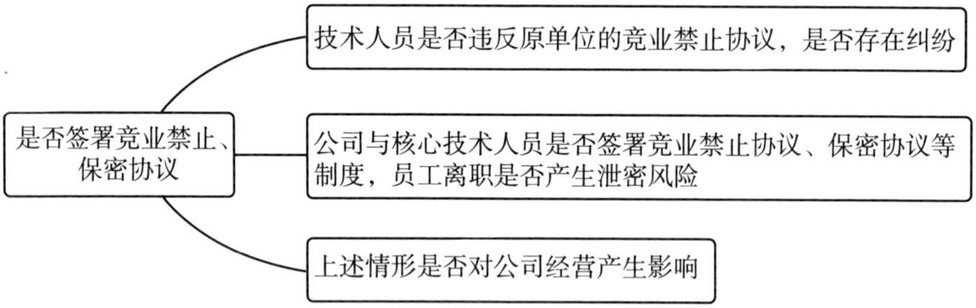

图 26　是否签署竞业禁止、保密协议

由此可见，针对核心技术的关注要点往往以核心技术的持续性、丧失的可能性等风险开始，需要公司对风险所涉事项的背景进行说明，提供合理性解释，最终说明是否会对公司的持续经营产生影响。针对上述问题，本书通过归纳总结样本企业在上市问询回复中的共性内容，为科创企业制定全流程的知识产权体检诊断清单，提示科创板上市过程中重点和难点知识产权问题，并提供相应的风险应对措施、知识产权布局策略、知识产权规范化管理建议等，形成一套可供参考的回复模板。具体内容将在后续章节进行详细论述。

第二章 IPO的知识产权逻辑详解

一、核心技术

（一）公司核心技术先进性认定

关于公司核心技术先进性认定这一问题，目前上市委关注的要点主要包括以下几个方面：（1）公司核心技术是否国内或国际领先，是否具有先进性；（2）公司是否在相关领域处于领先地位；（3）公司相关核心技术方面是否具有持续创新能力；（4）认定先进性的依据是否准确、客观，有无可参考性。

经本文对已成功上市科创板公司披露信息的总结，对上述各方面的应对逻辑可以通过如下两个关键点展开：（1）论证公司核心技术具有先进性；（2）论证公司在行业内处于领先地位。

1. 公司核心技术具有先进性

公司具备先进的核心技术是保证其取得行业地位的前提，在介绍先进性时理由必须客观充分，条理清晰。公司首先应具有良好的技术创新条件以创造、维持、发展其核心技术，继而使公司的产品或技术先进性能够经受各项客观指标对比、权威论证认证，证明其具有切实的先进性。

（1）公司具有良好的技术创新条件：

主要阐述公司研发投入数额较大，研发团队人数不断增多，除披露形成的创新成果外，公司主要可以从以下几方面进行阐述：

A. 公司一直重视创新研发，近年来，公司研发投入具体数额占营业收入比重较高，同时呈现增长趋势，研发费用随营业收入的规模扩大而快速增长，且始终维持较高水平。持续的产品研发投入作为产品技术突破、更新的重要保障，为后续成果的产出奠定了良好的基础。

B. 公司截至目前已形成多项专利成果，且专利状态合法有效，不存在纠纷或潜在纠纷。并且相关专利也已成熟运用于对应产品，有效改进了产品的性能与质量，为后续技术的创新打下坚实的基础。

从上述 B 项角度进行阐述，需要进行以下核查程序：

检索相关网站信息或权威机构出具文件（如国家知识产权局出具的《专利登记簿副本》、国家知识产权局专利检索及分析系统以及公司专利清单等），披露公司目前拥有的专利数量与发明成果。

（2）公司产品或技术先进性经客观对比、权威认证：

经与国家标准、行业市场指标对比，公司可就相关产品技术已取得权威认可、国家立项、填补领域空白等核心技术先进性评价依据进行说明。

A. 具体而言，主要从以下几个方面进行阐述：

将核心技术与监管部门发布的国家相关标准相比对，表明公司生产过程及相应产品都符合相关规定，相关具体指标均优于有关国家标准，核心技术具有先进性。

B. 公司与同行业其他领先厂商的技术水平就技术指标、性能参数、用户市场、研发能力、行业地位等多方面进行对比。相关核心技术的部分参数指标多达到行业领先水平、部分指标达到行业最高水平、其他指标亦具有相对竞争优势，公司核心技术水平优于行业平均水平，具有先进性。

C. 出于公司对于产品质量和先进性的追求，不断研发、改进核心技术，推出高品质的产品，凭借产品的高效性能与优良品质得到不少客户的使用与认可，同时包括部分有一定规模和影响力的知名客户。目前公司相应产品已覆盖众多下游品牌客户，占据较大市场份额，领先行业内其他竞争对手。根据国际权威机构的统计，公司市场占有率为国内企业中排名前列，公司的核心技术得到市场广泛认可，具有先进性。

D. 公司近年来多次获得相关权威机构（如工信部、上海市科委、科学技术部等）授予奖项，获奖成绩斐然；部分产品也被认定为国家重点新产品，授予了成果鉴定证书。技术在行业内占据领先地位，具有先进性。

E. 公司独立申请、主导编制的行业标准经有关部门批准颁布并实施，填补了该领域标准的空白。同时，根据国内相关成果的产生时间与公司相关研发时间相比较，公司的核心技术及相关转化产品多为国内首创，具有先进性，较同行业其他厂商更具优势。

F. 公司多次立项通过，承担国家级重大科研项目。项目所涉及的技术均属国内先进水平，目前已验收完成。公司核心技术的先进性得到了有关部门认可。

G. 经由专家组论证与权威行业报告说明，公司自主研发的部分生产技术已达到国际水平，部分生产技术属于国际先进水平。公司核心技术的先进性得到了有关部门及行业的认可。

2. 公司在行业内处于领先地位

科创板公司行业内的领先地位应来自其核心技术，对内体现为研发优势，对外体现为市场优势。

（1）公司具有技术研发优势：

公司具有技术研发优势的论据涵盖公司承担重要项目、制定行业标准、具备专业研发团队、把握市场需求等。

具体而言，主要从以下几个方面加以阐述：

A. 公司具有较强的现有技术研发能力。公司已多次承担国家重大科研项目，在其中发挥重要作用，现有技术研发能力得到认可；公司通过持续的创新研发，具有较高的行业地位，逐渐成为相关产品的标准制定者，已主导参与多项国家级别的标准制订计划，对于行业的标准建设发挥了重要作用，具有技术研发优势。

B. 公司具有专业的研发团队。公司研发团队人才储备丰富，且先后获得多项权威荣誉称号。团队研发人员均具有多年的技术研发经验，专业覆盖面广，个别突出的技术人才也荣获多项奖项，具有较强技术研发能力。

C. 公司能够精准把握市场的前沿发展方向。公司客户群体范围广、数量大，能够帮助公司全面、快速了解市场需求，并以其为导向研制出更加贴合市场的产品，在未来继续保持公司竞争优势。

（2）公司在市场方面具有竞争优势：

公司在市场方面具有竞争优势的论据涵盖公司自研技术门槛高、产品多样化、供应链灵活稳定、获客能力强等。

具体而言，主要从以下几个方面进行阐述：

A. 公司核心技术不属于行业通用技术，由公司自主研发改进而成，具有较高的技术门槛与研发难度。

公司注重技术研发，具有丰厚的技术储备，能够应对上下游市场需求及市场变化，提高相关工艺水平，快速提供符合需求的解决方案，及时开发高质量的产品参与市场竞争，在某些指标上具有突出优势，具有较高的可靠性与良好的性能，市场需求稳定，具有较强的公司市场竞争力。

涉及对比时数据准确、客观，结果产生合理，具有可参考性。具体而言，同行业对手的产品相关数据来源均为各公司官网的产品介绍等，来源公开、数据内容准确。并且公司与同行业公司的技术实力对比选取的指标均为各应用领域内具有代表性的核心指标，并非选取仅对公司有利的某项单一指标进行评判，而是综合各项核心指标全方位地进行比较，对比具有客观性。因此，关于公司与同行业公司的技术实力对比较为客观合理，结果具有可参考性。

B. 公司生产多样化、定制化产品，满足客户需求。

公司通过研发改进提升产品的多样性，同时能够根据客户需求定制化生产，以满足客户不同的需求。在服务上也着力提升个性化服务，持续跟进客户的不同需求进行相应的改进，具备竞争优势。

生物医药企业可针对患者需求进行阐述，患者已形成相对固定的用药习惯且企业积极开展差异化竞争，具有竞争优势。药物品种存在多样性，针对不同作用机理或化学结构的同类适用症药品品种较多，且患者也在医药终端基本形成了用药习惯，产品在相应治疗领域的市场份额占比变动较小。同时，公司部分产品的国内生产厂家较少，能够与其他同类产品进行差异化竞争，具有竞争优势。

C. 公司与大型厂商达成稳定的合作关系，具有高效灵活的供应链管理。

公司通过多年的经营，已成功拥有较为稳定的战略合作伙伴和较强的供应链管理能力，目前已与多家大型厂商形成了长期稳定的合作关系，并联合开展了研发生产项目，有助于研发团队精确了解客户需求及市场未来发展趋势。同时，在经营模式上，也对部分产品自建产线进行管控，使产业链更贴合企业自身需要、高效运作。这也在成本管控、质量提升等方面具有积极意义。这使供应链能够长期稳定且高效运行，为市场提供更优质的产品与服务，具备较强竞争优势。

D. 公司不断强化现有客户黏性并积极挖掘潜在客户。

公司在该行业积累了大量知名客户，市场覆盖率较高。公司持续推进研发创新，不断推出符合客户需求的高品质商品，有效加强了客户黏性。并且公司也积极推出新的产品品类，不断扩大市场，挖掘潜在客户。与同行业其他竞争对手相比，公司在市场上获得了更多的认可，在国内外都具有一定知名度与影响力，成功打造公司品牌。优质的市场客户资源对公司的市场占有率、品牌影响力和盈利水平意义重大，为公司后续业务的持续拓展奠定了坚实的基础。

（二）公司核心技术与通用（共性）技术

关于公司核心技术的性质与通用（共性）技术之间的关系这一问题，目前上市委关注的要点主要包括以下几个方面：（1）公司是否存在使用通用（共性）技术作为核心技术的情况，有无合理性；（2）使用通用（共性）技术形成的技术，成果权属不存在纠纷及潜在纠纷可能。

经本文对已成功上市科创板公司披露信息的总结，对上述关注各方面的应对逻辑可以通过如下两个关键点展开：（1）使用通用（共性）技术的合理性；（2）依赖通用（共性）技术的核心技术上不存在权属纠纷

1. 通用（共性）技术对研发具有合理性

公司使用通用（共性）技术具备合理性：公司核心产品需要通用技术支撑、该通用技术在行业中普遍适用、该通用技术的使用安全可靠。

具体而言，阐述主要有以下三个方面：

A. 研发适销对路、市场竞争力强的产品，不仅需要有先进的特有技术，也需要各种较为基础的、通用的、长期积累的行业通用（共性）技术予以支撑，使用该类技术具有合理性。这些通用（共性）技术可用于公司各种类型的产品，对公司发挥着重要作用。虽然可能不具备申请专利的条件，但也是公司宝贵的资源，也属于公司核心技术和核心竞争力，对公司研发新产品具有重要意义。

B. 该通用（共性）技术具有普遍适用性与基础支撑性，使用该技术是目前行业通用的技术路线，不存在潜在纠纷可能。

C. 该通用（共性）技术已经能够被成熟运用，具有产品质量稳定、生产效

率高、工艺安全可靠性高等优良特点，使用该技术具有合理性。对于其运用过程中的技术缺陷，行业内也已经有高效的解决方式，不存在较大使用风险。

2. 公司后来形成技术无权属纠纷

依赖通用（共性）技术基础形成的核心技术不存在权属纠纷的依据主要包括说明公司的核心技术较通用技术有所改进，公司已就该技术取得自主知识产权。

（1）公司的核心技术有所改进，具有独特性：

公司主要通过自主研发在生产实践中不断提高技术水平，在通用（共性）技术的基础上改进，解决了不少技术难题，形成产品技术层面、工艺设备技术层面的特有技术。因此具有独特性和突破点。具体而言，独特性主要可以从以下三个方面进行阐述：

A. 公司独立研发生产工艺流程，打破了国际垄断、突破了技术难点。通过该项技术，公司掌握了工艺参数的特点，能够定制出符合客户要求的产品。

B. 公司是全球唯一一家能够使用该技术生产相应产品的企业，技术水平处于国际领先地位，具有独特性。

C. 公司在国内首次将该技术与其他关联技术相结合，并在现有设备的基础上进行工艺变革，成功将技术进行大面积应用。

（2）公司的核心技术已具有自主知识产权：

公司自主知识产权的主要表现为：专利、集成电路布图设计、计算机软件等。且上述自主知识产权已通过对知识产权的检索与证明文件的确认，不存在权属纠纷和潜在的权属纠纷。

具体而言，主要可进行如下展开：

A. 专利。根据国家知识产权局出具的《专利登记簿副本》、国家知识产权局专利检索及分析系统以及境外专利尽调报告的核查，可知公司通过长期的自主研发，目前已获得多项境内境外授权专利。

B. 集成电路布图设计。根据国家知识产权局出具的《集成电路布图设计登记簿副本》以及在国家知识产权局网站的核查，公司目前已拥有多项已授权的集成电路布图设计，有集成电路布图设计专有权予以保护。

C. 计算机软件。根据中国版权保护中心出具的证明文件，目前公司拥有多项登记计算机软件著作权，具有自主知识产权。

（三）核心技术和专利的市场前景及不可替代性

关于核心技术和专利的市场前景及不可替代性这一问题，目前上市委关注的要点主要包括以下几个方面：（1）核心技术和专利的市场前景以及是否存在较高替代性；（2）公司的核心技术是否存在技术迭代的风险，公司有无相应的应对措施；（3）行业未来技术发展是否会对公司持续经营产生较大影响，公司拟采取的应对措施。

经本文对已成功上市科创板公司披露信息的总结，对上述各方面的应对逻辑可以通过如下五个关键点展开：（1）公司核心技术被替代可能性低；（2）专利更新迭代风险低；（3）行业具有较高壁垒；（4）公司具有持续创新能力；（5）技术发展不会影响公司持续盈利。

1. 公司核心技术被替代可能性较低

公司核心技术被替代可能性较低主要通过如下方面进行论证：公司在研发体系和市场领域的布局，使核心技术被替代的可能性低。或当存在较高被替代风险时，公司也已做出准备。

（1）公司在如下领域的布局优势降低核心技术被替代的风险：

技术路径、自主研发、研发人员、产品组合、知识产权保护、技术领域等。

具体而言，论述可以通过以下方式展开：

A. 虽然不同公司的技术路径存有相似之处，但技术路径间不存在明显的替代关系。并且公司的核心技术及相关专利在产品中已被广泛应用，在细分市场中已有较强的品牌效应，替代可能性较低。

B. 公司技术较行业水平更先进，并且符合行业发展趋势。公司核心技术不属于行业通用技术，由公司自主研发改进而成，具有较高的技术门槛与研发难度。并且，公司持续关注行业动态与技术发展趋势，并根据市场需求和前沿趋势为导向进行技术研发，不断提升产品核心技术指标，有利于维持技术的行业先进性，替代可能性较低。

C. 核心技术的设计和制造都具有较高门槛，研发人员需要具备扎实的多学科基础知识和丰富的经验。并且公司在该类产品技术领域布局较早，在设计结构和制造工艺方面均已形成独特的产品方案，替代可能性较低。

D. 核心技术所对应产品与公司其他产品相配套，具有协同优势，能够更好发挥产品的作用，因此替代可能性较低。

E. 公司已进行知识产权布局，已授权的发明专利能有效保护公司在工艺技术上的领先地位。公司的核心技术对应专利也覆盖了部分技术方面，配有丰富的产品线系列，替代可能性较低。

F. 在公司所处行业领域，品牌及客户信心的建立需要长期积累，客户更换供应商的风险高而收益小。并且客户验证谨慎，对安全规范要求较高。客户与供应商就技术路径、产品性能等要求已经过较长时间的论证及磨合，偏好使用成熟、稳定的工艺制程，产品生命周期较长。因此，客户黏性及路径依赖性较强，替代可能性较低。

G. 目前的核心技术体系涵盖了多个关键技术领域，并形成了较为完善的自主核心专利体系，即使未来市场格局发生变化，技术路线也始终应用于公司的核心技术，替代的可能性较低。

H. 药物的研发周期长、投入高、技术壁垒也相对更高，具有一定的技术壁垒与资金壁垒。由于药物制备的特殊性质，核心技术对应药物的成分与生产的工艺均有较大仿制难度，短期内不会有仿制药的出现，因此被替代的风险较低。①

I. 核心技术所对应药物产品相比其他药物在治疗领域具有临床优势，是对国内目前主流治疗方案的补充和改进，具有一定临床上的不可替代性，能够满足公共卫生领域的部分重大临床需求。②

J. 市场上除却公司自身的药物，还有其他企业也在积极开展该领域药物的研发制备。新药物研发具有较长周期，临床研究的内容复杂，药物的成功研发还需要获得监管部门的审批。因此从新药的研发到最终产业化需要漫长的过程。结合目前国内外药物的发展情况以及现有药物的耐药性水平，未来数年内尚不会出现替代现有成熟药物的情况。③

（2）虽然存在一定技术迭代的风险，但公司已采取具体解决措施予以应对：

公司所处行业下游需求不断变化，产品及技术升级迭代速度较快。行业仍在

① 仅适用生物医药企业。

② 仅适用生物医药企业。

③ 仅适用生物医药企业。

不断革新之中，且研发创新存在不确定性，因此存在一定技术迭代的风险。针对潜在风险，公司将持续进行技术积累，保持相关技术的先进性，并且不断提升技术服务的多样性和广泛性，完善和提高服务能力。

主要采取以下几种措施：

A. 公司持续完善现有行业应用解决方案，巩固技术领先优势。通过深耕现有行业应用解决方案，结合自有技术研发方向，增加在特定行业应用领域的理解深度，解决需求痛点、技术难点，进而巩固公司的技术领先优势。

B. 公司与国内外知名客户保持深度合作，积极响应最新市场需求。不断发展优势下游行业领域新客户，并积极开拓新产业的优质客户。持续跟进了解行业最新市场的先进技术和产品需求，对服务能力加以提升。

C. 公司将持续加大相应技术的研发，力争为客户在软硬件层面都提供更完整、更灵活的服务，提升综合竞争力。

2. 公司核心专利迭代、替代风险低

在核心技术所对应专利迭代风险层面，公司自发对专利进行迭代，形成全面领先技术体系，加之专利自身的声明周期较长，能够在一定程度上抵御技术革新及替代风险。

具体而言，主要从以下几个方面进行阐述：

A. 公司通过不断研发投入对专利进行更新迭代。公司秉承以持续创新为核心驱动力的理念，不断开发新产品和新技术，提升现有产品的性能与品质，同时开发新产品并丰富产品梯次，进一步提升公司竞争力，有效抵御因市场技术升级导致现有专利及技术面临淘汰的风险。

B. 公司现有专利具有较高的技术壁垒。公司通过多年研发积累，目前已形成了覆盖范围全面、技术水平领先的专利与技术体系，并建立了较高的技术壁垒，有效降低专利更新迭代及被替代的风险。

C. 公司的专利具有较长的生命周期及持续的商业化能力。公司的专利体系能够在各个环节内提供技术保障，具有较强的通用性、较高的可迁移性和较长的生命周期，能够在既有产品及未来新产品设计、开发和优化的全生命周期中发挥作用，具备持续、稳定的产业化落地能力，有效抵御了技术革新及替代风险。

3. 公司所处行业具有较高壁垒且不易消除

面对迭代技术的挑战，竞争壁垒为核心技术起到“护城河”的作用。公司可以通过其所处行业的技术壁垒高、供应链合作的审核认证严格、营销网络和服务的完善、生产销售资质获取困难等方面展开论述。

（1）技术壁垒将长期维持，门槛不会降低：

行业对技术要求较高且技术突破存在一定难度。具体而言，公司所处行业涉及的多项技术均需经过长期的行业积累，技术突破难度较大。并且公司核心技术为自主研发而成，具有明显的技术壁垒。同时，随着下游产业的发展，对技术的要求与新产品的需求会不断提高。这要求行业内公司进行持续的技术研发，因此技术壁垒将长期维持。

（2）客户黏性不断强化，客户壁垒将长期维持：

取得客户审核认证过程困难，取得后现有合作也逐步深化。具体而言，随着下游产业对产品要求的不断提高，其审核认证仍将保持审慎、严格的过程，较长的客户认证周期持续存在。并且随着现有供应商与客户合作关系不断深入，客户黏性亦不断强化，客户壁垒将长期维持。

（3）营销网络与服务壁垒方面将长期维持：

公司不断完善营销网络与产品服务。具体而言，营销网络的建设、产品种类的丰富度、配套服务的完善性、配送的高效性等均需要企业具备深厚的行业沉淀以及深刻的行业理解，营销网络与服务壁垒将长期维持。

（4）资质壁垒将长期维持：

相关生产销售资质获取存在难度。具体而言，由于产品具有特殊性质，对其生产、存储、销售等环节的监管日趋完善，如《安全生产许可证》等资质的取得仍需通过严格的审核，资质壁垒将长期维持。

4. 公司具有持续创新能力

公司自身持续创新，维护技术在行业内的领先地位同样可以降低迭代风险。公司可以以其健康的资金状况、研发团队优势、丰富的产品组合作为角度展开论述。

（1）公司的创新能力具有一定的资金保障，能够持续产出高质量的技术成果：

公司技术成果斐然离不开研发资金支持。具体而言，公司一直重视创新研发，近年来的研发投入具体数额占营业收入比重较高，同时呈现增长趋势，研发费用始终维持较高水平，为后续成果的产出奠定了良好的基础，公司具有良好创新能力。

（2）公司具有优质的研发团队，具备持续创新能力：

披露公司的研发团队具体组成人员人数众多、履历丰富，能力卓越。具体而言，随着公司规模的扩张与对创新研发的重视，公司研发团队的人员也逐渐增多，占公司总人数的比重也不断提高。并且详细披露公司研发团队中人员的具体信息，表明研发人员具有深厚的行业背景知识与创新能力，团队结构稳定，为公司的持续研发奠定了良好的基础，有效推进了公司后续的创新发展。

（3）公司的产品不断升级：

公司现有产品种类逐渐丰富与品质持续提升是公司具有持续创新能力的证明。具体而言，公司的产品品类与型号近年来持续增长，能够为市场提供更多样的选择，有效扩充了市场上相应产品的品类，部分产品也成功填补了该领域市场的空白。并且产品的性能品质也在公司的持续研发下得以提升，具备高性能、低功耗等特点，市场反馈良好，公司具备持续的创新能力，能够不断推陈出新，提高产品品质。

5. 技术发展不会影响公司持续盈利能力

公司已就产品技术的未来发展作出判断，并采取了应对措施，目前相关行业的技术发展不会对公司的持续盈利能力产生重大不利影响。

具体而言，技术短期内快速发展取代现有产品的可能性较低，未来产品的发展方向将持续向降低成本、提升可靠性、降低功耗等方向发展。公司通过持续的自主创新和技术研发，在此领域积累了多项具备自主知识产权的核心技术，大幅提升了产品可靠性和产品性能。公司基于较强的技术实力和创新意识，能够积极顺应相关行业的技术发展，抢先进行技术升级和设计改进，持续抢占高性价比新产品的先发优势，提升公司产品的市场竞争力并保障公司的盈利能力，目前相关行业的技术发展不会对公司的持续盈利能力产生重大不利影响。

（四）核心技术独立性

关于核心技术的稳定性、独立性这一问题，目前上市委关注的要点主要包括以下几个方面：（1）核心技术来源是否系自主研发，受让取得的相关原因与背景，是否对技术独立使用造成影响；（2）合作研发、委托研发是否存在合理性，核心技术有无权属纠纷或潜在纠纷，是否影响技术独立使用，是否对公司持续经营造成重大影响。

经本文对已成功上市科创板公司披露信息的总结，对上述各方面的应对逻辑可以通过如下三个关键点展开：（1）公司核心技术系可以独立使用的自主研发成果；（2）公司受让的知识产权合法有效；（3）公司合作研发项目稳定，且到期后不会影响持续经营。

1. 公司核心技术源于自主创新研发

公司对其自主创新研发的核心技术享有完整权益，是其技术独立的有力证明。公司可以通过形成和保护自有知识产权的历程、独立研发能力、知识产权上无现有纠纷等方面展开论述。

（1）公司通过投入创新，形成了自有知识产权的核心技术，拥有完备的知识产权保护体系：

公司职称核心技术的知识产权系自主研发且已申请专利。具体而言，公司基于行业技术发展趋势，持续进行技术和工艺的创新和积淀，形成了公司特有的核心技术，并且持续对相关研发成果申请专利。目前公司已获得多项国内外专利，成功构建了自主可控的知识产权体系，不存在潜在纠纷可能。

（2）公司具备独立研发能力：

从公司拥有知识产权来源角度分析，不存在对第三方的技术依赖。具体而言，公司在行业通用技术与受让专利的基础上不断创新研发，不存在依赖外部购买的情形，形成了独立的核心技术。同时，公司不断对生产工艺、设备进行升级改造，将核心技术实现产业化应用。并且，公司的核心技术人员在职多年，拥有深厚的行业背景和研发、生产实践经验。公司也多次被有关部门认定为创新示范企业。因此，公司具备核心技术的自主研发能力，不存在技术依赖。

（3）公司相关核心技术知识产权不存在现有纠纷的核查方式：

A. 查询公司专利清单；

B. 查阅行业研究报告、与竞争对手的技术比对分析；

C. 检索相关中国裁判文书网、中国执行信息公开网、天眼查网站；

D. 对公司技术负责人进行走访。

2. 公司受让取得知识产权合法可靠

公司就从他人受让的知识产权应当作出说明，证明该知识产权不会影响其持续经营。公司可以从受让知识产权权属清晰、受让知识产权并非核心技术、受让知识产权并不贡献主要收入，及受让知识产权虽存在权属纠纷也不会影响其经营角度展开论述。

（1）受让知识产权权属清晰，不存在权属纠纷：

从专利的受让方式和具体背景来看，公司受让了知识产权申请方转让的专利，而其中若干知识产权为有偿受让取得，取得的价格合理，能够与转让方长期进行合作。并且，公司已付清转让费用、持有权属证书，受让知识产权权属清晰、不存在纠纷可能，知识产权受让具有可靠性。

（2）受让知识产权并非核心技术：

公司受让的相关知识产权不是公司核心技术的重要组成部分。具体而言，公司受让所得知识产权系主要应用于测试、生产等的非核心研发环节，在核心技术中占比较小或没有关联。公司的部分核心技术是在吸收改进受让技术的基础上发展而成，伴随着技术的更新迭代，受让技术已不具有重要性。因此，受让专利在公司核心技术中不占有重要地位，公司不存在受让专利依赖。

（3）受让的知识产权转化产品不是公司收入的主要来源：

公司可以说明受让的知识产权虽投入使用，其所形成的产品在公司主营业务收入中的具体占比较低，或该知识产权仅系技术储备，未投入使用。具体而言，有以下两种情况：

A. 随着公司自主研发产品出货量的上升，受让知识产权相关业务收入占比逐渐降低，并持续处于相对较低水平。现受让知识产权的相关产品占公司主营业务收入的比重较低，并非公司的主要收入来源，不存在对公司持续经营造成重大影响可能。

B. 受让知识产权系公司以合理价格从第三方处受让取得，权属关系明晰，公司采购该等专利主要用于技术储备。目前，该等知识产权无应用产品，未形成主营业务收入。

（4）相关权属纠纷不存在对公司持续经营造成影响可能：

受让知识产权存在权属纠纷的风险，但公司已实现相关技术内化，相关产品系由公司自主研发技术转化。具体而言，公司已经取得受让技术的所有权，并已完全掌握受让取得技术并对其持续研发改进。目前已成为公司的核心技术，并处于稳定量产阶段。虽然该受让技术在主营业务收入中占比较高，但已经属于公司自主掌握并能够予以更新的自有技术。

3. 公司参加的研发合约到期不影响经营

公司若与第三方机构进行技术合作研发并依赖其成果进行经营，当合作项目成果并不完全归属于公司时，项目的期限便成为能够影响公司持续经营的要素。公司可以通过合作长期有效，对方合作意愿明确，合作项目占公司营收比重低、且有替代方案，公司持续经营不依赖合作方的专家援助，甚至不依赖现有核心技术人员等方面进行论证。

（1）合作项目费用公允且合同长期有效：

使用此类技术具有可靠性与稳定性。具体而言，公司与主要知识产权授权方合作时间较长，在合作期间双方均能按照协议条款执行，且未发生争议事项。公司与知识产权授权方签署的知识产权授权协议均在有效期内。

（2）合作方合作意愿明确：

通过访谈，相关公司均表达了与公司继续合作的明确意愿。此类合作具有长期稳定性，风险较小。

（3）合作项目营收比重低、有替代方案：

合作项目专利占公司主营业务收入的具体比重低，且可寻求其他替代方案，终止合作不会对公司持续经营产生重大影响。具体而言，相关技术所产生的收益在公司主营业务收入占比很小，并且在市场上亦存在较多的可替代方案，公司选择可替代方案的难度也较小，不存在对相关产品的依赖。如达成合同约定终止条件或因其他原因双方终止合作，公司可视情况寻求其他可替代方案，不会对公司持续经营产生重大影响。此外，公司也对有限的风险积极提出应对措施，确保合作终止后仍能保证公司业务的稳定性和可持续性，故不会存在较大程度的影响。

（4）公司具有核心技术研发能力，不存在对技术来源方（合作方）或专家顾问的人员依赖：

公司在职人员的劳务信息、工作经历等能够证明公司的独立研发能力并不基于合作方的支持。具体而言，主要从以下几个方面进行阐述：

A. 公司具有独立研发团队。公司技术研发团队中的核心技术人员均已在职多年，拥有深厚的行业背景和研发、生产实践经验；聘请的专家顾问在公司处的兼职情况也较为稳定。公司鼓励研发人员持续深入参与公司技术研发及项目开发，不断提升自身技术实力，不存在对专家顾问的人员依赖。即使人事发生调动，也不会对技术研发产生不利影响。

B. 在公司研发团队中，仅有个别研发人员与来源方终止劳动关系来我司任职，占比很低，其余研发人员均为公司自行招聘。并且，未来公司将根据经营发展需要继续外招聘任研发人员，不断扩大研发团队。因此，研发人员主要源于自行招聘，不存在对来源方的依赖。

（5）公司已形成了有效的研发创新机制与结构合理的研发团队，对核心技术人员不存在依赖：

公司的核心技术人员同样涉及稳定性风险，公司可以通过招聘、培养、晋升等机制为核心技术人员缺位进行提前准备。具体而言，公司积极吸引优秀技术人才加入，不断壮大公司研发技术团队，对部分核心人员的依赖有效降低。并且，公司也配套建立了内部晋升机制，致力于人才梯队建设，维持了较稳定的团队结构。因此，企业已形成了有效的研发创新机制与结构合理的研发团队，对核心技术人员不存在依赖。

4. 公司具有新药研发能力①

（1）公司不断推进创新研发并构建了较为完整的药物研发创新体系：

具体而言，阐明公司在股东投入技术和吸收引进技术的基础上，经过长期的医药研发和产业化技术沉淀，目前已具备从事多项工艺的开发研究能力。结合自身医药研发以及临床研究委托研发，形成覆盖从药物发现、药学研究、临床前研究、临床研究至产业化的医药创新能力。因此，公司已形成较完整的药物研发体系。

（2）公司不断完善研发标准流程并构成了完整的研发管理体系：

具体而言，公司基于多年的研发经验和对药政监管法规和指南的深刻理解，逐步建立了完善的研发流程与科学的研发管理体系。并且公司结合具有高素质人员的研发团队的条件，持续系统指导和监督研发工作的开展，着力于提高研发工作开展的效率，保证研发工作的质量，能够持续推进新药的研发。

（3）委外研发是生物医药的研发惯例，为公司新药研发创新体系的重要组成部分：

具体而言，由于生物医药研发的高投入、高难度、长周期的特点，自主研发

① 仅适用生物医药行业。

与委外研发相结合是医药创新企业研发的惯例。公司不仅持续推进自主研发，也遵循医药行业研发特点，通过委外研发方式充分利用外界研发资源，从而实现资源的优势互补，互惠互利，推进新药物的研发。

（4）公司已取得若干研发成果，具备新药研发能力：

具体而言，公司持续推进新项目的药学研究工作。截至目前，部分项目的研究工作已全部完成，申请的申报资料也已提交至国家药监局。并且公司的技术中心也多次被认定为省级、市级技术中心，获得相关部门的肯定。因此，结合公司目前所取得的研发成功，公司具备新药的研发能力。

（五）核心技术应用

关于核心技术的应用这一问题，目前上市委关注的要点主要包括以下几个方面：（1）公司核心技术产品转化情况，是否为公司主营产品；（2）公司核心技术产品是否具有较高市场地位、市场认可度，有无较高替代可能，是否会对公司持续经营造成重大影响。

经本文对已成功上市科创板公司披露信息的总结，对上述各方面的应对逻辑可以通过如下八个关键点展开：（1）核心技术已被成熟运用；（2）公司主营业务产品对应核心技术；（3）公司核心技术无被替代风险；（4）公司核心技术具有先进性；（5）公司外购行为必要且合理；（6）公司对外购并无依赖；（7）公司与外协厂商无关联关系；（8）公司对外协加工不存在依赖。

1. 核心技术已被成熟运用于相应产品

科创属性要求公司的主要营业收入来自其核心技术，而产品是公司将技术转变为收入的载体。公司可以通过说明公司核心技术已在产品中成熟应用，公司参与制定行业标准等方面展开论证：

（1）公司已将核心技术应用于相应产品，且转化过程较为成熟：

公司通过一定的原理已将核心技术应用于产品投产，并持续对核心技术改进且市场相关反馈情况良好。具体而言，① 公司通过自身逻辑算法与研发设计已成熟掌握相关核心技术，能够将其成熟应用于相关产品，且具有品质优良、性能稳定、运行状况良好等特点，能够满足客户应用需求，具有广泛的应用前景，核心

① 仅适用半导体行业。

技术转化产品较为成熟。

（2）公司参与行业标准的制定：

公司参与制定行业标准，推进高品质产品的研发并积极应用核心技术，对行业具有积极意义。具体而言，公司参与制定了该领域的国家行业标准，应用国家标准产品进行后续的自主研发。更新了行业标准，持续研发高质量产品，推动了行业的质量进步。

公司通过该技术的应用，提升了检测的精密度和准确性，提高了筛查的准确性，促进了相应技术在临床应用的普及和发展。并且简化统一了操作流程，避免因人工操作导致的结果偏差以及操作过程存在的生物污染，可为临床提供更多判定依据。①

2. 公司主营产品源自核心技术且市场地位较高

公司以核心技术对应产品为主打，该产品的市场地位可以反映公司核心技术的应用效果。公司可以说明公司主营产品系核心技术产品、核心技术产品的市场地位来进行论证：

（1）公司主营产品为核心技术产品：

公司核心技术产品的详细内容与其核心技术相对应。具体而言需要详细介绍公司核心产品内容，阐述核心产品研发过程、研发依据，以说明公司主营产品为公司核心技术所对应的产品。

（2）公司核心产品市场地位较高：

核心产品在市场上被广泛应用并对传统产品有所改进，在市场上的地位较高。公司可以从产品品质高、实现流程效率高、产品指标等方面展开论述。具体而言，主要可以分为以下几种情况：

A. 公司通过不断自主研发，改进核心技术，研制出了贴合市场需求的高品质产品。并且打破了国外巨头在该领域的技术垄断，成为国内较早生产该类产品的企业，有效填补了国内市场的空白。因此，核心产品具有较高的市场地位。

B. 公司通过技术的研发改进，实现部分技术流程的全自动化，大幅减少了传统生产方式所消耗的劳动成本。相应产品有效改善了传统产品性能上的缺陷与

---

① 仅适用生物医药行业。

不足，在市场上具有领先优势，地位较高。

C. 相关核心技术的检测灵敏度、性能指标具有优势，为目前部分诊断领域的主流技术之一，并被广泛应用于急诊科、临床科室、基层医疗机构等场景。公司基于该技术形成的产品覆盖生殖健康、代谢、感染等多个项目，检测效率较高，能够满足医疗机构的快速诊断需求。相应产品覆盖多家终端医疗机构，在市场上具有较高地位。①

3. 公司核心技术源于自主研发

对核心技术应用的统计文件倾向于要求公司批露其经营现状，公司可以从介绍核心技术系自主研发情况开始，进而对技术门槛高难以被替代，或产品可以较好地迎合市场需求，当下并无替代必要等方面进行论述。

（1）核心技术系公司自主研发：

公司核心技术为自主研发而成。具体而言，公司具有独立研发能力，核心技术系公司通过长期研发和技术积累，并经过不断总结和优化后形成，并非源于第三方，相关核心技术的开发与应用具有自主性。

（2）核心技术研发门槛高，已成熟运用在产品中且尚无替代：

核心技术的研发具有较高门槛且已被成熟运用，在具体产品上没有替代技术。具体而言，公司核心技术对应产品对技术有较高要求，对技术选用设置了较高的门槛。并且经过多年实际运用也表明，采用公司核心技术生产是该产品的首选方式，其余技术并不能满足产品对于性能、质量等方面的要求。因此，对于该具体产品不存在其他替代技术。

（3）核心技术没有被替代的必要性：

核心技术具有优势并已被成熟运用，在该领域没有被替代的必要。具体而言，该项核心技术已然成熟，具有性能稳定、运行状况良好等优势，在国内外市场被广泛运用。目前，该领域不存在更适合的替代技术，也无必要进行替代。因此，表明该项核心技术并无被替代的必要。

4. 公司自主研发的核心技术具有先进性

在本部分回复中引用公司的自研核心技术具有先进性的目的是为详细说明投入到应用的技术质量高且可以独立自由使用，进而增加公司具备主营收入来自核

① 仅适用生物医药行业。

心技术这一科创属性的说服力。企业可以通过其技术先进性的认定标准、核心技术的市场认可情况和行业地位进行论述。

（1）核心技术先进性的具体认定标准：

具体而言，① 行业内技术先进性的关键指标主要包括精度、速度、数据存储、采集和分析等方面，并且阐明选取这些指标以衡量技术先进性的依据与其衡量的具体方法，说明指标可以反映产品的可靠性、竞争力等重要方面。从而明确先进性的具体认定标准。

（2）公司的核心技术获得市场认可：

受市场认可的原因主要体现为公司核心技术具有优势，且其对产品不断进行改进。具体而言有以下几种情形：

A. 公司的核心技术具有安全性、高可靠性等特点，对应的产品及制作工艺具有创造性和先进性，填补了国内产品的技术空白。并且通过关键技术与特殊工艺的采用提高了产品的功能与性能，扩展了产品的应用空间，能够满足市场需求，产品受到下游客户的广泛认可。

B. 核心技术在临床病原体检测、肿瘤个性化用药、新生儿筛查、食品安全检测等领域都有着非常广泛的应用，相应核心技术产品也能够为临床医生提供更多的诊断信息，从而为患者提供及时有效的治疗。并且有望将新技术推广至基层医疗单位并实现全场景临床应用。②

C. 公司受到相关政府部门及行业协会的认可，获得多项荣誉。并且该技术形成的主要产品也在统型招标中获得认可。因此，表明公司的核心技术获得了广泛认可。

（3）公司的核心技术在行业内处于领先地位：

具体而言，将相关产品的关键性能指标与国内外同行业公司的对比情况予以介绍。表明公司产品性能居国内厂商同类产品前列，整体性能参数指标达到国际标杆公司同类型产品的性能水平，技术水平国际领先。并且公司搭建了完备的技术平台，在工艺节点上与全球主流制造厂处于相当水平，具有独特的工艺优势。因此，公司的核心技术位于行业前列，具有先进性。

---

① 仅适用半导体行业。

② 仅适用生物医药行业。

5. 公司外购产品具有必要性与合理性

公司需要对并非转化自其核心技术的外购产品的必要性和合理性做出解释，主要可以通过自产经济不可行性、与外购产品的益处展开论证。

（1）公司对于主营产品全部自产不具备经济效益上的可行性：

为小批量产品进行高规模投资难以达到盈亏平衡。具体而言，由于生产线要求投资的数额巨大，因此全部自产需要较高的投资规模。并且产品需求具有“多品种、小批量、多批次”等特点，实际产量难以达到盈亏平衡临界产量要求，对公司的营收增长存在负面影响。因此，对于主营产品完全自产不具备经济效益上的可行性，进行部分产品的外购具有合理性。

（2）对部分产品进行外购对公司具有益处：

外购产品能够拓展公司商品的品类，对公司有利。具体而言，外购产品的市场供应充足，公司可以根据需求选择性价比高的产品进行采购，从而降低成本。并且通过外购还可以充分利用市场已有产能实现品类拓展，为客户提供更多选择。因此，外购产品与公司自产产品的结合能够满足市场需求且具有成本优势，可以使公司将资金投至定制化要求较高或具备技术优势其他产品，因此对部分产品的外购对公司有利。

6. 公司具备自制主要产品能力，不存在外购依赖

公司可以其对主要产品具有制备能力，对供应商不存在依赖进行说明：虽然公司出于经济考量存在外购产品的行为，但公司的经营依旧依靠自己的核心技术。具体而言，表明公司通过自建产线等方式掌握了所需主要产品的基本原理和通用工艺，并通过反复的试验具备了较强的将设计要求转化成相关设计方案的能力。说明公司具有较强的技术能力，有能力制备公司主要产品，对外不存在技术依赖。并且公司采购渠道广泛，供应商分散，本着平等、互利的目的未约定独家或排他性采购条款。故不存在主要依赖某一家供应商的情况。因此，公司对外购产品的供应商不存在依赖。

7. 外协厂商与公司及其关联方无关

存在外协厂商时，若外协厂商与公司间存在关联关系，采取的关联价格并不能反映实质经济往来，则可能造成公司财务数据虚假。公司需要证明上述关联关系并不存在，或存在关联关系的前提下，双方交易采用公允价格。与外购产品的供应商之间的关系也可参考此部分作答。

（1）外协厂商与公司及其关联方没有关联关系：

按科创板认定关联关系的标准，外协厂商与公司及相应利益相关者并不存在关联关系。具体而言，外协厂商与公司及其控股股东、实际控制人、附属公司、董监高、核心技术人员以及持股5%以上的股东等关联方均不存在关联关系或其他特殊利益安排。并且公司对此也不存在关联关系的承诺。外协厂商亦出具声明，承诺与公司之间的交易遵循市场化原则，定价公允，不存在任何形式的利益输送。

（2）外协加工费的价格公允：

外协加工费的确定符合公允价值计量的标准。具体而言，外协加工费的定价通常采用与多家供应商询价并结合多方面因素综合考虑的方式来确定。供应商在市场价格和行业惯例的基础上综合加工工艺的难易程度、加工成本以及合理的利润水平后向公司报价。由公司综合考虑供应商报价、工艺水平、质量等因素后，按照市场化的原则确定外协加工厂，交易价格具有公允性。

8. 外协加工具有合理性且具体环节非核心技术环节

若公司核心技术的实施主要依赖外协厂商，其技术独立性就无法得到保障。公司可以通过外协加工的合理性、外协加工并非其核心技术环节、外协厂商备选较多等角度进行论证，证明其并无对外协厂商的依赖。

（1）外协加工对公司具有合理性：

外协加工环节的资质要求较高与直接采购带来的成本压力较小。具体分为以下两种情形：

A. 部分技术环节具有较高的环保要求，公司自身产能亦有限。故将部分产品的个别加工环节委托给具有相应资质的公司完成，对公司而言具有合理性。

B. 公司出于成本考虑，没有直接采购部分成品器件，而是采购原材料委托第三方进行加工，这也有效减轻了公司的成本负担。因此，对于部分环节外协加工对公司而言具有合理性。

（2）外协加工的环节非公司核心技术环节：

外协加工的具体内容与其对整个生产过程的意义并不重要。具体而言，披露外协加工的具体环节与内容，说明其均为标准化的工艺流程或偶发性的产品封装等环节，在整个生产流程中不具有重要性。从而表明不存在关键工序交由外协单位完成的情形。因此，外协加工的具体环节并非核心技术环节。

（3）公司对外协单位不存在依赖：

外协采购的金额较小且可供选择的加工商较多。具体而言，外协采购的金额较小，占对应期间采购总额的比例较低。并且公司委外加工的部分均系标准化生产工艺，存在诸多同质化的加工商，可供选择的厂商较多，因此不存在依赖外协单位的情形。

（六）核心技术出资

关于核心技术出资这一问题，目前上市委关注的要点主要包括以下几个方面：（1）公司董事、监事、高级管理人员及核心技术人员名下是否拥有与公司主营业务相关的知识产权或技术成果，相关专利出资、非专利出资是否有合理性；（2）是否存在将职务发明投入公司的情形，有无纠纷或潜在纠纷可能，是否对公司持续经营造成影响。

经本文对已成功上市科创板公司披露信息的总结，对上述各方面的应对逻辑可以通过如下三个关键点展开：（1）公司技术出资内容不同；（2）出资技术为公司核心技术；（3）非专利技术出资合法。

1. 技术出资存在差异

诸项技术出资的相关技术内容不同，技术环节亦不存在重合部分：若技术出资的内容相同，则公司的科创属性指标，如专利数量等只停留在纸面上，实质上公司并未有足数的专利支撑起科创的基本面，当被质疑技术出资内容相同时，公司需要作出相应的解释。具体而言，公司成立初期相关人员将几项独立的技术投入于公司运营及研发工作中。通过详细介绍这些技术的具体内容与开发环节，表明技术内容与技术路线均不相同。部分技术在应用领域有类似的地方，但所涉技术路线及所侧重的技术环节也存在差异。因此，内容不同，技术环节亦不存在重合部分。

2. 出资技术为目前公司的核心技术基础

为证明公司具有确切核心技术，在问询回复中所特别提到的技术不应与说明核心技术无关。公司可以从出资技术对公司发挥着重要作用的角度出发进行论述：公司在出资技术基础上进行改进，相关产品效果也有提升。具体而言，阐明公司的研发团队在出资技术的基础上进行研发，在生产工艺技术上不断演进、扩大规模、拓展应用，逐步在研发和生产领域建立起领先的核心技术。相关产品的安全性、稳定性与效能都有积极提升，这使公司在国内生物医药生产企业中具有竞争优势。最初用于出资的几项技术及后续研发改进的技术均作为目前公司核心技术的技术基础，在公司发展过程中及现在发挥着较为重要的作用。

3. 非专利技术出资符合无形资产出资的相关要求

非专利技术出资符合《公司法》相关规定：如以软件、设计图等非专利技术出资时，在问询中公司可能需要证明该笔出资的合法性。具体来说，出资的非专利技术已经通过评估作价，并依法转让给公司。出资完成后，全体股东的货币出资金额占其注册资本的比例满足其时有效的《公司法》的要求。因此，说明非专利技术符合无形资产出资的相关要求。

二、知识产权权属

（一）自主研发取得的知识产权

关于自主研发取得的知识产权的相关问题，目前上市委关注的要点主要包括以下几个方面：（1）自主研发的知识产权申请情况，与核心技术的关联性，是否存在泄密风险，能否有效保护公司核心技术；（2）自主研发的知识产权的形成过程，权属是否存在瑕疵、纠纷或潜在纠纷，是否对公司持续经营造成重大影响；（3）是否存在相关权属境外注册、核心技术对应专利未申请等特殊情况，是否对相关核心技术造成影响，是否影响公司后续经营。

经本文对已成功上市科创板公司披露信息的总结，对上述各方面的应对逻辑可以通过如下三个关键点展开：（1）公司申请的知识产权能够有效保护自主研发的核心技术；（2）公司自研的知识产权权属问题不会对持续经营造成重大影响；（3）未注册专利的核心技术或境外专利不会持续经营造成重大影响。

1. 公司申请的知识产权能有效保护核心技术

公司的知识产权布局为核心技术提供保护，主要的保护行为就是将核心技术申请专利。企业可以从保护制度的全面性和合理性及实际保护效果展开论证。

（1）公司核心技术保护的全面性和合理性：

公司结合自身的产品特点、市场竞争情况，确定了自身真正的优势及核心技术，根据实际情况制定核心技术保护方案。具体而言有以下几种情形：

A. 对外，公司根据不同种类专利的申请特点，对于发明专利、实用新型及外观设计专利采取了不同的保护策略。发明专利的稳定性强、业内认可度高、利于维权，多用于保护核心技术；实用新型的门槛较低、审查周期短，并且在国内有与发明同日申请的机制，作为辅助发明的支持型专利；对于一些具体不宜公开的参数值，专利维权取证困难，保护效果不易实现，则通过商业秘密来保护。

B. 对内，公司通过文件加密软件系统、技术资料分权限控制制度、保密协议签署、定期复查管理等途径对核心技术进行保护，对于核心技术的保护具有全面性和合理性，降低了知识产权泄密风险。

（2）公司申请的知识产权能够有效保护公司核心技术，相关泄密风险较低：

公司近年来持续就与核心技术有关的专利进行知识产权的申请。具体而言，公司于成立以来，一直积极申请发明专利。由于发明专利对创造性要求较高，要求与现有技术相比具有突出的实质性特点和显著的进步，因而审查严格，多数情况下从申请到授权历时较长。公司目前拥有的发明专利主要在多年前申请，并主要在近几年获得授权，主要为销售生产产品对应的核心技术；随着公司持续的研发投入，近年来取得了较多技术成果，并随即对相关核心技术陆续申请发明专利，如果公司的申请符合相关规定，预计近几年即会获得授权。

同时，截至回复签署之日，公司不存在核心技术泄密事件，泄密风险程度较低。

2. 自主研发知识产权权属问题不会影响公司经营

公司对其核心技术的知识产权具有清晰而独立的权属才证明其真正控制该项核心技术，并不会因权利归属问题而丧失知识产权进而失去持续经营能力。公司可以从对形成知识产权具有完整权属、该知识产权不存在重大纠纷，或存在重大纠纷但对公司的持续经营并无重大影响的角度展开论证。

（1）公司对于形成的知识产权具有完整的、独占的相关权属：

公司具有知识产权形成的流程及相关文件记录内容，可能存在的企业名称变更等相关特殊情况，但仍然对核心技术有关知识产权享有完整、独占权属。

具体而言，公司的知识产权主要系原始取得，形成过程主要有如下步骤：

A. 公司统筹法务与知识产权管理部等相关部门制定、安排公司（及各子公司）的知识产权计划；

B. 各相关部门根据年度计划自行安排本部门知识产权申请计划；

C. 研发人员根据内部流程向法务与知识产权管理部等相关部门提交知识产权申请并由其进行审核；

D. 法务与知识产权管理部根据审核结果委托代理机构或自行按照相关要求和流程提交申请材料；

E. 知识产权主管部门审核通过后获得相关知识产权。

根据与主要研发人员签署的《劳动合同》，研发人员利用工作时间或工作条件（包括公司的设施设备、人员或技术）进行发明或者创造的发明权、版权、专利权和其他知识产权均属公司所有，权属清晰，不存在瑕疵、纠纷或潜在纠纷。

对于上述知识产权权利状态进行核查的主要方式包括：调取主管机关登记信息副本及查询主管机关公示信息等方式查验了公司持有的上述知识产权的登记、缴费及授权状态等信息。公司所获相关专利授权均为原始取得，且相关知识产权均处于可正常行使知识产权人权利的状态，不存在无效或失效情形，也不存在质押、司法查封等可能导致权利行使受到限制的情形。

（2）截至回复出具之日，公司拥有的相关知识产权归属不存在重大纠纷或诉讼：

通过检索相关网站（如中国裁判文书网、中国执行信息公开网、某法院网上诉服务平台等）公开信息，及公司出具书面确认。

（3）公司现有相关知识产权权属纠纷不会对公司持续经营能力造成重大不利影响：

权属纠纷并未进入实质庭审、赔偿金额少、涉及专利并不对应核心产品。具体而言，主要有以下几种情况：

A. 截至法律意见书出具之日，本案尚未进入案件的实体审理阶段，对公司的持续经营能力尚未造成重大不利影响；

B. 对方诉讼请求不涉及或仅涉及少量赔偿金额；

C. 经公司确认，涉诉专利仅作某产品辅助、优化功能，并非公司主要产品核心技术，账面价值极低，不会因此影响公司现有产品的销售，不会造成公司无形资产的减值损失。

3. 核心技术未注册专利、多为境外专利不影响公司经营

公司若存在核心技术未被纳入其知识产权布局之中，其需要对如何保护该技

术进行解释说明。公司可以通过不存在泄密风险、境外专利（若存在）不影响其对该知识产权的使用等角度进行论证。

（1）未申请专利的核心技术不存在泄密潜在风险：

公司未申请专利技术背后有经营层面上的考量。具体而言，公司某核心技术未对应专利。该技术主要应用于某领域，根据其数据特性，极易被盗取并申请相关发明专利。而根据《专利法》等相关规定，发明人向国家知识产权总局专利局申请专利，需要公开部分技术细节、技术关键点、技术具体实施方法等信息，即用公开换保护的原则。公司出于避免多年研发的核心成果为竞争对手所知悉的目的，在考量公司专有技术保密能力等因素后，对部分核心技术采取暂不申请专利而作为专有技术的保密方案。

同时，公司高度重视知识产权保护及非专利技术和技术秘密的保密，并根据公司的实际情况采取了相关保护措施，具体如下：

A. 制定了知识产权内部管理制度，对技术秘密在存储、许可、发布等方面制定明确的流程和保护规定；

B. 设立知识产权专员，专门负责处理公司各项与知识产权申请、使用、保护等相关的事务，主要包括对适于用申请知识产权进行保护的研发成果，按类别及时申请专利、软件著作权等知识产权，对公司拥有的各项知识产权进行监控和维护等；

C. 聘请专业的知识产权代理机构或者知识产权领域律师，为公司的知识产权申请、权利维护与保护等提供专业的服务；

D. 与相关员工签署保密协议和竞业承诺书，明确了保密义务和责任、需要保密的内容、违约责任等；

E. 在销售合同中约定“保密信息”“知识产权赔偿”等保护知识产权和非专利技术和技术秘密的条款；

F. 对研发人员建立了较为完善的激励制度，通过有市场竞争力的工资、绩效奖金、员工持股等形式保持核心技术人员稳定性，进一步降低核心技术的泄露风险；

G. 对关键技术及工艺流程进行分拆；

H. 通过技术处理措施对从相关产品上进行数据读取、取出及使用等进行权限管理。

公司成立以来高度重视知识产权的自主性与完整性，制定了专门的知识产权管理制度，通过专利申请、商标注册等途径确保拥有的知识产权合法、有效，同时公司对知识产权的维护、运用、保护等方面也进行了严格规范，有效保证了知识产权权属的明确性及核心技术的保密性。

（2）境外注册的专利不对知识产权使用造成影响：

公司现存的境外专利，可能是出于并购、申请速度、全球市场等原因获得。具体而言，公司所拥有的发明专利中，境外注册专利占较多数主要有以下几种情况：

A. 其子公司成立时间较早，经营至今在境外多地注册并取得多项专利，公司收购后向其购买了多项境外专利；

B. 因为国内申请专利时间较长，从递交材料到取得专利一般需要至少两年的周期，出于保护核心技术的目的，为快速申请专利，多采用境外注册；

C. 基于公司及其子公司在全球范围内销售产品，为保证相关专利在美国获得保护，因此在美国申请注册专利。上述专利在有效期内，仅在美国领土范围内通过美国法律发挥其保护效用，中美贸易摩擦不对相关专利使用造成影响。

综上，公司境外注册的专利不存在使用限制问题，不对公司经营造成影响。同时随着公司未来会进一步提升产品性能，本土研发团队将会在国内持续进行相关研发设计，建立丰富完整的知识产权体系，改善国内知识产权较少的现状。

（二）受让取得、许可取得的知识产权

关于受让取得、许可取得的知识产权的相关问题，目前上市委关注的要点主要包括以下几个方面：

（1）受让取得的知识产权主要内容和来源，受让原因、价格，是否存在现有权属纠纷或潜在纠纷，对公司持续经营有无影响；（2）授权、许可使用的知识产权在生产经营中的作用，是否存在纠纷或潜在纠纷，有无技术依赖、涉诉风险，是否对公司经营产生影响。

经本文对已成功上市科创板公司披露信息的总结，对上述各方面的应对逻辑可以通过如下两个关键点展开：（1）受让取得的知识产权上不存在权利瑕疵；（2）授权、许可使用的知识产权不会对持续经营造成重大影响。

1. 受让取得的知识产权不存在瑕疵、争议或潜在纠纷

问询中包含受让取得的知识产权内容、来源、原因等，但本部分论证应集中

于受让取得的知识产权不存在瑕疵。只需介绍受让取得的合理性，无须如上文一样进一步论述公司对其不具有依赖。应把重点集中于证明该受让知识产权上不存在权利瑕疵、争议或潜在纠纷，或在存在纠纷的情况下也不会对公司持续经营造成影响。

（1）专利系受让取得存在合理性：

综合考虑受让相关专利的原因、价格、定价依据、转让方情况等可得知受让取得专利具有合理性：具体而言，公司发明专利系受让取得的原因主要有以下几种情况：

A. 因公司发展需要，购买相关与公司研发经营有关的知识产权。根据相关机构（资产评估公司）出具的资产评估报告，确认相关专利所有权的市场价值评估值。并经公司与转让方协商一致，以评估值接近对价转让相关专利，并签署了《专利权转让合同》，定价公允，存在合理性。

B. 相关受让发明专利行为系公司合并范围内各主体间的转让。具体形式主要包括以下几种：

a. 转出方系公司同一团队在不同时点的经营主体。出于长久发展规划、人才引进战略、地理位置的便利性等方面的考虑，实际控制人通过资产转让、劳动合同转移等方式实现了经营主体的过渡，以实现公司承继转出方主要的业务和技术的目的，因此公司核心专利虽多为转出方受让取得，但实际并不存在权属纠纷可能。

b. 相关专利原始发明人为公司实际控制人，专利权原属于公司实际控制人控制的其他公司。为规范、减少关联交易和消除同业竞争，增强公司独立性和资产完整性，实际控制人停止相关公司业务经营，将专利等相关资产转入公司，不存在权属纠纷可能。

c. 相关受让发明专利系公司核心技术人员在工作期间利用公司资源形成的技术成果，属于职务发明，所有权应归属公司。出于申请方便、简化手续的考虑，以其个人名义申请了专利，后经国家知识产权局核准，原由相关人员持有的专利全部过户至公司。

d. 转让方系公司的合作方，根据协议约定，相关产品的知识产权系公司申请持有。在双方合作过程中，合作方未经公司同意，自行申请了上述知识产权的相关专利。后经双方协商一致，合作方将上述专利无偿转让给公司。

e. 软件著作权系公司股东于公司增资时作价出资所用，相关软件著作权于公司增资时已履行必要的法定程序，并且就相关软件著作权过户至公司名下，不存在权属纠纷。①

（2）受让取得专利不存在现有争议或潜在争议可能：

“受让专利不存在现有争议或潜在争议这一问题”有公司披露相关信息、相关人员出具确认函、相关网站资料，保荐机构、律师核查等报告等文件可以证明。具体而言，主要有以下几项核查程序：

A. 公司披露受让取得的专利证书、《专利转让合同》、国家知识产权局项目变更通知书、专利款支付的银行水单；

B. 获取转让方、相关专利主要发明人员出具的《确认函》；

C. 通过检索相关网站（国家知识产权局、中国及多国专利审查信息查询网站）确认公司相关专利的法律状态均为“专利权维持”，不存在权属瑕疵；

D. 通过检索相关网站（中国裁判文书网、全国法院被执行人信息查询网站、国家企业信用信息公示系统、深圳市市场监督管理局等），确认公司不存在相关专利的涉诉情况。

（3）受让取得的知识产权的相关问题不对公司经营存在影响：

相关专利信息并不构成公司核心技术，或未投入使用。具体而言，有以下几种情况：

A. 公司受让取得的发明专利目前尚未形成相关技术成果，对公司的生产经营不存在重大影响；

B. 相关受让的发明专利系为公司某项核心产品提供辅助性功能，并非公司核心技术，不会对公司主要的生产经营产生重大影响；

C. 公司所拥有的相关美国注册专利，在有效期内，仅在美国领土范围内通过美国法律发挥其保护作用，不受中美贸易摩擦影响；其他相关专利权人及研发主体均为非美国公司或机构，相关产品的研发及生产也均在非美国地区，不受他人或他国的限制，也不受中美贸易摩擦的影响。

2. 被授权使用的知识产权不存在相关问题

若公司的核心技术来自其他第三方的授权，公司需要解释其技术独立性。具

① 仅适用半导体行业。

体可通过公司对相关专利不存在依赖、相关知识产权权属不存在纠纷，或存在纠纷但对公司持续经营并无实质影响等方面进行论述。

（1）公司对相关专利不具有依赖性：

公司在授权专利基础上进行了技术迭代。具体而言，公司当前主要的核心技术和专利最初源于该等授权专利技术，后在授权方授权使用的专利技术基础上，进行了多年持续的技术开发、升级和迭代，并在工艺方法和各种装置上做了升级（如是半导体企业，则为软硬件方面等）和应用拓展，以满足新的工艺、技术发展趋势。

该等授权专利大多申请于多年前，上述授权专利由于技术升级迭代、已被新专利替代等原因，对公司当前的生产经营已不具有重要性，公司对相关专利不具有依赖性。

（2）相关知识产权权属不存在纠纷或潜在纠纷：

公司出具说明，证明其在授权专利基础上的研发情况及知识产权申请情况，授权方出具《法律意见书》，并检索相关网站。具体而言，主要有以下两种情况：

A. 公司在授权专利的基础上，研发申请了一系列归属于公司自身的技术专利，形成了当前公司的核心技术、专利和产品，所有权均归属于公司，相关知识产权权属清晰，不存在相关潜在纠纷；

B. 该等授权专利由公司控股股东独家授权使用，截至目前未发生纠纷，不存在潜在纠纷可能。

根据授权方出具《法律意见书》、公司的说明及授权方的声明函，并经登录相关网站（中国执行信息公开网、中国裁判文书网、人民法院公告网）检索查询，相关专利授权公司使用不存在纠纷或潜在纠纷。

（3）相关商标不存在权属瑕疵、使用限制，不对公司生产经营独立性造成影响：

许可协议内容能够证明该商标正常可用、并就该商标享有一系列约定的优先权利。具体而言，许可协议主要有以下几类规定：

A. 许可方保证该商标不存在任何权属争议，并处于正常可使用状况；

B. 许可方转让该商标，公司享有同等条件下的优先购买权，公司放弃优先购买权，许可方保证不得因商标转让第三人损及公司依该协议享有的权益；

C. 许可方在未取得公司同意时，不得为其或任何第三方利益将该商标所有权或专用权向他人出质；

D. 许可方同意公司在商标注册期内使用该商标，双方每三年对使用费重新进行约定；除非公司不再要求续约，否则双方应重新签订使用许可合同。

（4）相关纠纷不对公司后续经营造成重大影响：

公司采取相关知识产权涉诉应对方案以证明其将纠纷对公司经营的影响降到最低。具体而言，主要有以下几个方面：

A. 充分披露涉诉情况及进展；

B. 说明相关涉诉知识产权的状态；

C. 第三方出具鉴定意见表明涉诉产品未落入该知识产权的保护范围；

D. 诉讼不涉及核心技术及在研技术，对公司的产品销售、持续经营无重大影响；

E. 败诉的可能性较低，或即使败诉亦不会对公司的销售及持续经营能力造成实质性影响，具体有以下四种情况：

a. 说明公司的产品所采用的技术路线与涉诉专利技术路线不同，即使出现不利判决结果，也不会影响现有产品的销售；

b. 公司对外销售的产品及库存产品中已不再存在使用相关知识产权的情况，产生损失较少；

c. 公司涉及相关知识产权产品的生产、包装均由公司自行完成，公司可以较快更新相关商标产品及包装，产生额外成本金额较少；

d. 仅少量或不存在相关高额合同涉及相关知识产权，不存在高额违约赔偿可能；

F. 公司实际控制人作出承诺，如果败诉将承担全部的经济损失。

（三）知识产权合作研发

关于合作研发的知识产权相关问题，目前上市委关注的要点主要包括以下三个方面：（1）研发项目主要内容，成果归属有无纠纷或潜在纠纷；（2）合作开发协议是否存在期限限制以及协议到期后的安排，有无排他性条款，是否存在泄密风险等，对公司持续经营是否存在影响；（3）公司是否具有独立研发能力，是否存在研发依赖。

经本文对已成功上市科创板公司披露信息的总结，对上述各方面的应对逻辑可以通过如下五个关键点展开：(1) 合作项目知识产权权属不存在纠纷或潜在纠纷；(2) 合作研发合同到期不对公司后续经营造成重大影响；(3) 合作研发所涉的技术泄密风险较低；(4) 合作研发项目合同有无排他性条款约定均不对公司业务经营情况存在影响；(5) 公司核心技术不对相关合作方研发流程或能力存在重大依赖。

1. 合作项目知识产权权属不存在纠纷及潜在纠纷

因合作项目双方共同为项目成果做出了贡献，就成果归属约定不明时可能涉及知识产权权属纠纷。公司可通过合作研发模式合理性、双方就成果归属约定的内容以及所能查询到公开信息证明尚无纠纷等角度展开论述。

(1) 公司采取合作研发模式具有合理性：

公司采取合作研发模式与合作伙伴各取所长，能够提高效率、更加符合行业趋势。具体而言，公司采取合作研发模式具有合理性，主要出于以下几种原因：

A. 发挥各自优势，实现优势互补

公司与合作方基于各自的技术平台、研发优势等特点，在合作研发中负责不同的方面。公司的自主研发优势主要体现在前期的材料筛选、研究及后期的工艺放大、测试阶段（如是生物医药企业，则为临床研究环节）和产品产业化，合作方的研发优势主要体现在具有相关产品成功研发经验等。通过合作研发，公司可充分借鉴合作方的历史研究经验，同时为其提供相关研究材料的研究成果及成果转化的技术及经验支持。充分发挥协同效应，实现优势互补。

B. 充分利用资源，提高研发效率

公司相关创新产品的研发难度较高、研发时间较长，为加快公司在研项目推进，公司与合作方结合各自的技术优势共同推进产品的研发。相较于独立研发，与在目标产品领域已经具备一定基础的公司或机构合作开发可以节约大量的时间和经济成本，并缩短测试前的研发环节所需时间。通过合作研发，公司可进一步加快在研项目进度，为公司未来新产品的持续推出提供了有力保障，为公司持续创造新的业绩增长点。

C. 了解行业趋势，技术研发更有针对性

公司与相关客户建立了联合开发机制，有效提升公司产品在客户端的认证测试进度，有利于大客户与公司之间采购的可持续性。公司能够准确、快速地了解客户对于新产品、新趋势的要求，针对性地进行新产品的开发。同时，在共同测试过程中及时得到客户的有效反馈，发现新产品存在的问题，及时修正、改进新产品的性能，减少开发的时间及成本，提高研发效率。

（2）公司与合作方、委托方已明确合作形成技术成果的知识产权使用权、所有权归属及相关使用规定：

各合作方已在合同中明确约定技术成果的知识产权归属。具体而言，公司与合作方、委托方签署的《协议》对项目执行过程中产生的技术成果知识产权归属一般有以下几种约定方式：

A. 双方各自完成的研究成果归各完成方持有，合作期间双方产生的技术转让和产品销售收益分成比例由双方商定后，另行签订协议。

B. 形成的科技成果及知识产权归双方共用，技术开发成果的技术秘密使用权、转让权归双方共有。合作方同意放弃除科研目的以外使用或授权他人使用共有专利的权利，经公司书面同意，合作方可以对外转让其所享有的共有专利的份额，但公司享有优先购买权。

C. 甲方、乙方以及丙方共同享有在中国等地获得某项合作发明相关专利的权利，份额为甲方 1/3、乙方 1/3、丙方 1/3；甲方、乙方共同享有在美国获得某项发明相关专利的权利，份额为甲方 1/2、乙方 1/2。根据不同区域合作方参与专利申请、承担申请费及维护费用的具体情况，约定其是否具有该区域相关知识产权权属。

D. 形成的科技成果及知识产权归公司所有，合作方享有其完成相关成果所发表的论文及申请的专利等的署名权。合作方在发表论文或以其他任何形式使用本项目成果时，应在事前获得公司书面许可。

E. 相关委托外包系公司在产品研发的非核心技术环节和部分测试（如是生物医药企业，则为临床研究环节）中按照行业惯例付费购买的劳务性质技术服务，不会因该等外包服务商业模式本身而产生新的产品，不存在权属纠纷可能。

对于相关知识产权授权、转让的收益分配，公司也与合作方达成了书面一致意见，不存在相关纠纷可能。

（3）合作开发的相关知识产权归属不存在纠纷或潜在纠纷：

公司披露、网站检索，保荐机构、律师核查等相关方式可以确认公司相关知识产权不存在权属瑕疵或纠纷。具体而言，主要有以下几项核查程序：

A. 公司出具说明，披露受让取得的专利证书、《专利转让合同》、国家知识产权局项目变更通知书、专利款支付的银行流水单等；

B. 获取合作方及相关专利主要发明人员出具的《确认函》；

C. 检索相关网站（国家知识产权局、中国及多国专利审查信息查询网站）确认公司相关专利的法律状态；

D. 检索相关网站（中国裁判文书网、全国法院被执行人信息查询网站、国家企业信用信息公示系统、深圳市市场监督管理局等），确认公司不存在相关专利的涉诉情况。

公司发展初始，主要采用合作研发模式，依靠核心团队经验和技术特长与相关企业展开合作。后公司调整发展战略，主要采用自主研发模式，逐步建立创新团队，自主推进自研技术的试验和商业化。公司未继续签订合作研发项目的原因为公司发展战略和规划的调整，不存在与相关合作方的纠纷或潜在纠纷。

2. 合作研发合同到期不对公司后续经营造成重大影响

若公司的核心技术依赖合作研发，则合作合同到期可能导致公司失去对核心技术的控制。公司需要对合同到期后对公司经营不存在重大影响作出说明，可以从到期后安排，或在没有安排的情况下对公司的影响也较小的角度进行论证。

（1）合同到期后有相关安排，公司使用相关合作研发技术不存在问题：

协议内容约定、相关机构出具的确认函说明合同到期后会有相应的安排，使公司得以继续使用核心技术。具体而言，有以下两种情况：

A. 根据某机构出具的确认函，合作技术到期后经相关政府部门核准同意续展使用期限，将免费供公司使用。相关技术原协议期限到期后已成功续展数年，相关费用收取合理。因此上述续期安排不存在障碍。

B. 公司合作方系公司大客户，与公司有较好的合作关系。出于推进新产品、新技术的研发，保持公司技术的不断更新和产品的迭代目的，与公司进行合作研发；同时建立了较强的客户壁垒，不存在短期内轻易更换合作伙伴可能，与客户之间的采购具有可持续性，使用相关技术不存在限制。

（2）合同到期后未有进一步安排，但不对公司相关合作研发技术成果使用产生限制或影响：

合作协议并未对到期后公司继续使用专利构成限制，或公司已具备该专利的替代抓力。具体而言，主要分为以下两种情况：

A. 根据合作协议的相关约定，共有专利系双方于合作开发项目中共同研发并申请取得，双方均可独立使用该专利权，无须向另一方支付费用或作出任何解释。在合同到期后即使未有进一步安排，亦不会对公司使用相关技术产生限制或影响。

B. 目前公司系以自主构建的某项核心技术实现技术创新和持续研发，该项合作的研发成果对公司并非不可替代，创新和持续研发方面也不存在对于合作方的依赖，合同到期不对公司持续经营造成影响。

3. 合作研发所涉的技术泄密风险较低

合作研发可能导致技术秘密泄露，公司需要对保密的方式作出说明。公司可通过保密措施进行论证。如相关保密措施具有可行性，合作研发具有较低技术泄密风险：

该合作项目具备相关保密协议、履行顺利及此前相关类似合作项目也未发生秘密泄露事故。具体而言，主要从以下两个方面进行阐述：

A. 公司与合作方约定具体保密时间，签署相关保密协议，约定未经对方事先书面同意，一方不得将项目涉及的技术合作与交流内容，现场指导、培训内容，以及相关人才信息等披露给本协议外的任何第三方或出于合作开发之外的目的使用该保密信息，如未经允许擅自披露的，违约方需支付相应违约金。

B. 公司与合作方及其他主体也曾开展过相同或类似的某项合作研发项目，签订并实际履行了条款相类似的保密协议，采取相类似保密措施，至公司报告期，未曾出现过重大技术泄露问题。

4. 合作研发合同有无排他性条款约定均不影响公司业务

无排他性条款不能阻止其他第三方使用合作研发项目的技术成果，可能导致核心技术并非为公司独自享有。公司可以从项目的不正当竞争风险、对公司生产经营的不利影响等方面展开论证。

（1）该合作项目不存在相关不正当竞争风险：

合作协议中具备排他性条款所以不存在不正当竞争风险。具体而言，根据协议约定，合作协议约定了相关排他性条款，不存在相关不正当竞争风险，且公司与客户联合开发的产品未来将针对性地根据不同客户的需求持续开发不同的产品，进一步增加公司的收入规模，有利于公司整体的经营。

（2）不存在对公司的生产经营造成重大不利影响的可能：

当无排他性条款时，该核心技术转化生产存在较高的壁垒，第三方获取该技术在转化层面难以立即与公司直接竞争。具体而言，主要有以下几种情况：

A. 公司对产品采用的是技术专利群的方式，对产品的技术保护是全方位的、多层次的，任何单一的专利授权，产品研发成功的可能性都非常小。且需要结合公司研发的未申请专利的核心工艺技术诀窍，才能够研发产品，泄密风险较小。

B. 相关不存在排他条款的专利技术主要应用于测试环节（如是生物医药企业，则为临床研究环节），需要经过相对较长的时间的应用，才能够成功研发产品，具有推向市场的条件。

C. 公司应用上述共有技术开发的相关产品，在市场上已销售多年，在市场和终端客户中已经拥有了较好的先发优势和品牌优势。

综上，虽然相关技术共有人可以独立将相关技术以普通许可方式授权公司其他竞争对手使用，但实施相关共有专利技术存在较高的技术壁垒，从技术到产品、再到获得批准和推向市场，需要一个较长的时间，因此，不会对公司造成重大不利影响。

（3）不涉及核心产品研发生产，不对公司的业务经营情况存在影响：

合作协议中无排他条款，但该合作成果也不涉及公司的主营核心业务。具体而言，公司主要专注于某领域核心技术研发及相关产品转化、生产，而该项合作研发技术成果主要应用于其他业务方面，所以未约定排他性条款不对公司的业务经营情况存在影响。

5. 公司核心技术不依赖相关合作方

若公司需要依赖合作方以实现其核心技术，则其不具备技术独立性。公司需要就对合作方不存在依赖做出解释。主要可以通过独立研发团队，在研发流程中所起到的作用、核心技术与合作方存在明显差异、合作组织的选择并不唯一等方面进行论证。

（1）公司已组建独立研发团队，具备该领域自主研发能力：

合作项目前公司就已有独立研发团队、设施及相关科技成果产生。具体而言，在合作研发之前，公司就已有成熟的研发团队，建立了独立的研发平台，拥有科学和规范的研发管理体系，拥有能够保证公司进行持续创新研究的研发场所和软硬件设施。且已自主研发了相关领域的较多相关科技成果，获取丰富的研发经验，持有较多专利数量，代表了该领域的先进技术，核心技术已转化并稳定量产，大幅提升了销售收入。公司具备资产、人员、财务、机构、业务的独立性，主营业务、控制权、管理团队和核心技术人员稳定，具备该领域的自主研发、直接面向市场独立持续经营的能力。

（2）研发过程中系公司对全流程起主导作用：

公司在合作中牵头引领项目发展。具体而言，在研发项目期间，由公司根据市场需求提出研发课题，设计并确定研发方案、实施路径，投入资金、设备和远多于合作方的人员进行研发项目的执行，对研发项目相关成果进行总结，参与并主导了全流程；而合作方则为某些方面问题提出解决方案，提供研发方案和研究方法的可行性评估，参与项目的立项、评审、结项等项目流程，并不具有主导性作用。

（3）公司核心技术应用领域与合作方主要从事的业务方面存在明显差异，不存在公司对于合作方研发能力的依赖：

公司、合作方的业务分属不同的技术领域。具体而言，公司专注于某一领域的研发、生产和销售，合作方主要专注于其他某一领域产品，相关产品均较为成熟、传统，双方在具体从事业务方面存在明显差异，不存在公司对于合作方研发体系或研发能力的依赖。

（4）公司对于合作方的选择不存在唯一性：

公司不与现阶段合作方合作，亦有可供选择的其他合作方。

具体而言，根据相关行业研究公司（HSMAP）不完全统计数据，截至报告出具之日，国内目前同类公司较多，且服务内容同质化严重，公司可以根据自身研发整体进度和需要，在相关试验中更为灵活地选择合同研发组织等，不存在对单一合同研发组织依赖的情形。

（四）知识产权职务发明

关于职务发明的知识产权相关问题，目前上市委关注的要点主要包括以下几个方面：（1）公司入职员工或公司创始人是否构成原企业职务发明，是否会对公司经营造成重大影响等；（2）公司员工离职是否会造成公司技术泄密风险，是否会对公司的生产经营产生重大不利影响；（3）被代持控股股东现代持股权状态，在公司任职期间创造发明是否存在纠纷或潜在纠纷；（4）员工与公司间的专利转让是否存在专利权属等纠纷或潜在纠纷。

经本文对已成功上市科创板公司披露信息的总结，对上述各方面的应对逻辑可以通过如下四个关键点展开：（1）职务发明权属纠纷或潜在纠纷不会对公司经营造成重大影响；（2）公司员工离职不会造成公司技术泄密；（3）被代持股东不存在涉及职务发明的纠纷及潜在纠纷；（4）员工与公司间的专利转让不存在专利权属等纠纷或潜在纠纷。

1. 职务发明权属纠纷或潜在纠纷不影响公司经营

若公司技术成果被认定为技术人员在原就职企业的职务发明，则该技术成果可能会被原企业索回。公司可以通过该技术成果不构成原企业职务发明，或可能构成职务发明，但不会引起纠纷，或引起纠纷也对公司的影响较小等方面进行论证。

（1）相关员工原单位离职后发明不构成原就职企业职务发明：

公司相关创始人、入职员工的履历，相关技术的形成过程，相关企业与公司相应的核心技术类型均说明相关员工在公司的技术成果不构成原就职单位的职务发明。具体而言，根据某律师事务所出具的书面确认意见，公司创始人、核心成员等人曾在其他企业任职，担任相关技术开发职务，以研发某领域相关产品为主要工作内容，取得了某项专利。但发明人在公司相关企业取得的专利不存在构成职务发明，一般有以下几种情况：

A. 相关专利的登记发明人包括相关人员，但经其他发明专利人书面确认，该专利的主要发明人并非相关人员，考虑到相关人员的行业地位，为便于专利审查通过，决定将相关人员作为发明人之一列示其中，不涉及利用相关企业物质技术条件的情况。相关人员不存在既参与原企业的专利研发工作，又同时参与公司的专利研发工作的情形。

B. 相关专利的申请日期已超过与原企业签署的雇佣协议约定的雇佣期间及雇佣后相关竞业禁止协议约定的期限。相关人员的研发成果均为入职后利用公司设备、资源及个人知识、技术储备在各自工作业务岗位上多年积累，研发而成，或者第三方依法受让相关技术，不存在利用其他企业的物质技术资料、资金、实验室或实验设备，不存在相关人员将相关企业职务成果投入公司生产研发的情形。

C. 相关人员在发明中主要负责把握研发方向，作为负责人带领研发团队进行相关产品设计、测试及质量管理等工作，未对创造的实质性特点作出创造性贡献。

若要论证相关员工从原单位离职后形成的发明不构成原单位的职务发明，主要从以下两种方式进行说明：

A. 相关曾任职企业出具书面说明，披露在聘用期间相关人员的主要工作内容及相关职务发明。

B. 相关人员出具确认函，其入职不存在违反其与原单位签署的协议条款，入职后研发的专利及非专利技术的主要技术来源为其在某学校的学习及研究积累。

（2）虽然相关情况可能系原就职企业职务发明，但不存在产生相关职务发明权属纠纷或潜在纠纷可能：

相关专利状态、相关人员竞业禁止合同内容和状态，相关企业出具说明书均证明该技术成果不存在职务发明权属纠纷或潜在纠纷的可能。具体而言，主要有以下几种情形：

A. 相关企业专利存在驳回、撤销、未缴年费、届满等情况，导致相关专利权不受法律保护，不存在产生相关职务发明权属纠纷或潜在纠纷可能。

B. 相关人员曾任职企业连续三个月未根据签署的竞业限制合同支付竞业限制补偿金，相关人员有权单方解除竞业限制协议，且现已起诉请求解除相关约定，相关企业对相关人员名下所有专利及非专利技术不享有现有或潜在的权利主张。

C. 相关人员曾任职企业出具《询证函》回函，相关人员在公司处任职并持有权益不存在违反与前企业签署的竞业禁止或竞业限制等情形。

D. 相关人员离职后1年内申请的专利，至今均已超过法律法规规定的向人民法院请求保护民事权利的诉讼时效。同时，根据公司确认，未收到过任何有关企业就相关人员发明技术侵权的权利主张。律师通过信函及实地走访相关企业办公场所的方式向相关企业询问公司及相关人员是否存在违约或侵犯其权益之行为，未收到相关企业任何有关权利主张或反馈。此外，经律师检索网站（中国裁判文书网、中国执行信息公开网）查询显示，截至本补充法律意见书出具之日，公司与相关企业不存在任何诉讼案件，相关专利被主张的法律风险极低。

（3）相关职务发明权属纠纷不会对公司经营造成重大影响：

虽存在现有职务发明纠纷之诉，但其诉讼目的尚不明确。若败诉，公司也可对内找到最终责任人，以及使用可能涉及相关企业职务发明的产品具体收入、占总收入比重不高。具体而言，通常有如下几种情形：

A. 涉诉专利授权日期较早，相关人员的持股及任职事实也在众多第三方公开信息中可以查询，该背景下相关企业提出该等权利主张，其真实诉讼目的存疑。

B. 假设权属诉讼最终判决结果对公司不利，公司于录用前已向拟录用人员明示不得将原单位技术秘密用于公司的研发生产，且有相关定期核查的制度，并且记录了执行情况。

C. 对方诉讼请求不涉及或仅涉及少量赔偿金额，同时经公司确认，涉诉专利仅作某产品辅助、优化功能，并非公司主要产品核心技术，账面价值极低，不会因此影响公司现有产品的销售，造成公司无形资产的减值损失。

2. 公司员工离职不会造成公司技术泄密

公司员工离职时会有带走公司秘密跳槽下家企业的可能。同时核心技术人员离职也许会影响公司持续经营。公司需要对离职不会带来上述不良影响进行说明，其可从员工离职不会造成泄密风险及员工离职并未影响公司业绩的角度进行论证。

（1）员工离职不会造成技术泄密风险：

离职人员履新行业与公司不存在竞争，或公司已就相关离职人员主要负责的工作内容及离职后从事方向与该人员达成竞业禁止协议、保密条款等合同内容。具体而言，有以下两种情况：

A. 相关人员在任职期间主要担任某项职务，在任职期间主要是提供学术思路和战略方向的指导等，相关人员离职后的本职工作依然是教学和科研，与公司在核心技术方面不存在竞争关系，公司不存在相关技术涉密风险。

B. 公司存在核心技术人员离职后就任于同行业公司情况。相关核心技术人员在任职期间与公司签署的《劳动合同》中包含了保密条款，约定从公司离开后数年内不得泄露公司的商业秘密。同时，签署了不侵权承诺函，承诺离职后的合理期间内，仍就其掌握的公司秘密负有保密义务，若相关人员违反公司当时有效的公司章程泄露公司商业秘密，公司有权向其主张侵权损害赔偿，核心技术泄密风险较低，同时采取了有效措施将可能的核心技术侵权的不利影响降到最低。

C. 公司自成立以来，十分重视对核心技术的保密，及时将研发成果申请专利，并制定了严格完善的内控制度，尽量减少核心技术人员流动，对离职员工的去向、行业内竞争对手的人事和研发情况定期地进行追踪和监控，具有完善的侵犯技术秘密行为的发现机制，保障核心技术的保密性。

（2）相关人员的离职并未给公司的生产经营带来任何不利影响：

不只是公司秘密没有泄露，相关人员离职后公司相关项目营业收入、利润均未受影响。具体而言，相关人员于公司离职后，随后几年公司相关项目营业收入、利润均呈现了增长趋势，相关岗位公司也聘请了其他人员，包括许多行业专家、权威人士，相关人员的离职不存在给公司的生产经营带来任何不利影响。

3. 被代持股东不存在涉及职务发明的纠纷及潜在纠纷

被代持股东不出现在股东名册上，但若被代持股东以技术出资或为公司贡献了科技成果，则有可能该技术涉及被代持股东在原任职单位的职务发明。公司可以通过该代持协议已解除且历史沿革中不存在纠纷或被代持股东在公司任职期间的技术成果不存在纠纷为角度进行论述。

（1）公司股权代持已解除，且历史沿革中不存在纠纷、潜在纠纷：

相关合同内容、律师访谈股权代持相关人员的结果，及相关人员出具确认函能够证明该代持已解除且不存在潜在的纠纷。具体如下，根据股权代持相关人员提供的《持股协议书》《股权确认书》等合同，以及相关银行流水，并经律师访谈相关人员，确认截至公司提交本次发行并上市的申请日，公司历史上的股权代持已依法解除。

（2）被代持股东在公司任职期间创造发明不存在纠纷或潜在纠纷：

律师核查相关机构（国家知识产权局）出具的专利法律状态证明文件，检索网络等公开途径上相应专利的情况，及被代持股东在原工作单位从事主要工作内容以及与公司主营业务之间关系表明被代持股东在公司企业发明创造也无纠纷或潜在纠纷。具体来说，一般有以下几种情况：

A. 被持股股东系外部投资人，未在前单位或公司处任职，亦未从事与前单位或公司相同或类似的业务，不存在职务发明纠纷可能。

B. 根据公司提供的专利证书，经查阅相关机构（国家知识产权局）出具的专利法律状态证明文件，并经公司实际控制人的确认，相关各项专利均由公司研发人员利用公司资源进行自主开发形成，不存在源于被代持股东原工作单位的情况，公司获得授权的专利均权属清晰，不存在纠纷或潜在纠纷。

C. 符合上述超过 1 年限制期限、不存在同时从事研发工作、不曾将原企业资源用于公司研发、未对实质性特点作出创造性贡献等情况的，被代持股东在公司任职期间创造发明不构成相关发明人在前单位的职务发明，不存在权属纠纷或潜在纠纷。

4. 员工与公司间专利转让不存在权属等纠纷

若公司的核心技术系公司从员工处转让得来，该专利上存在权属纠纷便会影响公司对核心技术的使用。公司可从职务发明的角度论证该专利本就为公司所有。

公司与员工之间不存在专利转让引起的专利权属、转让价格等纠纷及潜在纠纷：公司以往与员工之间专利转让系专利注册地的操作惯例。具体而言，按照专利注册地的操作惯例，员工为执行公司的工作任务或利用公司所提供的物质技术条件所完成的职务研发成果，先由员工提交专利申请并将后续专利权益无偿转让予公司或者员工将包括专利申请权在内的所有专利权益无偿转让予公司并由公司提交专利申请，后公司作为首个专利权人取得相关职务研发成果的专利权。现公司已取得相关专利权证书，且公司与员工之间亦不存在专利转让引起的专利权属、转让价格等争议或纠纷，相关法律风险较小。

三、知识产权诉讼

（一）知识产权侵权纠纷

关于知识产权侵权诉讼相关问题，目前上市委关注的要点主要包括以下几个方面：（1）公司所持知识产权法律状态是否稳定；（2）相关知识产权有无被诉情况，是否存在产品侵权可能；（3）是否会对公司持续经营产生影响；（4）公司有无相关应对措施。

经本文对已成功上市科创板公司披露信息的总结，对上述各方面的应对逻辑可以通过如下十个关键点展开：（1）公司所持有的知识产权法律状态不存在权利限制情况，或知识产权存在权利限制，但不会对公司的持续经营产生不利影响；（2）涉诉专利稳定性（包含提出无效宣告的行政程序）；（3）公司专利尚在申请中，但无法获得授权可能较小；（4）公司专利不构成侵权；（5）涉诉产品不构成专利侵权；（6）相关事件系竞争对手商业策略所致，不会影响公司财务状况；（7）公司所涉及恶意诉讼不会对公司持续经营产生实质影响；（8）涉及诉讼专利不构成公司主要资产、核心技术，故诉讼不属于重大诉讼等有关事项，不会对持续经营有重大不利影响（包含提出无效宣告的行政程序）；（9）涉及诉讼专利系核心专利，但具有稳定性；（10）知识产权诉纠纷对公司经营的影响小。

1. 公司所持有的知识产权法律状态不存在权利限制情况

权利限制指妨碍公司对其所持有知识产权自由享有全部权利的情形。若核心技术对应知识产权存在权利限制，可能会影响到公司的持续经营。因此，公司需要对不存在此种情形进行说明，可以从公司知识产权不存在权利纠纷，或虽公司知识产权存在非维持的情形，也不会对公司产生较大影响等角度展开论述。

（1）公司所持有的知识产权不存在权利纠纷风险：

公司知识产权均处于维持法律状态。具体而言，主要有以下几个回复步骤：

A. 截至报告期末，公司及子公司共拥有多项专利、多项商标、多项著作。具体信息包括权利人、名称、注册号、登记号、取得时间、法律状态等。

B. 基于官方信息查询结果，知识产权并不存在现有诉讼或仲裁等权利负担。

a. 通过相关官方机构出具文件，如国家知识产权局出具的批量专利申请法律状态证明和集成电路布图设计登记簿副本，中国版权保护中心出具的软件著作权登记概况查询结果，境外知识产权代理机构出具的境外知识产权确认文件，并经网络检索中国裁判文书网、中国及多国专利审查信息查询网、中国商标网商标查询系统、中国及多国专利审查信息查询系统、中国版权保护中心网站公示信息获取的官方文件等查询表明，知识产权并不存在诉讼或仲裁等权利负担。

b. 通过走访有关法院和仲裁委员会结果表明，知识产权并不存在诉讼或仲裁等权利负担。

c. 通过查阅公司取得的相关权利证书（如《商标注册证》、《发明专利证书》、《实用新型专利证书》、《外观设计专利证书》、《计算机软件著作权登记证书》、公司出具的相关说明等）表明，知识产权确属于维持状态，不存在权利纠纷可能。

（2）公司的知识产权法律状态存在非维持的情形，但不会对公司的经营产生重大不利影响：

截至回复出具之日，公司确有处于非维持状态的知识产权。但该状态不会影响公司的生产经营。具体而言，截至本回复出具之日，公司的若干项专利或商标或著作等已经终止，其中包括因法定权利期限届满而终止、因公司申请授予发明专利权而放弃、因被宣告无效而终止。但上述非维持状态及对非维持的处理不会对公司经营造成重大影响，主要分为以下几种情况：

A. 经过研发部门负责人、法务与知识产权管理部负责人的确认，终止的并非公司核心知识产权，且仅在公司少数产品项目上使用。该产品报告期内的销售收入占公司各期销售收入的比重极小，因此该项知识产权届满终止或被公司放弃或被宣告无效而终止不会对公司的持续经营产生重大不利影响。

B. 处理知识产权纠纷相关成本费用也不会对公司经营成果造成重大影响。在会计年度内，与处理上述知识产权相关的咨询费、行政开支、律师代理费的合计数额占净资产比例低，不会构成对公司经营成果的重大影响。

2. 涉诉或无效宣告程序中的专利稳定性

若专利涉诉，最终法院作出对公司不利的判决，或专利被宣告无效都会导致公司无法充分享有相应权益。公司可从原告专利不稳定而公司专利稳定的角度论证涉诉或无效宣告不会对公司继续享有知识产权产生影响。

（1）原告涉案专利不具有稳定性：

原告专利不具备新颖性或创造性，以不稳定专利起诉带有明显恶意。具体而言，主要有以下几种情况：

A. 原告专利均未经过国家知识产权局实质审查。按照专利法相关规定，权利人在起诉前应当出具专利权评价报告，证明其实用新型专利的稳定性。在没有评价报告支持专利稳定性的情况下，直接提起侵权诉讼，具有明显的恶意。

B. 根据《专利稳定性分析报告》结论，原告涉诉专利不具备新颖性或创造性，相关专利不稳定。主要有以下几种情况：

分析相关专利后发现，原告专利所披露的技术方案，所要解决的是特定技术问题，系业内解决该技术问题的常规手段之一，由于实用新型专利不进行实质性审查，因此不影响公司获得相关专利授权。

另外，对于解决该技术问题，业内企业除了利用原告专利技术方案之外，通常还会利用其他方法改善上述技术问题。因此原告专利所披露的技术方案，只是业界的惯用方法。

C. 公司已经针对原告涉案专利提起专利无效宣告请求。

（2）公司涉案专利具备稳定性：

涉案专利为公司申请的发明专利，授权审查严格，被宣告无效的可能性低。具体而言，主要有以下几种情况：

A. 公司专利均系发明专利，经过国家知识产权局初步审查和实质审查后获得授权，其符合我国《专利法》第 22 条第 2 款、第 3 款规定的新颖性和创造性，稳定性较高。

B. 根据相关报道（如《国家知识产权局年报》的记载），国家知识产权局审结的发明专利无效案件结果中，被宣告全部无效的发明专利仅占比较低，稳定性较高。

C. 对被提出无效宣告的五项发明专利，公司已委托国家知识产权局专利检索咨询中心出具了《检索报告》，其结论均为具备《专利法》第 22 条第 2 款、第 3 款规定的新颖性和创造性。

3. 公司专利尚在申请中且授权可能性大

公司的专利若还未通过审查，则难以保证对应技术是否可被纳入公司知识产权布局进行保护。公司可以通过申请程序进行中、相关专利授权无障碍、不予授权风险等角度论证最终专利大概率会注册成功。

（1）申请程序尚在进行：

专利尚在申请中的主要原因是申请流程耗时较长，公司在流程中积极配合每一步骤。具体而言，主要有以下几种情况：

A. 因发明专利的审核时间长，按照国家专利审核流程，按照一般程序需经历受理，初步审查，申请日满十八个月后公布，进入实质审查程序。

B. 现申请正处于实质审查请求生效或实质审查阶段，公司已提交审查意见陈述书但有关机关尚未反馈。

C. 申请尚未获得有关机关的答复。公司已经在法律要求期限内提出实质审查请求。

D. 对审查意见通知书中对该专利申请的新颖性，创造性和是否属于不授予专利权的范围等问题，公司均予及时答复。

（2）就相关专利授权不存在法律障碍：

专利申请权也可能存在权属纠纷，公司需要就此作出说明。具体而言，主要有以下几种情况：

A. 上述专利申请权权属清晰，未被设定质押权或其他任何第三方权益，亦未被司法查封或冻结。

B. 公司及其子公司已依法履行专利申请审批程序，专利申请过程合法合规，已足额支付相应专利申请费用。

C. 根据专利代理机构出具的说明文件，专利代理机构已按照国家知识产权局要求准备实质审查回复材料；上述发明专利不存在怠于答复审查意见通知书、分案通知书或者提交资料通知书等而被视为撤回申请的情形。

D. 公司及其子公司在上述专利申请的审查过程中未收到第三方关于上述专利申请存在纠纷的书面异议通知。

E. 国家知识产权局网站显示，上述专利申请处于正常的审查状态，未出现被驳回的情形。

F. 公司不存在与上述专利申请相关的知识产权纠纷或潜在纠纷。

（3）无法获得授权的可能性及风险：

若存在无法获得授权的风险，公司需要披露该情况给公司生产经营带来的影响。具体而言，主要有以下几种情况：

A. 因专利申请程序耗时长且复杂，公司可能无法提交或无法及时提交所有有关专利申请相关的材料、后续答辩，以及专利审核政策、其他外部环境等发生重大不利变化等诸多因素可能导致公司无法取得上述专利授权。加之申请人尚在结合国家知识产权局实质审查意见修改专利申请文件，因此，该专利申请仍存在无法取得授权的可能。

B. 若公司无法取得上述专利授权，则公司相关的专利可能无法从发明专利角度得到有效保护，从而使专利保护范围内的相关技术全部或部分成为公开技术；如该专利申请相关技术被其他企业所使用，将加剧行业竞争、削弱公司产品的竞争力。

4. 公司专利不构成侵权

当公司被诉专利侵权时，公司的专利与原专利虽功能类似但技术特征不同便不构成专利侵权。公司可从公司专利是在原有专利的基础上改进而来的点切入，主要论证公司专利与原专利在技术特征上的区别。

（1）公司有关专利系在原专利的研发基础上改进而来：

具体而言，主要有以下几种情况：

A. 在原专利基础上，公司进行进一步探索和筛选，结合需要的技术特征，研究发现了与原专利不同但有类似功能的技术设计。同时公司专利还有其他独特属性，具有开发其他剂型的潜力，因此对该技术进行了单独的专利申请。

B. 同时公司通常选择将技术单独进行专利申请。同一产品使用不同技术实现在外观、有效性等方面可能会有显著不同，从而影响了功能稳定性和效果。

具体而言，公司主要通过自主研发在生产实践中不断提高技术水平，在原技术的基础上改进，解决了不少技术难题，形成产品技术层面、工艺设备技术层面的特有技术，并申请相关专利。因此具有独特性和突破点。

（2）相关专利与原专利在靶点选择方面存在不同：①

具体而言，主要有以下几种情况：

某靶点系治疗有关疾病的重要作用：

A. 该靶点是目前所知对症状最特异、最有效的因子，机体组织中某靶点的表达是有关疾病发病机理和临床表现的关键，会导致机体技能逐步退化。基于此，医药企业在开发治疗有关疾病药物时，多选择该某靶点。

B. 不同于原专利产品仅作用于某靶点，相关专利同时作用于某靶点与另一靶点。

公司自成立以来即专注于设计与发明具有新结构、新机制的靶向生物创新药，并持续研究开发直至商业化阶段。在相关专利产品的开发过程中，公司设计开发了超过数种不同的生物新分子，在对上述生物新分子设计、筛选、评估及验证的过程中，开展了大量的探索性研究工作，并通过对比及选择性优化等方式，最终选定相关专利产品对应的药物分子进行持续开发。

相关专利产品是公司开发出的一款双靶点的创新融合产品，并有望成为同类首创（first－in－class）的双靶点生物药。

在靶点选择上，一方面，公司选择某靶点作为有关专利的靶点之一，是基于

---

① 仅适用生物医药企行业。

对有关疾病发病机理的深入研究后，作出的科学合理选择，符合行业惯例；另一方面，有关专利产品创新性地引入另一靶点。另一靶点是一类具有广泛生物学活性的因子，目前已发现另一靶点能够刺激某生理功能，且在有关疾病中另一靶点的表达水平显著升高。

因此，不同于原专利产品是一款单靶点，公司相关产品是一款同时作用于双靶点的生物药。

（3）有关专利与原专利在分子结构及作用机制方面存在不同：①

具体而言，主要有以下几种情况：

A. 单靶点及双靶点的分子机构及作用机制本身不同。有关专利是一种双受体与人某段基因重组的融合蛋白，具体由诸受体的胞外结构域与人的该段基因融合而成。研究表明，受体 1 和受体 2 信号通路之间的相互作用将协同促进新的疗效形成。通过双靶向机制，有关专利能够同时竞争性抑制因子与它们的受体结合，从而更有效地抑制有关疾病。具体而言，物质 1 和物质 2 在激活受体后会导致新的症状，而有关专利产品能竞争性抑制物质 1 和物质 2 与它们的受体结合，从而阻止物质 1 和物质 2 家族受体的激活、最终达到治疗有关疾病的目的。不同于相关专利产品，原专利产品是一款抗单靶点融合蛋白，具体由受体 1 和受体 2 的胞外结构域与人该段基因融合而成，其结构与作用机理如下：原专利产品作用于单靶点，其主要通过与单靶点家族受体结合，阻止单靶点家族受体的激活，达到治疗疾病的目的。

B. 有关专利产品在稳定性等方面亦具有独特的优势。在双靶点药物分子的研究中，公司致力于提高相关药物分子结构稳定性以及不同靶点之间的兼容性等。有关专利产品药物分子结构的创新设计主要体现在：（Ⅰ）创新性地使受体 1 与受体 2 分别在指定位点与人免疫球蛋白某段进行结合，使受体 1 得到一定的支撑，降低了药物分子内部的中间聚集效应，提高了分子稳定性；（Ⅱ）控制受体 2 与受体 1 的胞外区的特定结构域与人免疫球蛋白某段结合，在不影响受体与靶点结合的前提下，消除受体自身存在的自抑制作用。

5. 涉诉产品不构成专利侵权

当涉诉对象是其生产的产品而非公司专利时，可以通过与原告专利比对和出具鉴定报告，论证对公司涉诉产品不构成专利侵权。

---

① 仅适用生物医药行业。

（1）某律师事务所出具的《法律意见书》说明公司的产品不构成专利侵权：

经与原告专利比对，涉案产品并不构成专利侵权，主要有以下几种情况：

A. 知识产权律师已对公司涉及侵权的产品与原告公司专利进行了全面的比对。律师针对专利中明显具有公司产品中没有的技术特征的专利，将专利技术特征与产品特征进行逐项比对，制作比对表；针对专利中虽然具有公司产品中的技术特征，但是需要进行比对才能够确定。

B. 根据《最高人民法院关于审理侵犯专利权纠纷案件应用法律若干问题的解释》公司产品侵权比对原则如下：

a. 全面覆盖原则：公司产品是否落入专利权的保护范围，应当审查有效专利中权利要求所记载的全部技术特征；公司产品包含与权利要求记载的全部技术特征相同或者等同的技术特征的，认定其落入专利权的保护范围；公司产品的技术特征与权利要求记载的全部技术特征相比，缺少权利要求记载的一个以上的技术特征，或者有一个以上技术特征不相同也不等同的，认定其没有落入专利权的保护范围。

b. 相同侵权：又称为文字含义上的侵权，是指在公司产品或方法中能够找出与权利要求中记载的每一个技术特征相同的对应的技术特征。

c. 等同侵权：是指公司产品有一个或者一个以上技术特征与权利要求中的相应技术特征从字面上看不相同，但是属于等同特征，应当认定公司产品落入专利权保护范围；等同特征，是指与权利要求所记载的技术特征以基本相同的手段，实现基本相同的功能，达到基本相同的效果，并且所属技术领域的普通技术人员无需经过创造性劳动就能够想到的技术特征。

d. 禁止反悔原则：在专利申请的审批过程中申请人针对其专利申请作出的修改和针对审查意见作出的意见陈述会对其专利权保护范围产生限制作用。这种限制体现在禁止专利权人将其在审批过程中通过修改或者意见陈述所表明的不属于其专利权保护范围之内的内容重新囊括到其专利权的保护范围之中。

C. 基于产品侵权比对原则和上述方法，专利律师对公司产品是否侵犯原告公司知识产权进行了对比分析，并认为筛选出的若干项原告公司专利包含有公司产品中不存在的技术特征，因此公司产品不侵犯原告公司专利。

（2）某鉴定机构所出具的《知识产权鉴定意见书》，说明公司的产品不构成专利侵权：

A. 公司可以委托鉴定机构对产品进行知识产权鉴定，得到产品不侵权的鉴定意见。具体而言，主要有以下几种情况：

B. 公司已委托某知识产权交易中心有限公司出具了《知识产权鉴定意见书》，经进行技术特征比对，被控侵权产品未落入涉案专利任一项权利要求的保护范围，不构成侵权。

根据鉴定中心出具的鉴定报告，公司被诉侵权产品与涉案专利存在显著不同，其中的区别包括：

a. 公司被诉侵权产品不具有某个技术特征；

b. 公司被诉侵权产品不具有某个技术步骤；

c. 公司被诉侵权产品属于涉案专利背景技术部分所描述的现有技术。

因此，公司被诉侵权产品不落入涉案专利权的保护范围，不构成侵权。

6. 相关事件系竞争对手商业策略且不影响财务状况

针对公司以专利为主的知识产权体系，竞争对手可采取申请专利无效或提起专利诉讼的方式对公司的生产经营施加负面影响。就本问题，公司可以从专利无效申请不属于重大事项、诉讼实际赔偿额较低等角度展开论证。

（1）专利无效申请不属于专利权属纠纷：

不属于权属纠纷的法律障碍不会导致公司承担重大偿债风险，并不属于重大事项。具体而言，专利无效申请与权属纠纷的区别主要分以下几个方面：

A. 主体不同：与专利权属纠纷涉及公民之间、法人之间、公民与法人之间的情况不同，根据《专利法》规定，专利无效申请指“自国务院专利行政部门公告授予专利权之日起，任何单位或者个人认为该专利权的授予不符合本法有关规定的，可以请求专利复审委员会宣告该专利权无效”，因此，其不是特定两个或多个主体之间的争议，而是就专利主管部门原有专利授权行为，由任意的且不必然与专利存在关系的主体提起，专利无效的审查结果也不会导致申请主体取得专利权属。

B. 争议点不同：专利权属纠纷指“谁应当是真正的专利权人”的权属归属的纠纷，而专利无效申请的审查结果并非判定专利权应当归属于其中一方，而是判定该技术是否应当得到《专利法》的垄断性保护，即使专利被宣告无效，也不因此改变专利技术的归属，原专利权人认可继续使用该技术。

C. 结果不同：作为对专利属性再次审查的行政程序，其行为结果不会导致专利权属的转移或某一方需承担赔偿责任。纠纷解决机制一般以一方是否承担赔偿责任（侵权纠纷）或一方是否丧失原有资产（权属纠纷）作为争议点，专利无效请求的结果则是专利相关权利点是否具备创造性、新颖性、实用性，并由此判断该权利点是否应当受到《专利法》的保护而形成排他使用的效果，既有专利权人不会因此丧失对该等技术的占有及使用的权利，仅仅是任意第三方可能会因某项权利点不再受《专利法》保护而可以模仿使用且免于承担侵权责任。

D. 行为性质不同：专利无效通过第三方与专利行政部门之间的行为过程来实现，不涉及典型的纠纷解决机制。典型的纠纷解决机制包括诉讼、仲裁，在专利纠纷领域还包括专利主管部门的行政调解，但上述程序均不得就专利是否无效作出裁判，而仅能通过第三方向专利复审部申请，并由专利复审部重新履行专利申请时已经履行过的审查程序来判定专利是否应当继续有效。

（2）涉及诉讼赔偿金额实质较少：

在公司作为被告的相关诉讼中，因原告采取的诉讼策略会使赔偿金额被重复计算。而若败诉，公司实际承担的赔偿金额较少。具体而言，主要有以下几种情况：

A. 根据《专利法》规定："侵犯专利权的赔偿数额按照权利人因被侵权所受到的实际损失确定；实际损失难以确定的，可以按照侵权人因侵权所获得的利益确定。"根据《最高人民法院关于审理专利纠纷案件适用法律问题的若干规定》：专利法第六十五条规定的侵权人因侵权所获得的利益可以根据该侵权产品在市场上销售的总数乘以每件侵权产品的合理利润所得之积计算。侵权人因侵权所获得的利益一般按照侵权人的营业利润计算，对于完全以侵权为业的侵权人，可以按照销售利润计算。

B. 原告提起若干诉讼主张赔偿时存在对所购买商品的重复计算。

C. 根据以往判例，法院支持的判赔比例低。实际赔偿额远低于原告主张。

7. 公司所涉及恶意诉讼不影响公司经营

恶意诉讼指竞争对手明知自己没有权利请求基础，仍发起知识产权侵权诉讼，以达到干扰公司正常经营的目的。同样，公司依法起诉竞争对手也同样可能会反被对手以恶意诉讼为由起诉。问询涉及恶意诉讼时，公司可以根据实际情况通过原告和被告的视角对诉讼的情形及影响展开论证。

（1）公司面临的诉讼系竞争对手提起的恶意诉讼，不会对公司持续经营产生实质影响：

A. 公司的应对策略包括打造自有知识产权体系、研发体系、与第三方的许可协议等、反驳原告方未能就主张举证等。具体而言，可以通过以下几个方面展开：

公司高度重视知识产权管理，打造自有知识产权体系。公司拥有的核心技术均来源于长期的技术积累和自主创新，公司注重加强对核心技术的保护工作，在研发过程中，公司采用申请专利、获取软件著作权、技术秘密等多种措施对研发成果进行保护。此外，根据专利或律师事务所出具的《关于专利情况的说明》，公司持有的专利在申请、获取前都会履行必要的检查程序，以在保护自身利益的同时不侵犯他人权益。

B. 公司核心产品的技术基础具有充分保障。涉诉产品是公司的核心产品。公司收购了与核心产品相关的业务。根据公司签署的《知识产权购买协议》，向公司转让的内容为知识产权和专利，以及被转让知识产权和被转让专利应享有的一切权利、所有权和利益。至此，公司通过收购实现了在技术领域的快速布局，为未来完成技术的研发目标奠定了基础。出售方是全球大型相关产品供应商之一。作为当时全球该技术领域、设计领域标杆性企业的重要部门，该部门在该芯片领域不仅进行了多年的巨额研发投入，拥有成熟技术，并已成功商业化，取得诸多行业内里程碑式的成果。出售方率先推出了适合中国市场的产品，销量大幅增长，其研发主力团队根植于国内，是当时最具实力的研发团队之一，其研发的产品在主流厂商的产品都得到广泛的应用。根据研究院整理的数据，出售方作为产品设计厂商，其营业收入在同行业中排名靠前。可见，其技术实力已获得市场充分认可，并取得了广泛的市场影响力。合理推定，公司基于上述成熟知识产权和专利继续发生的开发活动不存在专利侵权风险。整体收购交易完成后，某某部门员工大多数加入公司。报告期内，公司除了承接了某某的 3 款主芯片产品，还陆续开发并量产了 7 款主芯片产品和 10 款其他主芯片产品。公司自行开发的新产品充分获得市场认可，充分证明了公司已掌握了基带芯片相关的完整技术。

C. 公司核心产品已与相关第三方签署技术许可协议，不存在技术许可风险或侵权风险。由于产品的复杂性，公司在经营和技术研发过程中，视需求需要使用第三方技术，主要采购对象为行业内知名知识产权提供商。公司采购相关知识产权符合行业惯例。公司与相关第三方签署技术许可协议，不存在技术许可风险或侵权风险。

D. 从现有涉诉案件看，原告未能举证被控侵权产品存在侵权事实，存在以阻碍公司本次发行上市为主要目的提起诉讼的可能。未来在应对类似侵权纠纷时，公司有能力、信心维护自身合法权益。

（2）公司起诉竞争对手在先，反被竞争对手以恶意诉讼为由起诉：

恶意诉讼制度也同样会被竞争对手利用以反制公司。若公司起诉在先，竞争对手可能会就公司提起恶意诉讼反而起诉公司。在得到最终判决结果或双方和解之前，公司可主张自己的起诉具有事实依据。具体而言，主要通过以下几个方面展开：

A. 存在“公司以‘侵害技术秘密纠纷’为案由，针对公司竞争对手的某项产品向其发起恶意诉讼”的质疑。

B. 竞争对手正在研发、即将量产的芯片与公司的相应产品均属于某相同技术领域芯片，公司认为两者存在诸多实质性相似点，研发进度明显快于行业平均水平，构成技术秘密的侵犯。

C. 保荐机构将持续关注包括本次媒体质疑涉及诉讼在内的公司全部涉诉情况，并在收到起诉状后及时披露。

8. 涉及诉讼或无效宣告专利不构成公司主要资产、核心技术

只有当公司涉及诉讼或无效宣告的专利构成公司的核心技术时，诉讼或无效宣告事项才会因对公司持续经营存在重大影响而被归于重大事项。公司可以通过主张涉诉专利不涉及公司核心技术、公司知识产权保护体系完善、涉诉专利的相关收入占比低等方面展开论证。

（1）涉诉专利不涉及公司核心技术，不属于主要资产：

当涉诉专利长期未投入应用、属于技术储备、属于他人专利时，公司核心技术受诉讼影响较低。具体而言，主要有以下几种情况：

A. 纠纷中的标的专利申请及公开至今已有年头，因设计不符合实际需要从未投入应用。

B. 纠纷中的标的专利均具有多条技术路线，系公司的技术储备内容，尚未投入实际应用。

C. 涉诉专利为某公司自有专利，不涉及公司的专利，故不涉及资产或核心技术的权属纠纷。

（2）知识产权保护体系完备：

公司建立的知识产权保护体系能降低知识产权风险、保护自身合法权益并避

免专利事项带来的重大不利影响。具体而言，主要包括以下几个方面：

A. 公司技术储备与专利保护意识强，已存在高效专利体系。

a. 公司注重申请难度大但保护力度强的发明专利；

b. 公司以行业内最体现技术含量的领域作为主要方向，同竞争对手产生差异。

B. 公司的保护体系能够降低知识产权风险，避免重大影响。

a. 内控体系：公司重视知识产权保护，不断累积形成了知识产权保护及风险防范体系，建构了由相关企业领导牵头、全体研发人员及核心管理人员参与、知识产权及法务部门支撑、内审部门监控的内部分工体系，构成降低知识产权风险的基础；

b. 研发策略及专利布局：公司构建了以基础技术、技术诀窍、专利为主的多层次技术体系，并通过“量产一代、研发一代、储备一代”的研发策略不断创造新的研发成果；以短年限内更新一定比例的产品型号、较短年限内更新绝大部分产品的迭代速度，不断巩固技术体系的核心竞争力。在专利申请策略上，公司注重创造性、新颖性更强且保护力度更高的发明专利申请；

c. 建立主动查重机制进行专利风险管控：报告期内，公司购置覆盖全球若干个国家的商用专利数据库，定期更新行业、竞争对手等专利信息分析报告，在研发立项、研发开展及正式投产前均进行专利检索，在研发路径上既满足高速迭代的下游需要，又能有效规避与竞争对手的技术路线重叠。

（3）涉及专利的相关收入低：

涉诉专利为公司带来收入占比低，不属于重大诉讼等或有事项，不会对持续经营有重大不利影响。具体而言，主要分为以下几种情况：

A. 涉诉专利未实际投入应用。

B. 存在已实际投入应用的，但截至报告期末，与涉诉专利相关产品累计销售金额较少，占公司总营业收入比重较低。

9. 涉及诉讼专利系核心专利但具有稳定性

涉诉专利可能是公司的核心专利，若法院作出不利判决则可能导致公司失去核心技术。所以公司可以通过其知识产权体系、专利质量、获得竞争力的各个维度等方面论证涉诉专利稳定，诉讼并不会对公司持续经营产生不利影响。

（1）公司重视知识产权体系建设，拥有长期积累的知识产权分析成果：

具体而言，主要有以下几种情况：

A. 公司构建了针对涉案专利产品的生产、封装等等各环节的行业专利数据库与行业内各竞争对手的专利数据库。

B. 公司的研发人员已充分分析与排查相关专利，规避行业内已有的技术壁垒，保证自主研发成果的新颖性与创造性。

C. 公司构建了基础技术、技术诀窍、现有专利与专利申请组成的多层次核心技术体系，从多个层次对公司的核心技术进行了保护。在研发与生产过程中，公司采用技术秘密与申请专利结合的方式对研发成果进行了保护。对于不适合进行公开以及不适合申请专利的技术诀窍，如设计细节、工艺细节、软件支持、设备选择、参数设置、材料选择等，公司建立了保密制度，保证该等技术秘密不被泄露或模仿。

（2）整体专利质量及稳定性水平较高，被整体宣告无效的风险非常低：

若涉及被申请宣告无效，相关专利多为发明专利，最终被无效的可能性低。具体而言，主要可以下几种方式论述：

A. 发明专利在授权前已经专利主管部门实质性审查，专利质量较高。

B. 涉案专利中存在若干专利技术还同时在他国取得了发明专利授权，经历了多个专利主管部门的实质性审查。

C. 公司已针对无效请求人的举证进行逐条比对与技术分析，证据不会对公司相关专利稳定性造成重大不利影响。

D. 公司涉及核心技术的相关专利，均已由第三方机构（国家知识产权局专利局直属事业单位国家知识产权局专利局专利审查协作）出具关于专利稳定性的报告，经检索确认上述专利具有新颖性、创造性及实用性。

（3）从掌握核心专利到形成市场竞争力需要长时间积累：

公司的产业链、技术迭代机制、多维度竞争布局使公司对专利取得竞争优势的依赖降低。具体而言，主要分为以下几个方面：

A. 厂商从完成全产业链技术基础研发到形成批量出货能力、再到形成市场竞争力需要长时间的积累；竞争对手难以在短时间内掌握该等技术乃至成为自己的竞争优势；因此诉讼事项不会导致公司核心技术或核心竞争力的丧失。

B. 公司依靠技术迭代而非专利抢占市场，更新迭代速度较快，竞争对手无法掌握公司最新产品的核心技术点。公司依靠技术迭代而非专利优势抢占市场。专利更多的是逼迫竞争对手寻找其他技术路线，拖延其产品研发上市时间。专利在市场竞争中提供了保护作用而非支持作用。

C. 厂商面临自主研发能力、核心技术体系、持续创新能力、供应链体系等多个维度的竞争，专利对核心竞争力的影响较小。公司的核心竞争力体现在自主研发能力、核心技术体系、持续创新能力、本土化生产体系等多个维度。核心产品的研发与生产需要综合运用全产业链的技术工艺，公司经过多年研发，在设计、芯片仿真模型搭建、芯片制造工艺、封装结构设计、封装技术、测试设备系统设计、测试技术等全生产环节都拥有了自主研发能力，并从中总结归纳出了多项核心技术体系。

10. 知识产权诉纠纷对公司经营的影响小

若公司被笼统问及知识产权纠纷对经营的影响，公司可以通过介绍有关诉讼的背景、诉讼对公司持续经营的实际影响两方面展开论证。

（1）诉讼的背景：

诉讼背景涵盖产品的研发历程、诉讼原因、诉讼进程等方面。具体而言，主要分为以下几个方面：

A. 涉诉产品的主要研发历程如下：

a. 第一阶段：项目启动、样品准备完成。获得国家有关监督部门许可、批件。

b. 第二阶段：相关研究开发的组织工作。

c. 第三阶段：公司作为主要参与机构，组织完成该产品后研究以及补充研究工作，并获得上市有关许可。

B. 涉诉专利申请背景如下：原告提交专利申请并取得专利权，干扰审批。公司提起专利无效申请，原告将公司以侵犯专利权为由诉至法院。

C. 此案已由法院立案受理，截至本回复出具日，此案尚未开庭审理或尚在一审审理中。

（2）诉讼对公司业务影响较小：

认为专利诉讼对公司业务影响较小的理由包括涉诉专利相关产品销售金额占比小、败诉实际的判赔额低、对应产品尚未成为公司核心产品，公司实际控制人对诉讼最终结果承担补偿责任等。具体而言，主要分为以下几个方面：

A. 报告期内，涉案专利相关产品销售金额小，占销售收入比例低。

B. 根据《专利法》规定："侵犯专利权的赔偿数额按照权利人因被侵权所受到的实际损失确定；实际损失难以确定的，可以按照侵权人因侵权所获得的利益确定。"根据《最高人民法院关于审理专利纠纷案件适用法律问题的若干规定》："专利法第六十五条规定的侵权人因侵权所获得的利益可以根据该侵权产品在市场上销售的总数乘以每件侵权产品的合理利润所得之积计算。侵权人因侵权所获得的利益一般按照侵权人的营业利润计算，对于完全以侵权为业的侵权人，可以按照销售利润计算。"原告所诉产品对应的公司客户均未向公司采购相应产品，因此原告未因公司的销售行为产生实际损失；如认定公司侵权，公司因销售所获利益金额极低，测算得出的赔偿金额很低。

C. 该产品截至报告出具之日，尚处于推广的阶段。故涉案产品未来实际成为公司的主要产品的时间受专利纠纷的最终结果的影响。

D. 如最终裁判结果有利于公司，公司会进行主力推广，使该产品成为公司的主要产品。

E. 公司实际控制人承诺，若上述专利诉讼最终形成对公司不利的后果，则其本人将承担生效判决结果所认定的应由公司承担的赔偿金或诉讼费用，并向公司补偿因上述专利纠纷导致的公司生产、经营损失，以避免公司上市后的未来公众股东因此遭受任何损失。

（二）知识产权权属纠纷

关于半导体知识产权权属纠纷相关问题，目前上市委关注的要点主要包括以下几个方面：（1）公司有无质押的专利，对公司的持续经营是否造成影响；（2）公司有无授权获得知识产权，是否合理，有无存在现有权属纠纷及潜在纠纷可能；（3）公司知识产权是否存在转让获得，是否存在权属风险。

本节与前述知识产权权属的部分内容要点有重叠，但侧重点不同。本节应对逻辑重在说明权属纠纷对公司经营的影响。经本文对已成功上市科创板公司披露信息的总结，对上述问询所关注各方面的回复可以通过如下五个关键点展开：（1）公司设置质押的知识产权不对公司持续经营造成影响；（2）说明知识产权授权合作机制的安排；（3）说明知识产权授权项目背后存在的风险因素；

（4）授权行为不会影响公司核心业务；（5）受让技术不存在风险。

1. 公司设置质押的知识产权不会对公司持续经营产生影响

若公司就核心技术对应知识产权设置了质押权，当满足质押权行权条件时，质押权人就可以对该知识产权主张权利从而使公司丧失该核心技术的依托。所以当存在质押的知识产权时，公司可通过质押权造成权属丧失的影响、如约履行债务的能力等方面来论证该质押不会影响公司持续经营。

（1）质押权造成权属丧失不会影响公司的持续经营：

设定质押权的知识产权若并不对应公司的核心技术或公司已经掌握了替代技术，则丧失该知识产权不会影响公司持续经营。具体而言，回复主要涵盖以下几个方面：

A. 截至本回复出具之日，公司共拥有多项专利，多项商标，多项著作。具体信息包括专利名称、类型、专利号、申请日期、专利简介，对应的核心技术，对生产经营的作用等。

B. 质押的专利均作为辅助技术应用，未应用于产品生产工序，不直接创造经营业绩。或质押专利相关产品不属于公司核心技术产品，该类产品收入未纳入核心技术收入计算；此外，质押专利产品收入占公司收入比例较小。

C. 质押专利发明至今已有年头，随着公司持续进行生产经验积累和技术研发创新，工艺技术水平不断提升，目前已掌握可实现与发明专利同等技术效果的技术方案，可以通过水准更高的设计达到同等技术效果。

（2）因不能如期履行债务而丧失质押知识产权的可能性较低：

公司对主合同约定严格履行，因违约成就行权条件的可能性低。具体而言，回复主要包括以下几个方面：

A. 公司参与某政府的金融补助计划或为补充公司流动资金而进行的商业贷款。加入政策性补助计划需要公司的背景如下：企业在特定行政区划注册、具备独立法人资格，属于特定的政府扶持行业（互联网、新一代信息技术、新能源、新材料、生物、航空航天、高端装备制造、节能环保、海洋经济和生命健康）等。

B. 加入金融补助计划或商业贷款，公司需要提供担保。公司为质押提供的专利具体如下：专利名称、类型、专利号、申请日、专利简介等。合同约定的质押权实现条款包括：公司经营方针范围转变等重大变化，主要资产被查封、扣押、冻结，发生重大损失超过净资产较大比例等。

C. 公司严格遵守合同约定，经营状况良好，营业收入和净利润规模上升，现金流量净额稳定，资产负债率健康，资金周转和管理情况良好，不存在触发约定质押权实现条款的可能。公司流动比率高，清偿能力强。

D. 公司经过研发投入，陆续有新产品可以投放市场，新产品的产量可以促进营业收入的增长。确保及时还款的能力。

E. 针对借款，实际控制人提供连带担保责任。

F. 一部分质押担保已消灭，公司不存在丧失对应专利的可能性。

上述（1）、（2）中核查程序包括：其一，查阅相关政策文件；其二，访谈公司技术负责人、了解质押专利的应用领域、技术水平和对生产经营的贡献情况；其三，查阅质押专利的专利证书和质押手续相关文件、查阅质押专利相关的贷款合同、担保合同和质押反担保合同的主要条款、查阅公司报告期内银行流水。

2. 知识产权授权合作机制的安排

对于授权合作机制的安排，公司可以通过合作背景、权利限制、具体合同条款等方面对授权合作机制进行说明。

（1）公司为使用有关技术进行生产与权利人达成合作：

合作的契机是双方相互取长补短以增进经济效益。具体而言，主要有以下几种情况：

A. 合作形成于研发阶段，公司尚无对应的生产线。合作方当时拥有认证生产线，产能充足，生产能力强，因此双方就部分产品展开合作。

B. 任务分配上，授权机构负责研究工作，需要进行审批时，与公司共同进行审批。积极项目后期研究，并在本产品上市后为公司提供产品生产技术服务。

（2）彼此专利及其他知识产权的授权使用或权利限制情况：

在双方达成合作协议后，根据合作条款，公司受到的权利限制很小。具体而言，主要有以下几种情况：

A. 协议生效且公司支付首期技术转让费后，合作方原拥有项目过去、现在和未来形成的知识产权均归公司和合作方按各自权益比例共有。

B. 公司和合作方均在合同中作出承诺，在协议签署生效后均不以其他任何协议、合同或其他方式限制对方对其拥有项目的权益，主要包括项目研发技术和相关专利的申请（无论是否已获得授权）、继续开展研究的权利、生产权或委托生产权、中国及全球销售权等市场销售权利。

（3）公司合作研发的专利发明及其后续商业化将持续推进，合作协议中未约定终止期限或公司已将合作期限续延，因此公司并无合作研发相关的未来发展限制。

（4）关键条款对业务运营和财务业绩可能存在重大影响：

根据合作协议的条款，也可能存在会影响公司经营的风险。具体来说，可能分为如下情形：

A. 公司与合作方在现有研究基础上，共同完成本产品研究以及后期的商业化运营。可能存在于履行合作协议的过程中，出现合作方延迟、未提供足够的资金或资源、停止、放弃合作项目的风险，造成前期投资的研发费用成为沉没成本，无法实现商业化盈利。

B. 公司与合作方在合同中约定，在项目产品进入市场销售阶段，知识产权纠纷来自合同相对方以外的第三方已公开的专利，公司应独立应对知识产权纠纷。可能导致公司对该合作研发项目的研究、开发或商业化进度发生延迟甚至终止，并承担高额的知识产权纠纷费用的风险。

C. 公司与合作方承诺，双方对项目的知识产权、专有技术、数据材料及其他商业秘密应予严格保密。可能存在因秘密信息泄露对本产品持续研发和成功实现商业化产生不利影响的风险。

D. 公司与合作方在合同中约定，公司需要在相关条件满足的情况下支付合作方技术转让费、承担项目的研发费用及申报技术服务费用并且在项目产品上市后向合作方支付产品的销售利润分成，这将对公司未来的财务业绩造成影响。

3. 知识产权授权项目背后存在的风险因素

知识产权授权项目所涵盖的风险因素包括政治经济局势变动、授权双方争议、授权到期等。公司可以从上述风险对其持续经营的影响的角度进行展开。

（1）合作双方产生争议对项目存在不利影响，但影响不重大：

国际局势，自身规划，竞争关系等都是授权项目可能给公司带来的风险，但其影响并不重大。具体而言，主要有以下几种情况：

A. 由于双方产生争议，或国际政治局势剧烈变动等不可抗力因素，导致技术授权状态发生变化，将延缓公司的研发进度，并对公司未来经营业绩产生不利影响。

B. 受资金、自身产品线规划、试验中心排期、新型冠状肺炎疫情等多种因素影响，未来试验进展存在不确定性。公司未来经营业绩以其他条线收入为主，合作方销售收入分成不会对公司未来业绩产生重大影响。

C. 合作方产品上市后，将会与公司产生竞争，对公司产品销售产生不利影响。

（2）授权项目中存在专利授权到期风险：

专利到期会导致市场环境中出现更多的类似产品，但对公司的影响不大。具体而言，主要有以下几种情况：

A. 在产品研发过程中，专利到期可能会使得相关产品存在专利悬崖的风险，即随着专利到期后市场仍需要更多的相关新产品上市，因此会对公司在市场竞争环境、产品定价等方面存在一定程度的不利影响。公司产品技术复杂，在研发与生产质量控制方面的技术要求均更高。

B. 但专利授权到期后公司可以继续生产、销售相关产品，不会对公司生产经营产生重大不利影响。原因是在专利授权到期后，相关授权专利已超过保护期。

C. 协议在各授权国家或地区内的有效期自相关专利权或独家许可权利失效及上市销售达到一定年限后截止，此后该授权区域内的许可内容将变为免费且永久有效。

4. 授权行为不会影响公司核心业务

公司核心技术的取得不应依赖授权。公司可以从自主研发、后续研发产品化等角度论证公司核心业务不会受授权行为影响。

（1）核心业务所依赖技术系公司自主研发：

相较核心技术，授权技术对收入的贡献小，公司也已形成独立的研发生产体系，因此并不对授权技术存在依赖。

具体而言，主要有以下几种情况：

A. 公司自主研发技术对收入的贡献大，授权技术对收入的贡献小，其具体情况如下：某年度自主研发技术产品销售收入及占当期总收入的比例，授权技术产品销售收入及占当期总收入比例。

B. 公司拥有独立完整的研发、生产体系。公司自成立以来，即自主搭建与完善其自身的研发、临床前及临床质量管理体系，独立拥有相关技术人员团队，团队成员涵盖了包括不同学科专业领域背景人才。随着产品陆续进入商业化阶段，公司提前进行生产及商业化质量管理体系的布局，自主搭建了相关人员团队。此外，除由于自身现有场地的限制，而向业达孵化租赁部分研发场地外，公司自身具备独立开展研发及生产经营所必备的独立完整资产，与公司实际控制人控制的其他企业之间的资产产权界定明晰。同时，公司经过多年的发展与积累，拥有独立于公司实际控制人控制的其他企业的研发及生产等技术。

C. 公司自主研发产出产品品类比例高于基于授权专利所得到的产品品类。

（2）授权技术与公司技术不可分割，但公司在该授权技术基础上进行了大量研发工作：

虽然公司核心技术依赖授权技术，但公司对该授权技术进行了实施，攻克了技术困难，实现了销售。具体来说，可分为以下几个方面：

A. 公司完成了授权技术的产品化，解决了产品化中的技术难题。开发出了多型号产品，实现了技术的应用价值。

B. 完成了产品的产业化。包括保证生产的工艺稳定，解决技术问题，为完善产品的标准化、规模化、商业化生产创造了关键的条件。

C. 完成了多领域应用推广。通过市场推广，实现了销售。

5. 受让技术不存在风险

公司核心技术若受让自他人，该技术应当权属清晰，没有法律障碍，且公司技术依然保持独立。公司可以从受让专利不存在纠纷，对出让方不存在依赖等方面进行论证受让技术的风险。

（1）受让专利不存在潜在纠纷：

存在书面文件能够证明受让专利上无纠纷，且公司受让取得的专利亦与主营业务无关。具体而言，主要可以分为以下两个方面：

A. 根据公司出具的书面说明、提供的《国家知识产权局手续合格通知书》等相关资料及保荐机构、公司律师对上述专利转让方的访谈结果，并经查询国家知识产权局网站、中国裁判文书网、中国执行信息公开网以及其他网站公开信息，截至本问询回复出具之日，公司及其子公司已合法取得上述 3 项专利的所有权，并完成了上述专利的专利权人变更登记。公司及其子公司与上述专利的转让方及其转让专利时的任职单位之间不存在未了结事项，也不存在纠纷或潜在纠纷。

B. 公司通过受让取得的专利，与公司主营业务无关，目前专利技术暂未应用于公司的产品中。

（2）公司对出让方不存在技术依赖：

公司有独立的核心技术体系，受让专利不参与核心业务。或公司在受让相关技术后进行继续研发，实现了技术的产业化。该受让专利权属清晰。具体而言，主要分为以下几种情况：

A. 公司掌握的核心技术包括产品设计技术、优化技术、质量控制技术、产品开发技术，这一系列技术构成了公司的核心技术体系，公司转让取得的专利只涉及公司质量控制技术，公司其他核心技术均不涉及该项专利。公司在报告期内已上市产品中仅有 1 个产品涉及上述受让而来的专利，其他产品均不涉及上述受让专利。

B. 公司受让相关技术后，持续进行研发，解决了产业化中的技术难题；完善了生产工艺体系和质量控制体系，实现了相关生产技术的产业化、标准化、规模化。根据出让方出具的说明，除了对公司进行必要的协助外，其未参与公司任何生产经营或药品研发活动。截至本问询回复出具之日，公司已掌握各个环节的技术，独立开展相关产品的生产与对外销售。

C. 出让人已将上述境内专利转让至公司，截至本问询函回复出具日，上述专利已为公司所独立、合法拥有，不存在公司与第三方共有或第三方授权使用上述专利的情形。

（3）受让专利并非共用技术：

出让人与公司专注技术领域不同，不存在公用技术的情形。具体而言，主要包含以下几个方面：

A. 公司自成立以后一直从事创新产品的研发、生产和销售，其拥有的核心技术侧重于某领域的研发、产品生产等，而出让人主要从事另一领域技术的研发、产品生产与销售，其拥有的核心技术侧重也是如此。

B. 公司高度重视创新与研发，长期保持较高研发投入。通过十余年的技术与行业经验积累，公司搭建了具备自主知识产权的多项核心技术，并围绕技术与产品管线进行了相关专利布局。因此，公司也不存在与出让人共用技术的主观需求。

四、技术人员

（一）公司技术人员构成

关于公司技术人员构成这一问题，目前上市委关注的要点主要包括以下几个方面：（1）核心技术人员构成的认定依据，未将某些人员认定为核心人员的情况是否具有合理性；（2）公司核心技术人员与核心技术的对应情况；（3）公司近年来有无研发人员大幅增长情况，是否具有合理性；（4）公司形成的研发成果与公司研发人员的研发能力和技术实力是否相匹配。

经本文对已成功上市科创板公司披露信息的总结，对上述各方面的应对逻辑可以通过如下四个关键点展开：（1）核心技术人员认定依据客观、认定人员恰当；（2）正在从事的研发项目对应的研发人员数量与各研发中心的研发人员数量相匹配；（3）研发人员占员工总数的比例较高且研发人员大幅增长具有合理性；（4）公司研发团队研发实力与公司技术成果产出相匹配。

1. 核心技术人员认定依据客观、认定人员恰当

核心技术人员稳定是科创板上市的重要条件之一，公司如何认定核心技术人员是判断此科创属性的第一步。公司可以通过叙述技术人员认定依据、该依据合理得当、不认定特定人员为技术人员也具有合理性等方面进行论证。

（1）核心技术人员认定依据与范围具有合理性：

公司的核心技术人员通常包括公司技术负责人、研发负责人、研发部门主要成员、主要知识产权和非专利技术的发明人或设计人、主要技术标准的起草者等。具体而言，一般有如下特点：

A. 研发能力强。拥有相关领域优异的专业背景，丰富的研发经验与从业经历，且已在公司任职多年，具有较强的研发能力和研发工作组织能力，在公司研发部门担任主要职务并在研发工作中承担重要工作。在核心期刊发表过相关学术论文，取得公司、行业或社会相关荣誉。

B. 研发相关项目参与度高。担任公司重要科研课题的负责人或主要参与人员，负责设计技术研发的总体思路及攻关技术难点等重要内容，在研发、创新专利和非专利技术成果及产品转化中发挥重要作用，公司项目参与度较高。

C. 技术研发贡献大。

a. 参与公司研发方向的制定，重大项目的立项，起草主要技术标准，作为公司研发项目的负责人或主要参与人员，主导完成多项技术的优化和突破，保持公司技术的持续创新。

持有公司较多核心专利、软件著作权等知识产权，为核心非专利技术的主要发明人或设计人。

b. 成功实现相关技术产品转化，且相关人员负责的业务作为公司主营业务，已覆盖公司产生收入的所有研发方向，营收贡献较大，对公司持续经营起到了重要作用。

（2）有第三方证据可以证明核心技术人员认定依据具有合理性，认定人员恰当：

核查过程可聘请中介机构，或让律师出具核查意见。具体而言，主要有如下核查程序：

A. 访谈核心技术人员，获取和查阅核心技术人员调查表及简历，了解核心技术人员的职责及其在公司研发、取得主要核心技术及产品转化等方面发挥的具体作用；

B. 获取公司持有的专利、软件著作权的权属文件，查阅专利发明人信息；

C. 获取公司起草的行业标准的资料，查阅主要起草人情况；

D. 获取公司申报研发项目的资料，查阅各研发的项目主要参与人员；

E. 获取公司国家级重大科研项目的验收资料，查阅项目人员信息；

F. 获取员工持股平台的员工调查表和员工花名册，查阅员工岗位信息、入职时间等信息；

G. 获取和查阅员工持股平台员工的调查表和其出具关于不存在代持和其他利益输送安排情况的声明函；

H. 访谈公司管理层，了解员工持股平台员工认缴出资额与其在公司的任职等级和对公司的贡献程度是否存在匹配关系。

（3）公司未将某些人员认定为核心技术人员系有合理依据：

公司不认定相关人员为核心技术人员的依据可以来自其负责模块的营收贡献、管理能力大小、负责业务的变化、负责执行层面等。具体而言，主要存在以下几种情况：

A. 公司对核心人员的认定标准要求其所从事技术领域的产品对公司的营收贡献较大。然而相关员工虽为公司经营产品的技术负责人，也负责过多项研制项目，但目前该项产品销售占公司营业收入的比重较低，因此相关员工不符合公司核心技术人员的评定标准，未被认定为核心技术人员。

B. 相关员工虽然长期从事部分技术开发工作，但其本人技术管理能力偏弱，在组织技术队伍进行联合开发等方面尚显不足。因此相关员工不符合公司核心技术人员的评定标准，未被认定为核心技术人员。

C. 相关员工虽然拥有丰富的设计与经营管理经验，在公司设立初期参与产品的研发工作，但是公司出于自身战略布局的调整，内部分工发生变化，相关员工的工作内容转向公司的其他板块，负责如投资项目开发市场开拓与销售等其他非研发性工作，近年来也未提出专利的授权与申请。因此，不再认定其为核心技术人员。

D. 持有公司较多技术专利的相关人员系核心技术人员属下具体执行人员，在核心技术人员带领下负责某一板块具体内容的执行工作，因此未认定为公司核心技术人员。

2. 从事的研发项目对应的研发人员数量与各研发中心的研发人员数量相匹配

研发人员数量与研发项目对应人员数量具有匹配性：

公司现正在从事的研发项目数量及对应研发人员数量能够一一对应。不能对应的情形也有其合理性。具体而言，除目前从事主要研发项目的研发人员外，公司研发人员数量与研发项目人数未能对应主要有以下几种情况：

A. 公司相关项目存在合作开发情况，公司相关项目研发人员统计不包含合作开发方研发人员。

B. 对于研发中心内部从事公司相关任务的研发人员，存在同时参与并承担多个研发项目研发工作的情况，研发人员能够对应到其参与的一项或多项研发项目或研究等工作上。

C. 出于生产环节技术积累、工艺优化等需要，公司有一定数额研发人员从事相关工作。生产环节对公司技术积累和工艺优化具有重要作用，是产品研发体系的重要支撑。生产工艺作为相关行业产品生产过程的关键，多道工艺的关键参数都要经过严密计算、模拟仿真，以及持续实践、修正，才能实现合理参数组合，实际参与公司技术积累和工艺优化等研发活动的人员占比较高。①

D. 未参与上述主要研发项目的研发人员主要从事其他在研项目、拟立项的项目、基础性及前瞻性研究等相关工作。

综上，正在从事的研发项目对应的研发人员数量与各研发中心的研发人员数量具有匹配性。

3. 研发人员占员工总数的比例较高且研发人员大幅增长具有合理性

研发人员的大幅增长具有合理性：

研发人员占当年员工总数比例不低于10%是科创属性的重要评价标注之一。受“当年”这一时间要求的限制，若短期内公司发生了研发人员人数大幅上涨的情形，公司可能会被发行委质疑未达到10%的数量指标而临时扩张科研人员数目。因此在被问及相应问题时，披露公司对研发人员需求提升具有合理原因。具体而言，公司对研发人员需求提升的具体原因，主要有以下几种情况：

A. 公司在原有业务基础上，基于对自身技术储备、行业发展趋势和未来市场前景的预期，新设立了相关部门，并加大了在相关方面研发投入，招聘了相关方面人才，建立了对应研发团队，人员数量大幅增加；

B. 为了及时响应市场需求、拓宽公司业务布局及产品的下游应用领域，公司不断致力于推出符合客户需求的高品质产品，公司对产品设计方面的研发人员需求也进一步提升，因此公司加强了相关领域的人才梯队建设，导致相应研发人员数量上升；

C. 随着产品复杂度的提高，部分设备应用领域的不断拓展，公司考虑到行业发展趋势，增加了相应设备及设计方面的研发投入，对产品工程设计、生产工艺积累等方面的研发人员需求也进一步提升，导致公司研发人员数量出现了较大幅度增长。

4. 公司研发团队研发实力与公司技术成果产出相匹配

研发产出需要研发团队支撑，科技成果产出的丰富度需要与团队的创造力强

① 仅适用半导体行业。

弱相匹配。公司可以从如下角度论证二者相匹配：核心技术人员背景、完善的研发体系、技术成果形成过程。

（1）公司核心技术人员具有相关专业背景及丰富任职经历：

公司长期致力于核心技术的研发改进，公司的核心技术人员均为相关专业背景，且具有多年从业经历，部分核心技术人员曾先后在多家知名企业任职，部分核心技术人员则是公司多年来自主培养的技术骨干，均拥有扎实的技术基础和丰富的相关行业产品开发经验，具备技术研发能力。

（2）公司构建了完善的研发团队与研发体系：

经过多年的发展，公司在经营过程中培养、引进了一批理论功底深厚、实践经验丰富的技术人才，形成了一支规模较大，涵盖科学领域全面，专业结构合理、分工明确、各司其职的研发团队。在核心技术人员的牵头带领下，凭借研发团队较强的研发创新实力和深厚的技术储备，公司抓住了行业发展机遇，不断提升产品性能，及时响应市场需求，持续保持公司的技术优势、产品优势和市场地位，形成良性循环，具有较强研发能力。

（3）公司技术成果系逐步形成，与公司的技术实力及研发能力具有匹配性：

经过公司研发团队多年持续的技术积累和产品研发，公司逐步突破并优化了多项关键技术，实现了较高技术壁垒的构建，并逐步获得市场认可，相关产品得到广泛应用。因此，公司技术成果系公司研发人员逐步研究形成，与公司的技术实力和研发能力具有匹配性。

（二）公司技术人员稳定性

关于公司技术人员稳定性这一问题，目前上市委关注的要点主要包括以下几个方面：（1）核心技术人员薪酬水平与公司研发和技术实力的匹配性，与同行业公司相比有无竞争性；（2）公司有无相关稳定核心技术人员的措施；（3）核心技术人员是否存在较大变动情况，是否对公司技术基础、研发能力、持续经营能力造成重大不利影响；（4）公司有无以授予股权形式激励员工的情况，相关离职员工的股权归属有无纠纷，是否对公司造成影响。

经本文对已成功上市科创板公司披露信息的总结，对上述各方面的应对逻辑可以通过如下三个关键点展开：（1）公司技术人员薪酬制定合理，与同行业其他公司相比具有竞争力，同时采取了相关激励措施，不存在核心技术人员流失的重大风险；（2）存在研发人员变动也不会对公司持续经营产生重大不利影响；（3）公司历史上就其股权激励事项对离职员工的处理方式较为科学。

1. 公司技术人员薪酬制定合理

薪资和激励措施是决定公司技术人员稳定性的重要因素之一，所以论述不存在技术人员流失风险时，可通过公司薪资合理性、所采取的激励措施等角度展开。

（1）技术人员收入制定较为合理，公司薪酬水平在行业内具备较强的竞争力：

公司技术人员薪酬设置依据充分，与同行业其他竞争对手的薪酬相比较具有竞争力。具体而言，主要从以下几个方面进行阐述：

A. 公司技术人员薪酬制定合理。对于同时负责公司整体研发技术路线的设计、统筹协调公司整体研发工作，及作为公司董事长、总经理，承担了诸多管理和决策职能的核心技术人员予以最高的薪酬；对于公司为保持经营和研发团队的竞争力，对自外部引进的人才提供了富有市场竞争力的薪酬待遇；对于不承担管理等职能的技术人员，给予的薪酬相对较低。

B. 公司积极采取了薪酬激励措施，制定了研发人员项目奖金制度。在研发项目取得重要进展或者成功落地时，将对参与新产品研发、现有产品的技术改进、工艺优化等项目的研发人员提供现金奖励，经审定受奖励人员名单、具体的贡献或成果、奖励金额等后向研发人员发放。与同行业其他竞争对手相比，公司的整体薪酬待遇处于领先水平，有利于技术团队的稳定。

C. 公司为核心技术人员承担了较高的人力成本。制定标准主要考虑到核心技术人员在非专利技术优化、新技术研发、专利申请等方面发挥的作用以及做出的贡献，及核心技术人员对公司生产经营和研发活动的重要性等方面，制定金额较为合理，与公司研发和技术实力相匹配。

D. 公司的核心技术员工薪酬区间近似或略高于近几年国内同行业可比较的公司披露的主要技术人员的薪酬区间，同时技术人员薪酬水平也远高于相关地区就业人员平均工资，具有一定竞争力。

（2）公司采取相关激励措施，使得核心技术人员流失可能性较低：

公司采取的稳定核心技术人员的措施，具体而言，主要有以下几种情况：

A. 公司实施核心员工持股安排，加强核心技术人员凝聚力。公司参照行业惯例，制定并实施了员工持股安排，有效提高了关键技术人员和研发团队的忠诚度和凝聚力。同时，核心技术人员均已签署《关于股份锁定及减持事项的承诺函》，进一步保障了核心技术人员的稳定性。对于外籍人员，虽然因涉及外汇流程等导致实施程序较为复杂，但公司也将在上市以后，根据上市公司的股权激励制度研究包括外籍员工在内的长期股权激励计划，对核心技术人员进行长期激励。

B. 公司不断提高自身研发水平，为员工提供更大发展空间和自主研发平台。公司目前已成为我国相关行业中极少数能与全球顶尖公司直接竞争的公司，具有成熟的研发机制和配套制度，积极为核心技术人员提供更多的发展机遇和更大的上升空间；同时，公司重视研发创新和产业化，给予核心技术人员相对自主的研发平台，满足核心技术人员对研发环境的需求，具有较高行业竞争力。

C. 公司积极构建了完备的人才培养机制，注重企业文化建设。通过制定详细的员工培养制度及晋升机制，实现公司与员工的共同成长和发展，有效提高了员工的专业素养和归属感，培养员工的责任意识和大局观，增强技术人才储备；并且公司开放的、国际化的、共享的企业文化，也有利于增强核心技术人员的凝聚力，进一步巩固现有团队的研发人员。

D. 公司对于已经或将要持有公司权益的核心技术人员采取了股份锁定约束措施，以直接或间接的方式持有公司股份。吸引人才，有效防范核心技术人员流失的重大风险；同时，公司与核心技术人员均签署了《劳动合同》且多数为无固定期限合同，增加了法律上的保障。

（3）公司相关人才稳定政策具有可行性：

近几年公司技术人员不存在重大变动情况。

2. 存在研发人员变动不影响公司持续经营

研发人员变动可能会导致公司无法使用，甚至丧失相关的技术成果。被问及类似的问题时，公司可通过对相关人员研发成果权属、对研发人员的依赖、员工离职后公司技术发展等方面展开论证。

（1）相关人员研发成果权属清晰，不存在纠纷及纠纷可能：

研发成果多以公司名义申请专利，少数成果系以员工个人名义申请后无偿转让与公司。具体而言，相关研发人员参与了公司多项核心技术创新，其中多数专利系以公司名义申请形成，不存在权属纠纷可能。

少数专利系由相关参与研发的员工提交专利申请，后将相关所有权益无偿转让予公司。现公司已就相关专利取得了专利权证书，相关人员也已出具书面承诺函，公司与员工之间不存在专利转让引起的专利权属、转让价格等争议或纠纷。

（2）公司未对具体研发人员产生技术依赖，不会因人员变动而对公司持续经营造成巨大影响：

公司核心技术人员总体构成稳定且具有丰富的研发生产经验，公司还与离职员工签订了《竞业限制协议》。具体而言，主要从以下几个方面进行阐述：

A. 核心人员总体构成较为稳定，公司研发、生产能力未受到重大影响。尽管存在部分技术人员变动的情况，但公司原技术团队的多名核心人员仍任职于相关岗位。该等核心人员在公司任职的时间较长，可有效保证公司后续顺利开展研发工作，个别核心技术人员离职不会对公司产生实质性影响。

B. 公司本身具有丰富的研发与生产技术经验。公司已积累了长期研发经验与生产经验，并积淀了大量重要的技术基础。该等技术基础与研发经验并不会随着部分研发人员的流失而发生重大变化，而是在长期积累与沉淀的过程中不断演变发展，并在公司的核心技术平台中明显体现。目前公司已形成了多项核心技术平台，通过构建相关技术平台，为自身不断研发出创新产品打下了扎实的基础。

C. 公司也已与相关核心技术人员签署了《保密和竞业禁止协议》。根据协议的约定，相关核心技术人员应当对其任职期间接触到的公司保密信息负有保密义务，且自其与公司终止劳动合同之日起的两年内，不得接受与公司业务具有竞争关系的机构的聘用，也不得直接或间接从事与公司产生竞争关系的任何业务，相关核心技术人员变动，公司核心技术泄密风险较小，不会对公司持续经营造成重大影响。

（3）从现公司技术研发及业务收入的实际情况看，公司核心技术人员变动不会对公司持续经营造成重大影响：

具体而言，相关人员离职后，公司在原有的基础上持续推进核心技术的研发，并保持了技术更新、迭代速度的稳定发展；同时，相关业务收入也保持了原有水平，甚至有增长趋势，始终保持着良好的市场竞争力。

3. 公司就离职员工股权激励事项的处理方式较为科学

股权激励建立在劳动关系的基础上，员工离职时股权激励就应当回收。公司收回已授予激励股权的具体方式较为科学：

公司历史上通过员工持股平台进行员工激励，具体激励方式包括授予合伙份额与授予期权两种方式。根据公司关于股权激励相关文件，参与股权激励计划的员工若离职，公司均有权收回已授予的激励股权。具体操作方式如下：

A. 对于授予合伙份额或授予期权并已行权的员工，根据激励文件的约定收回其持有的合伙份额并按照合伙协议的约定以及离职员工的实际出资情况支付相应款项，并由离职员工缴还股权激励的法律文件原件，主要包括代持协议或授予通知书原件。

B. 对于授予期权但未行权的员工，则由离职员工缴还股权激励的法律文件原件收回期权。如激励文件中有支付补偿款项的相关约定，则需按照激励文件的约定向其支付补偿款项。

（三）知识产权竞业禁止、保密协议

关于竞业禁止、保密协议的知识产权相关问题，目前上市委关注的要点主要包括以下几个方面：（1）核心技术人员是否涉及违反原工作单位的竞业禁止协议，是否与相关同行业公司（单位）或研发人员存在纠纷及潜在纠纷等情况；（2）公司有无签署竞业禁止协议、保密协议等管理制度，员工离职是否产生核心技术泄密风险，是否对公司持续经营造成影响。

经本文对已成功上市科创板公司披露信息的总结，对上述各方面的应对逻辑可以通过如下两个关键点展开：（1）核心技术人员不存在违反与原单位的竞业禁止约定或保密约定的情形，不存在纠纷或潜在纠纷；（2）公司研发人员离职导致核心技术泄密的风险较低。

1. 核心技术人员无违反与原单位的竞业禁止或保密约定

若核心技术人员从原单位离职时签订了竞业禁止协议或保密协议，公司需要确保该技术人员无违反上述协议的可能性。公司可通过不存在竞业或保密协议，或核心技术人员在公司与原单位负责的业务分属不同领域进行论证。

（1）核心技术人员不存在违反与原单位的竞业禁止条款、保密协议的情形：

核心技术人员的从业经历、入职时间及签署的竞业竞争条款，对相关技术的形成过程进行分析，比对相关企业与公司相应的核心技术类型可得知不存在核心技术人员违反与原单位的竞业禁止条款或保密义务的情形。

具体而言，主要有以下几种情形：

A. 核心技术人员与原任职单位未签署竞业禁止协议。相关人员在原单位任职期间，其成立时间较短，业务规模较小，尚未形成完整、具备竞争力的产品和技术体系，发展前景尚不明晰，因此未对员工的竞业禁止和保密工作进行明确的协议规定。

B. 核心技术人员与原任职单位签署了竞业禁止协议，但离职后原任职单位已长期未给付竞业禁止补偿金，导致相关协议无效，公司相关核心技术人员不存在违反原单位竞业禁止协议可能。

C. 核心技术人员与原任职单位签署了竞业禁止协议，在离职时经其与原任职单位约定，双方同意终止竞业禁止协议，或核心技术人员竞业禁止期限已经结束，其不存在任何竞业禁止限制，不存在违反保密条款和竞业禁止条款可能。

D. 相关技术人员在公司技术发明过程中主要负责把握研发方向，作为负责人带领研发团队进行相关产品设计、测试及质量管理等工作，未对创造的实质性特点做出创造性贡献，不存在违反保密条款和竞业禁止条款可能。

（2）有文件证明技术人员与其原工作单位不存在就竞业禁止或保密协议的纠纷或潜在纠纷可能：

证明文件系根据公司的说明、相关专利证书、国家知识产权局出具的证明，以及相关律师事务所出具的核查意见，并经登录相关网站（如中国裁判文书网、信用中国网站、人民法院网、中国执行信息公开网等）检索查询。具体而言，样本公司技术人员不存在违反与原单位之间保密义务或竞业禁止义务相关的现有诉讼案件。同时公司从未收到过前述原工作单位提出的任何关于限制该等人员在公司处任职的权利主张，或关于公司侵犯任何知识产权权属的权利主张。因此，不存在相关潜在纠纷风险。

（3）原工作单位说明其与核心技术人员及公司之间均不存在产品技术的争议或潜在纠纷：

原工作单位就其当时任职情况出具相关声明等函件。具体而言，原工作单位出具的函件主要包括以下几类内容：

A. 除劳动合同外，双方未签订保密协议、竞业禁止协议等其他协议；

B. 相关技术员工自公司离职至今，不存在任何违反劳动合同的情形；

C. 知晓该研发人员现就职单位，并对此无异议；

D. 与该研发人员之间自离职至今不存在专利及非专利技术等知识产权有关的诉讼、仲裁及纠纷，与公司之间目前亦不存在诉讼、仲裁及纠纷。

技术人员出具的承诺函主要包括以下几类内容：

A. 本人自入职公司起至今，与原单位或其他第三方不存在尚在有效期内的竞业限制协议；

B. 本人在公司处任职期间，所从事的技术开发均系利用公司提供的物质技术条件完成，所产生的智力成果属于在公司的职务成果；

C. 本人在公司处工作期间从事研发的过程或成果均不存在侵犯原任职单位等第三方的知识产权的情形；

D. 本人在公司处任职至今，不存在已了结、未了结或可预见的侵犯第三方的知识产权、商业秘密等侵权纠纷或因违反与第三方的竞业限制合同、保密合同、劳动合同所产生的纠纷。

2. 公司研发人员离职导致核心技术泄密的风险较低

公司研发人员离职时将在职期间掌握的商业秘密带离公司，在竞争对手处任职后使用该技术秘密。这将直接削弱公司竞争优势，给公司的持续经营能力造成严重损害。公司需要论证研发人员离职后泄露核心技术秘密的风险低，可以从如下方面展开：公司离职率低、公司通过采取保密措施降低泄密风险。

（1）公司研发人员整体的离职率较低，核心技术研发人员较为稳定：

近几年离职人员的数量与具体人员信息表明公司离职研发人员数量低。具体而言，公司研发人员离职人数较少，离职率总体维持在相对较低的水平，研发人员整体稳定。并且报告期内离职研发人员主要为工作年限在 3 年以下的普通员工，主要参与基础研究工作，结合上述离职研发人员在公司的任职时间、所任职务及对公司研发工作的实际贡献程度等综合判断，其均不属于公司的重要研发人员。相关人员的离职不会对技术公司构成重大不利影响。

（2）公司相关研发人员离职后核心技术泄密风险较低：

公司已采取相关保密措施，具体而言，主要分为以下几种方式：

A. 公司与离职人员签订了相关竞业禁止协议，明确约定了相关保密义务，且办理了工作交接手续；

B. 公司内部通过将研发工作模块化和进行上下游流程化管理，同时结合文件加密软件系统及技术资料分权限控制制度，分散核心技术集中的风险，有效降低了核心技术泄密风险；

C. 公司对离职员工的去向、行业内竞争对手的人事和研发情况定期地进行追踪和监控，具有完善的侵犯技术秘密行为的发现机制，核心技术的保密性有所保障；

D. 同时，公司核心技术人员均长期在职、无离职情形。截至本回复出具之日，公司不存在因泄露商业秘密、技术秘密等与研发人员产生纠纷及争议的情形。公司相关保密措施具有可行性。

五、知识产权管理制度与研发体系

关于公司知识产权管理制度与研发体系的相关问题，目前上市委关注的要点主要包括以下几个方面：（1）公司是否有完备的知识产权保护体系和制度，有无泄密风险；（2）公司是否有应对相关知识产权法律风险的工作机制和方案措施；（3）公司是否有高效的研发体系，是否具备持续创新能力；（4）公司是否有健全、完备的研发管理制度。

经本文对已成功上市科创板公司披露信息的总结，对上述各方面的应对逻辑可以通过如下四个关键点展开：（1）公司具有完备的知识产权保护体系和制度，不存在泄密风险；（2）公司拥有应对知识产权法律风险的能力；（3）公司具有高效的研发体系，具备持续创新能力；（4）公司具有健全、完备的研发管理制度。

1. 公司知识产权保护体系和制度完备

除专利布局外，商业秘密保护也应纳入公司知识产权保护的体系之中。公司可以通过其对核心技术保护的全面性、保护未申请专利技术的措施等方面进行论证。

（1）公司核心技术保护的全面性和合理性：

公司已采取相关知识产权保护的基本策略及相关措施。具体而言，公司内部对于知识产权保护主要通过结合自身的产品特点、市场竞争情况，确定自身真正的优势及核心技术，根据实际情况制定核心技术保护方案。具体采用以下两种应对方式：

A. 对外，公司根据不同种类专利的申请特点，对于发明专利、实用新型及外观设计专利采取了不同的保护策略。发明专利的稳定性强、业内认可度高、利于维权，多用于保护核心技术；实用新型的门槛较低、审查周期短，并且在国内有与发明同日申请的机制，作为辅助发明的支持型专利；对于一些具体不宜公开的参数值，专利维权取证困难，保护效果不易实现，则通过商业秘密来保护。

B. 对内，公司通过文件加密软件系统、技术资料分权限控制制度、保密协议签署、定期复查管理等途径对核心技术进行保护，对于核心技术的保护具有全面性和合理性。同时，通过对相关核心技术人员持股安排，使相关个人利益与公司利益的结合更加紧密，有利于增强技术保密意识，自觉遵守公司的各项技术保密规定，降低了知识产权泄密风险。

公司外部相关技术泄密风险，主要存在于公司尚未完成自有的规模化生产工厂建设的部分产品，需要委托具备生产能力和资质的企业生产。此类泄密情况公司主要有以下几种措施用于防止或降低相关风险：

A. 建立专利及专有技术保护制度

公司在向委外厂商提供工艺路线和技术指导过程中，针对关键物料由公司采购或者直接提供，且工艺资料中关键物料或化合物，由产品代码表示，以降低技术泄密的风险。

B. 与委外加工供应商签订保密协议或者保密约定

公司与委外加工厂合作前，通过签订保密协议或在合作协议中约定保密条款，就保密信息的范围、使用、所有权及保密期限、泄密的救济措施、违约责任等事项进行约定，防止供应商泄露技术资料，增加其违约后的赔偿责任，防止或降低技术泄密风险。

C. 建立供应商筛选和控制体系

通过严格的供应商筛选体系，通过对供应商生产资质、生产规模和社会信用等进行评价，对于行业信用差、生产不规范的企业，公司予以淘汰选择。公司选择的具有相应资质的加工生产企业大多为国内知名的加工厂，该等供应商具备良好的商业信誉，本身具备严格的技术保密制度。

（2）未申请专利的核心技术不存在泄密潜在风险：

公司核心技术未申请专利技术的原因合理，并已采取相应的保护措施。具体而言，公司某核心技术未对应专利，该技术主要应用于某特定领域，根据其数据特性，极易被盗取并申请相关发明专利。而根据《专利法》等相关规定，发明人向国家知识产权局申请专利，需要公开部分技术细节、技术关键点、技术具体实施方法等信息，即用公开换保护的原则。公司出于避免多年研发的核心成果为竞争对手所知悉的目的，在考量公司专有技术保密能力等因素后，对部分核心技术采取暂不申请专利而作为专有技术的保密方案。

同时，公司高度重视知识产权保护及非专利技术和技术秘密的保密，并根据公司的实际情况采取了相关保护措施：

A. 制定了知识产权内部管理制度，对技术秘密在存储、许可、发布等方面制定明确的流程和保护规定；

B. 设立知识产权专员，专门负责处理公司各项与知识产权申请、使用、保护等相关的事务，主要包括对适于用申请知识产权进行保护的研发成果，按类别及时申请专利、软件著作权等知识产权，对公司拥有的各项知识产权进行监控和维护等；

C. 聘请专业的知识产权代理，为公司的知识产权申请、权利维护与保护等提供专业的服务；

D. 与相关员工签署保密协议和竞业承诺书，明确了保密义务和责任、需要保密的内容、违约责任等；

E. 对研发人员建立了较为完善的激励制度，通过有市场竞争力的工资、绩效奖金、员工持股等形式保持核心技术人员稳定性，进一步降低核心技术的泄露风险；

F. 在销售合同中约定“保密信息”“知识产权赔偿”等保护知识产权和非专利技术和技术秘密的条款；

G. 对关键技术及工艺流程进行分拆；

H. 通过技术处理措施对从相关产品上进行数据读取、取出及使用等进行权限管理。

公司成立以来高度重视知识产权的自主性与完整性，制定了专门的知识产权管理制度，通过专利申请、商标注册等途径确保拥有的知识产权合法、有效，同时公司对知识产权的维护、运用、保护等方面也进行了严格规范，未申请专利的核心技术也不存在泄密风险，有效保证了知识产权权属的明确性及核心技术的保密性。

2. 公司拥有应对知识产权法律风险的能力

公司拥有应对知识产权法律风险的能力：

公司具备应对相关风险的工作机制和方案措施。具体而言，公司将知识产权风险管理融入公司的经营活动和日常管理中，公司已形成了知识产权风险预防、风险识别和预判、风险分析和评估、风险应对、风险监控等一系列的工作机制，以预防和应对知识产权法律风险。具体主要有以下几种形式：

A. 公司设有专业的知识产权管理团队，负责管理知识产权和防范风险；

B. 在日常生产经营过程中公司重视教育和强化员工的知识产权风险意识和避免侵权意识；

C. 公司在产品研发时和市场销售前进行知识产权风险排查；

D. 公司定期监控业内知识产权活动以防止侵权；

E. 公司聘用国内外专业的知识产权律师事务所或代理机构协助公司处理知识产权事务，主要包括专利申请、风险分析和诉讼应对等；

F. 公司针对预判可能发生的知识产权诉讼，会提前做好应对策略和准备。

3. 公司具有高效的研发体系和持续创新能力

高效研发体系是持续创新能力的保障。公司可以通过现有的研发制度和成果、创新机制等方面进行论证。

（1）公司拥有高效的研发体系：

公司已具备研发的组织体系、平台、流程和现有研发成果。具体而言，主要有以下几种情形：

A. 公司研发组织体系高效，分工明确，经过多年发展，公司形成了以基础实验室和研发部为核心的研发组织体系，基础实验室负责前沿技术追踪和研究，研发部负责从基础技术、产品技术和应用技术三个层次开展具体研发工作。

新药研发早期阶段主要为基础研究及候选药物发现，一般风险高且不定因素多。公司采取自主研发与外部收购或授权方式丰富产品线，规避了早期基础研究阶段的不确定性，候选药物发现效率更高，在药物研发的中后期阶段，公司自主独立完成后续研发工作，这是同领域研发企业普遍采取的方式，也是公司降低研发风险、高效研发的合理选择。①

公司建立了良好的外部合作研发交流机制。除自主研发外，公司积极推进产学研合作。公司与多个专业机构开展合作研发，以优势互补、资源共享、共同发展为目标，与相关高校或企业建立了长期合作伙伴关系，在技术创新、合作研发、人才培养等方面开展深度合作。

公司推行全产业链一体化的研发模式，使产品具备更强的市场竞争力。在该模式下，公司依托全球客户体系带来的需求多样性和国际需求趋势判断能力，不断前瞻性地判断和设计出满足客户需求的创新性产品。

B. 公司研发平台统一，沟通高效的公司研发团队在同一测试技术平台从事深入研究，尽可能避免重复性开发。公司建立的研发体系，既使公司对行业未来的发展趋势具有前瞻性的创造力，又保障了公司的研发方向具有市场敏锐度并且能够紧密贴合终端客户的实际需求，此外还降低了研发成本，有利于研发基底统一和成果共享。

C. 公司研发流程严谨，创新与需求紧密结合的公司产品研发过程分为项目立项、研发阶段、验证阶段和结项阶段四大阶段，层层验证、监督，将创新与需求紧密结合，所研究技术做到先进性与商业实用性并存。

D. 公司现有技术成果颇丰，在研项目众多。截至本回复出具日，公司拥有多项核心技术，成功研发多代先进产品，打破国外垄断，实现进口替代。同时，公司技术储备丰富，在研项目众多，技术开发安排有序、合理，保证未来公司技术持续进步并处于领先。

（2）公司具备持续研发能力：

公司拥有技术创新机制，未来技术储备及技术创新的具体安排。具体而言，主要包括以下几个方面：

A. 建立健全研发体系，推进自主研发，注重知识产权保护。

公司注重技术研发，建立了创新机制和创新体系，鼓励研发团队开发适应市场需求的产品，促进科研、开发、生产、市场的结合。公司高度重视知识产权的保护，制定了相关制度（如《知识产权风险管理控制程序》、《知识产权战略规划》以及《知识产权管理工作流程》），鼓励员工尤其是技术研发人员申请专利，

---

① 仅适用生物医药行业。

保护技术成果，同时提升不侵犯他人知识产权的意识。对于重大新技术和新产品的研发项目，或者具有重大市场前景需要申请国际专利的技术创新成果，公司将开展项目专利战略研究，提出专利战略分析报告。公司还将组织专家对专利申请的创新点进行技术评审，根据检索结果对申请的专利进行评审，确定专利申请的可行性。

B. 加大研发投入力度，保证创新机制运行。

公司近期内研发投入呈现稳定上升趋势。未来，公司将根据自身发展情况，继续加大研发投入力度，为公司的技术创新、人才培养等创新机制营造良好的物质基础。

C. 构建公平有效的激励机制，提升研发人员积极性，具体有以下几种形式：

a. 建立晋升体系，根据员工晋升管理办法，公司的职位等级按照职业发展系统由管理层、一般职员、研发技术人员、生产技术人员和实验测试人员（如是生物医药企业，则为临床研究技术）五条通道组成，每条通道根据职位特点设置若干岗位等，基于员工年度绩效考核结果，每半年组织一次晋升人选确定工作，给予有持续优良的工作业绩的员工充分的发展空间；

b. 对于有能力和潜力的年轻人才进行破格提拔和重用，引入人才培育的竞争机制，营造公司学习型和技术型组织的企业文化；

c. 设置以项目阶段性成果为导向的奖励机制，鼓励员工进行技术发明创造，公司会针对员工的创新情况从创新基金中给予员工不同额度的奖励；

d. 公司对于优秀研发人员在申报高级专业职称认定方面给予协助与支持。

D. 强化人才培养制度，加强研发团队建设，具体有以下几种情况：

a. 技术研发人才的培养与引进：技术研发人才是科技创新型企业的核心竞争力，公司将通过多种渠道从国内外引进优秀的博士、硕士及中高级工程师，增强团队研发能力；定期组织员工参加技术交流，完善和提升技术研发人员的知识结构与专业技能，在内部培养技术研发人才的同时，建立了以高等院校毕业生为新生层的人才基础结构，作为技术研发团队的重要后备力量；

b. 建立技术带头人：为调动广大专业技术管理人员和生产技术骨干的积极性，促进企业的科研进度与发展，形成尊重知识、尊重人才、尊重技术的企业文化氛围，公司建立技术带头人的专业技术核心队伍；以点带面，全面提升公司生产、研发的技术创新能力来；

c. “以老带新”培养体系：公司从事研发工作的多名青年员工，在技术专家的带领下，形成了一支以老带新、骨干力量强大的研发团队，在国内同行业企业中拥有较强的研发人才优势，推动持续创新；

d. 建立全球各地研发中心：通过在全球各地建立研发中心，公司能够在全球范围内广泛吸引高端技术人才，从而保持技术持续创新能力；

e. 建立了内部专利池和论文集：为加强公司内部技术共享体系建设，提升公司整体技术实力，建设技术人才梯队，公司建立了内部专利池和论文集，促进公司内部的技术分享和传承。

4. 公司具有健全完备的研发管理制度

研发管理制度是公司依靠核心技术开展生产经营的体制保障，涵盖了公司从人事职责到事务统筹等全流程、各方面，是科创属性在企业经营事务流程中的体现。公司可以对其具体的研发管理流程规范进行说明。

公司具有健全、完备的研发管理制度：

公司已发展出对于研发管理工作流程的规定。具体而言，主要分为以下几个模块：

A. 职责划分

市场及新业务拓展部和销售部负责收集市场和客户相关的信息，与技术研发部共同制定研发策略。技术研发部负责提出研究开发计划及相关资源的配置要求，并付诸实施。财务部根据研发计划及费用预算，提前准备资金，确保研发资金的需求，同时有效地监督研发经费的使用。质量部和技术研发部负责提供原料和产品检验方法，并按标准进行验收。采购部负责对新项目的产品的原材料采购，和技术研发部共同评估并决定新原料供应商，并对关键原料开拓第二个备选供应商。市场及新业务拓展部产品经理负责掌控从研发到量产的进程。法务及知识产权部与技术研发部在产品研发各阶段进行全过程知识产权保护，确保产品上市无风险。

B. 项目立项

公司技术研发部根据公司发展战略和年度计划，结合市场开拓和技术进步要求编制或更新部门目标，包括各产品线的研究和开发计划。总经理对技术研发部制订的部门目标进行审批。

研发项目立项前，市场及新业务拓展部组织相关部门结合下游客户的市场需求及当前的研究和开发计划进行会议讨论。会议将讨论研发项目在市场和技术上的可行性，相关人员审核会议结果，并根据审核结果，市场及新业务拓展部提出正式立项申请，按照公司授权审批体系审批，启动研发项目。

C. 项目实施

项目立项后，公司确定项目负责人，项目负责人根据项目的研发方向确定所需的人员配置，人员的招募由人力行政部与项目负责人共同完成。为了确保研究过程的高效、可控，公司制定严格的岗位责任制，由人力行政部制定岗位责任制，公司项目领导进行监督，项目负责人执行。

研发人员在实验室内进行配方可行性研究，收集数据来确定产品配方的初步框架。研发期间，定期与客户交流，接受反馈，对研发结果进行总结讨论和修正。

技术研发部总监通过月度技术研发部会议监控各研发项目的执行情况，并持续评估项目在技术上的可行性，以确保项目研发方向的正确性。产品经理组织相关部门对项目的各阶段成果进行评审并记录，确保项目按期、保质完成，有效规避研发失败风险。

D. 资金管理

技术研发部在研发立项时，应同时向公司提报“研发项目资金预算”，按制度规定的分类详细地列明该研发项目涉及的费用和经费的需求时间。“研发项目资金预算”由研发项目组编制，经研发部审核后交财务经理及公司总经理审核，并由总经理提交董事会审批，批准后的“研发项目资金预算”交财务部备案，研发部留底。财务部接到董事会批准生效的“研发项目资金预算”之后，应据此提前准备研发经费，确保按研发计划提供资金保障。

管理层按年复核各部门职能，确认与技术研发相关的部门。根据管理层的复核，仅技术研发相关部门发生的与研发活动直接相关的人员工资费用、直接投入费用、折旧费与长期待摊费用、设计费用、装备调试费、无形资产摊销费用、委托外部研究开发费用、其他费用等支出可以计入研发支出。

E. 项目评审

初步确定配方的过程中，当研发结果与项目设定的性能指标接近时，由市场及新业务拓展部产品经理组织相关部门，包括技术研发、采购、质量、生产运营等部门，对项目进行阶段性评审。评审通过后，方可开始向客户提供样品进行测试。同时公司研发人员继续对产品配方进行研究，建立产品配方关键参数、组分浓度梯度与产品性能的对应关系，以便及时根据客户端测试结果优化产品配方。

当产品在客户端测试达到要求后，产品配方定型，产品经理及时组织相关部门进行共同评审，产品进入大规模送样阶段。

评审通过后，产品由研发部门转入生产运营部门，研发部门配合生产运营部进行生产工艺研究并生产，生产的产品用于客户端测试论证，通过论证后，方能拿到客户订单，产品经理再次组织相关部门进行共同评审，通过评审后，产品由生产运营部门转入生产部门进行量产。

F. 技术资料保管

在研发过程中被确定为技术秘密的信息，其档案材料可以经公司法务及知识产权主管领导批准后保留在本部门，但必须设专门存放处保存，以计算机等保存的，必须对该设备进行数字加密，密码不得向任何无关该技术秘密的人透露；研发中的阶段性成果，必须形成档案材料，依照保密措施保存，直到最终成果形成后，将各阶段成果形成的过程档案进行保存、销毁、解密等措施；在研发活动结束后，项目负责人应把本项目的研发情况以及取得的各项研发成果主要包括实验报告、数据手稿、图纸等技术资料，完整、准确、客观、及时地以书面形式向法务及知识产权部提交，建立相关技术档案，实行加密管理。

G. 知识产权申请与保护

在项目研发的过程中，对于需要申请专利的研究成果，技术研发部相关人员及时提交专利立案申请，并经副总经理审批后提交法务及知识产权部办理有关专利申请，形成自有知识产权。

第三章 IPO 的知识产权案例分析

一、核心技术

（一）公司核心技术竞争力

关于公司核心技术竞争力，本书选取了典型案例如下：

案例 1：上海艾为电子技术股份有限公司

2020 年 9 月 30 日上海艾为电子技术股份有限公司（以下简称艾为电子）科创板 IPO 获上交所受理，于 2021 年 6 月 8 日获得批准注册。

艾为电子是一家专注于高品质数模混合信号、模拟、射频的集成电路设计企业，主营业务为集成电路芯片研发和销售。公司主要产品包括音频功放芯片、电源管理芯片、射频前端芯片、马达驱动芯片等。本次募集资金全部用于与公司主营业务相关的项目，包括智能音频芯片研发和产业化项目、5G 射频器件研发和产业化项目、马达驱动芯片研发和产业化项目等。

通过上交所于 2021 年 1 月 6 日下发的《关于上海艾为电子技术股份有限公司首次公开发行股票并在科创板上市申请文件的审核问询函》之回复报告，我们可以看到关于核心技术先进性的相关回复。

在被问及核心技术先进性及持续创新能力时，艾为电子通过披露技术指标在行业内的先进性与具体表征、对终端知名客户的覆盖、较强的研发能力与较高的研发费用、领先的行业地位等多方面内容，说明了核心技术的先进性与其充分的依据。

内容披露全面、比对客观、论证严密。对于持续创新能力，艾为电子具体披露了研发费用与研发人员的相关信息，表明对研发的高投入也能够支撑后续研发工作的顺利开展。并且艾为电子也指出专利申请和专利授权对公司的重要作用，并具体列明新增专利内容加以佐证。此外，艾为电子也披露了其在不同领域开发的新产品，强调"首次"这一特点也是艾为电子具有持续创新能力的重要体现。

具体问询及回复内容如下：

问询：

招股说明书披露，发行人拥有 192 项境内专利，1 项境外专利，部分发明专利申请时间集中在报告期期初及以前。

请发行人说明：（1）认定核心技术先进性的依据是否充分；（2）是否具备持续创新能力。

回复：

艾为电子关于核心技术先进性的上述两个问题回复如下：

1. 认定核心技术先进的依据充分

公司核心技术的先进性可以从技术指标、终端用户、研发能力、行业地位等多方面得以体现。

（1）核心技术推动产品发展，部分技术指标达到行业主流或行业最高水平

公司核心技术的不断发展是带动产品技术升级的最核心动力，在产品指标与同行业对比中先进性得到了直接体现：其中音频功放产品处于行业主流水平，部分指标达到目前行业最高水平，电源管理产品的主要指标达到行业主流或者目前行业最高水平，射频前端产品的部分主要指标达到行业主流水平，其他指标亦具备相对竞争优势，马达驱动产品部分指标达到目前行业最高水平。

公司已在招股说明书中披露了核心技术先进性的具体表征，具体如下。表 3 为回复函部分披露内容的节选。

表 3　核心技术及其先进性具体表征

序号	核心技术名称	先进性具体表征
1	射频噪声抑制技术	该技术采用独创的电路架构对传导和辐射干扰进行全方位抑制，使射频信号难以干扰到芯片内部，对 RFI 干扰衰减 60dB 以上，抑制射频干扰噪声

续表

序号	核心技术名称	先进性具体表征
2	双级 AGC 技术	采用两级 AGC 算法，进行削波控制和喇叭保护功率控制，检测到削波后，极短时间内完成 10dB 衰减，抑制削波杂音，在提升音量的同时保护喇叭
3	电磁干扰抑制技术	通过控制功放输出边沿速率，有效抑制对射频信号的干扰

（2）终端知名客户的覆盖证明了先进核心技术的落地能力

终端品牌客户覆盖是公司核心技术先进性的结果印证。公司依靠突出的研发能力和产品技术，已开发出多个系列的高品质芯片产品。在境外及欧美厂商主导的模拟芯片领域内，公司持续实现经营业绩增长和国产化发展替代，并且在竞争较为激烈、迭代更新较快以智能手机为主的新智能硬件领域，公司产品凭借技术能力，被众多下游品牌客户验证并使用，基本覆盖了国产智能手机的绝大部分品牌以及部分国外品牌，进入了手机品牌客户的大部分旗舰机型，并且持续向其他相关市场领域发展。

（3）先进性体现于研发不断投入和产出成果

持续的产品研发投入是公司核心技术先进性的重要保障。报告期内，公司研发费用随营业收入的规模扩张而快速增长，各年度研发费用分别为 5983.68 万元、9137.14 万元、13 947.05 万元和 7208.97 万元，占营业收入比重分别为 11.43%、13.17%、13.71%和 14.19%，研发费用率维持在较高水平。凭借长期的研发投入，公司的产品技术不断突破，并形成了诸多专利成果。截至 2020 年 10 月末，公司已累计获得发明专利 68 项、实用新型专利 142 项。

（4）先进性获得行业排名和产品获奖的认可

行业排名与产品获奖是公司核心技术先进性的侧面体现和外部认可。公司是工信部认定的集成电路设计企业、上海市科委认定的高新技术企业、上海市科技小巨人企业和上海市专精特新企业。2017 年至 2019 年，公司连续三年被知名电子信息媒体集团 ASPENCORE 评为“十大中国 IC 设计公司”。2019 年至 2020 年，公司连续两年被中国模拟半导体大会授予优秀企业奖。此外，公司主要芯片产品还获得了如下获奖情况：（略）

2. 公司具备持续创新能力

公司的持续创新能力主要体现在持续的研发投入、专利申请和新产品系列三方面。

（1）不断的研发资金投入和专业的研发团队是公司产品技术持续创新的前提

报告期内，公司研发费用随营业收入的规模扩张而快速增长，各年度研发费用分别为5983.68万元、9137.14万元、13 947.05万元和7208.97万元，占营业收入比重分别为11.43%、13.17%、13.71%和14.19%，研发费用率维持在较高水平。同时，报告期内，公司从事研发任务相关的技术人员不断增多，各年度分别为90人、147人、295人和410人，占总人数的比重分别为63.38%、70.33%、75.26%和76.78%，是公司人员的主要组成部分。

（2）不断的专利申请和专利授权是公司产品技术持续创新的保障

公司在开展产品技术开发的过程中，对形成的技术成果申请了专利保护。报告期内，随着研发投入的逐年增长，公司持续申请新的专利技术，2017年度、2018年度、2019年度和2020年1－10月新增申请发明专利分别为31项、150项、100项和100项，新增申请实用新型专利0项、111项、22项、26项。与此同时，2017年年末、2018年年末、2019年年末和2020年10月末，公司累计授权发明专利22项、23项、35项、68项，累计授权实用新型专利4项、6项、131项和142项。

（3）日益丰富的产品系列和产品型号是公司产品技术持续创新的体现

报告期内，公司从期初不到200个型号产品，发展至期末超过400个型号在售产品，各类产品系列均开发出多款新产品。

①在音频功放领域，公司于报告期内开发了数字智能K类音频功放系列产品，作为一类高端的音频功放芯片，产品集合了公司在音频功放领域的主要技术，具备高性能、高音质、低功耗、防破音、抗电磁干扰、射频噪声抑制等特点。

②在电源管理领域，公司于报告期内陆续开发出首款大电流内置Boost LED闪光灯驱动芯片、首款“音随我动”呼吸灯驱动芯片、首款PWM指数调光三路背光驱动芯片及面向可穿戴产品的线性充电芯片等产品。

③在射频前端领域，公司于报告期内陆续开发出首款LTE低噪声放大器、首款高功率天线SRS开关及首款高压天线调谐开关等产品。

④在马达驱动领域，公司于报告期内陆续开发出首款高压触觉反馈芯片、高压线性马达驱动芯片等产品。

案例 2：合肥芯碁微电子装备股份有限公司

2020 年 5 月 13 日合肥芯碁微电子装备股份有限公司（以下简称芯碁微装）科创板 IPO 获上交所受理，于 2021 年 2 月 2 日获得批准注册。

芯碁微装专业从事以微纳直写光刻为技术核心的直接成像设备及直写光刻设备的研发、制造、销售以及相应的维保服务，主要产品及服务包括 PCB 直接成像设备及自动线系统、泛半导体直写光刻设备及自动线系统、其他激光直接成像设备以及上述产品的售后维保服务。本次募集资金将用于投资以下项目，包括高端 PCB 激光直接成像（LDI）设备升级迭代项目、晶圆级封装（WLP）直写光刻设备产业化项目、平板显示（FPD）光刻设备研发项目等。

通过上交所于 2020 年 9 月 29 日下发的《关于合肥芯碁微电子装备股份有限公司首次公开发行股票并在科创板上市申请文件的审核问询函的回复》，我们可以看到关于核心技术竞争优势的相关回复。

在被问及核心技术竞争优势时，芯碁微装从技术成果与创新优势、市场和客户资源优势、快速服务优势、产品应用场景优势与专业团队优势五个方面详尽论述了自身存在的优势。并且充分披露了有关数据、获得奖项来加以论证。

具体问询及回复内容如下：

问询：

根据招股说明书，（1）由于光刻设备具有极高的技术门槛，目前仅有少数国产厂商能够实现直接成像设备及直写光刻设备的研制及市场销售；（2）发行人同行业可比公司包括日本 SCREEN、美国 Applied Material 等公司，与发行人规模差异较大；（3）招股说明书关于发行人劣势的披露无针对性。

请发行人结合同行业可比公司在产品结构、产品性能、所采用的技术路线、技术水平、细分市场占有率等方面的比较情况以及相关产品的竞争格局和未来发展趋势等，补充披露发行人竞争优劣势，并说明发行人是否面临产品结构单一、业务规模较小、竞争充分或同质化竞争等风险，并作充分的风险揭示及重大事项提示。

回复：

芯碁微装关于核心技术优势的回复披露如下：

（1）技术与创新优势

技术创新是发行人保持竞争优势的关键。首先，在研发投入方面，发行人在研发方面持续投入，报告期内研发投入逐年增加，近三年分别为791.80万元、1698.10万元和2854.95万元，年均复合增长率为89.88%。研发费用的持续投入为发行人形成体系化的技术升级能力和打造不断深化的技术创新优势提供了重要保障。

其次，在技术成果方面，持续的技术研发投入也为公司积累了大量技术成果，截至2020年6月末，发行人已获得71项国家专利授权，其中发明24项，实用新型44项，并拥有13项软件著作权。通过持续的自主研发，发行人已掌握了自主研发能力，形成了系统集成技术等一系列关键技术。

最后，在技术成果转化方面，发行人基于以上核心技术先后实现了一系列直写光刻设备的产业化，并成功应用于PCB及泛半导体领域。其中，在PCB领域内，发行人直接成像设备整体技术水平在国内处于先进水平，并达到以色列Orbotech等国外主要厂商水平；在泛半导体领域，发行人直写光刻设备在国内处于先进水平，并在部分关键核心指标方面超过德国Heidelberg公司，具有较强的产品竞争力。

（2）市场和客户资源优势

发行人凭借具有较强竞争力的产品及优秀的销售团队不断开拓下游市场，建立了完善的销售、技术和服务网络，积累了较为丰富的市场与客户资源……综上，发行人产品凭借优良的性能及良好的服务取得了各大客户的认可，在行业内拥有较高的产品认可度，与各大客户建立了长期、稳定的合作伙伴关系，具有较高的客户黏性，为发行人后续业务的持续拓展奠定了坚实的基础。

（3）快速服务优势

发行人拥有专业技术服务团队，分布在我国PCB、泛半导体等电子信息产业集中的华南、华东、华中、华北区域和我国台湾地区，相比德国Heidelberg等国外竞争厂商，发行人凭借本土服务优势，能够为国内客户提供更为迅速、及时的技术支持与服务，满足就近及时响应客户的需求，从而形成了一定的竞争优势。

（4）产品应用场景优势

在业务规模方面……与国内厂商相比较，发行人直写光刻设备覆盖了PCB等多个细分应用领域，并已经成功实现了晶圆级封装直写光刻设备的产业化并形成了销售，具有较为丰富的产品布局，能够覆盖满足细分领域内客户的差异化需求，从而形成一定的产品应用场景优势。未来，随着发行人技术的不断升级，产品将持续向 OLED 高世代产线及大尺寸晶圆级封装等泛半导体细分领域拓展，进一步增强发行人产品应用场景优势。

（5）专业团队优势

高素质、经验丰富的技术团队是发行人保持技术创新的根本保障。发行人始终重视技术人才队伍的培养和建设，通过内部培养和外部引进的方式形成了深厚的人才储备。发行人人才团队先后获得“安徽省高层次科技人才团队”“庐州产业创新团队”“江淮硅谷创新创业团队”等荣誉称号。其中，核心技术人员方林、何少锋先后获得“安徽省技术领军人才”的荣誉称号，核心技术人才 CHEN DONG 获得“合肥市创新领军人才”和“安徽‘百人计划’引进人才”的荣誉称号，CHEN DONG 博士在精密测量与分析领域具有超过 30 多年的技术研发经验，曾于 2014 年获得“研发 100 技术创新奖”（R&D100）。截至 2020 年 6 月末，发行人研发技术团队共有 67 人，占员工总人数的 33.33%，其中近 80% 的研发人员拥有本科及以上学历。研发人员专业覆盖面广，涵盖光学、精密机械、图形处理、机器视觉、深度学习、测控技术与仪器等专业领域。

案例 3：会通新材料股份有限公司

2020 年 4 月 27 日会通新材料股份有限公司（以下简称会通新材）科创板 IPO 获上交所受理，于 2020 年 9 月 22 日获得批准注册。

会通新材主要从事高分子改性材料的研发、生产和销售，致力于为客户提供高性能化、功能化的材料整体解决方案，是国内规模最大、客户覆盖最广的高分子改性材料企业之一。公司拥有聚烯烃类、聚苯乙烯类、工程塑料及其他类多种产品平台，产品种类丰富，高分子高性能化和功能化产品品种 300 余项。公司产品广泛应用于家电、汽车、5G 通信、电子电气、医疗、轨道交通、家居建材、安防等诸多国家支柱性产业和新兴行业。2020 年以来，疫情蔓延全球，公司积极响应国家号召，迅速开发了高流动无纺布熔喷 PP 材料、防雾透明 PC 材料等产品，可用于生产口罩、防护服、护目镜等医疗防护用品。公司被认定为安徽省疫情防控重点保障物资生产企业和广东省疫情防控重点保障物资生产企业。

通过上交所于 2020 年 6 月 29 日下发的《关于会通新材料股份有限公司首次

公开发行股票并在科创板上市申请文件的审核问询函》之回复报告，我们可以看到关于核心技术的相关回复。

在被问及核心技术先进性相关问题时，会通新材补充披露了具体产品的关键技术指标及技术先进性的相关描述、公司获得奖项及相关获奖技术产品的销售金额占比及市场占有率等客观指标，全方面地说明公司针对六大核心产品进行自主研发，形成了独特的核心技术体系。经过多年积累，公司市场份额及产量均位于国内同行业前列，公司在行业内具有一定的市场地位。会通新材还说明了关于先进性的各项奖项及认定的背景、性质及主要内容，并与同批次其他企业对比，以佐证认定意见的客观性、独立性、权威性。此外，会通新材为了证明其核心技术受到下游客户的青睐，通过表格罗列出被知名客户企业认证的产品。

具体问询及回复内容如下：

问询：

招股书第 140 – 141 页及招股书第 143 – 144 页披露人相关产品取得石化联合会科学技术成果鉴定、安徽省新产品鉴定、广东省高新技术产品认定，认定结论为国际先进、国内领先、国内先进、其中石化联合会科学技术成果鉴定均为 2020 年 3 月取得，此外，部分认定的时间较早，为 2010 年、2012 年。公司被国家有关部委授予“国家企业技术中心”和“国家知识产权优势企业”等荣誉。发行人以前述内容来论证其市场地位且仅以权威机构的认定来论述技术先进性。

请发行人披露：结合具体产品的技术指标数据，量化披露公司核心技术先进性及其具体表征；

请发行人说明：获得相关认定或获奖的难易程度，国内同行业公司获奖的情况，以此作为论证发行人核心技术先进性是否充分，如否，请删除相关奖项或评定的相关信息披露。

回复：

会通新材关于公司核心技术的先进性回复如下：

1. 公司产品技术指标及核心技术的先进性

经过多年积累，公司针对低散发材料、增强复合材料、高稳定阻燃材料、免喷涂材料、健康防护材料、特色功能材料六大类核心产品形成核心技术体系，开发出了多种特色材料产品，具体产品的关键技术指标及技术先进性情况如表 4 所示。

表 4　具体产品的关键技术指标及技术先进性情况

序号	产品名称	核心技术产品类别	关键技术指标及先进性描述
1	低气味车用聚丙烯材料	低散发材料	采用一系列自有技术，显著减少材料中有机小分子，降低材料气味。本产品气味可满足汽车内饰主流行业标准要求，如大众汽车 PV3900 标准，稳定达≤3.5 级水平，客户反响良好
2	低 VOC 汽车内饰用聚丙烯		本材料散发性能指标数值优于通用、大众等主流汽车厂商的材料标准要求。以较为严苛的通用汽车散发标准为例，本材料 TVOC 值约为 900，远低于通用汽车标准中 TVOC 值低于 7000 的限制
3	玻纤增强聚酰胺材料	增强复合材料	本产品解决了玻纤外露现象，制件外观良好。本产品弯曲强度 372Mpa，弯曲模量 15 500Mpa，拉伸强度 244MPa；德国巴斯夫同类产品弯曲强度 360Mpa，弯曲模量 15 000Mpa，拉伸强度 230MPa，本产品强度和刚性更优

2. 相关获奖技术产品的销售金额及占比

报告期内，公司获得奖项或认定的产品对应的销售金额及占比情况如下，表 5、表 6、表 7 为回复函部分披露内容的节选：

表 5　报告期内，公司获得的奖项情况

类别	技术或产品名称	获奖时间	奖项
教育部科学技术进步奖	杂化增强体改性热塑性聚合物复合材料制备与应用	2018 年 2 月	二等奖

表 6　上述奖项对应技术产品以及销售金额情况

单位：万元

类别	技术或产品名称	2019 年度	2018 年度	2017 年度
教育部科学技术进步奖二等奖	杂化增强体改性热塑性聚合物复合材料制备与应用	47 402.70	32 001.61	23 334.09

表 7　回复函部分披露内容的节选

项目	2019 年度		2018 年度		2017 年度	
	收入	占比	收入	占比	收入	占比
获奖产品	229 405. 76 万元	57. 70%	91 401. 10 万元	49. 63%	71 589. 59 万元	42. 99%

3. 选取市场占有率等客观指标充分论证发行人的市场地位

根据智研咨询数据，2019 年度高分子改性材料行业市场规模约为 1643. 80 亿元。公司 2019 年度营业收入为 40. 51 亿元，按照营业收入口径计算公司市场占有率约为 2. 46%，公司 2019 年高分子改性材料产量为 35. 88 万吨，在国内同行业 A 股上市公司中排名前列。（如表 8 所示）

表 8　在国内同行业 A 股上市公司中排名情况

公司名称	2019 年度高分子改性材料相关业务收入/亿元	2019 年市场占有率/%	2019 年度高分子改性材料产量/万吨
金发科技	186. 53	11. 35	128. 91
会通新材	40. 51	2. 46	35. 88

综上所述，公司市场份额及产量均位于国内同行业前列，公司在行业内具有一定的市场地位。

4. 获得相关认定或获奖的难易程度，国内同行业公司获奖的情况，以此作为论证发行人核心技术先进性是否充分，如否，请删除相关奖项或评定的相关信息披露

公司共获得国家知识产权优势企业、国家企业技术中心、国家 CNAS 认可实验室三项国家级企业或平台资质认定。报告期内，公司多项产品获得“安徽省新产品”“安徽省工业精品”“安徽名牌产品”“广东省高新技术产品”等奖项或认定，有 14 项产品经权威机构鉴定为国际先进、国内领先或国内先进水平。

根据公开数据查询，公司获得的三项国家级资质认定或荣誉的同行业企业获奖情况如表 9 所示。

表 9　公司获奖情况

类别	认定时间	同行业获奖情况
国家企业技术中心	2019 年 1 月	该批次共有全国各地 111 家企业获认定企业技术中心，其中安徽省共 5 家。同批次无其他高分子改性材料领域企业获得认定。经查询，A 股上市同行业可比公司中仅金发科技、普利特获得此认定

根据历次获奖或认定公布的结果名单，报告期内与公司产品同批次获得相关奖项或认定的企业及产品具体情况如表 10 所示。

表 10　同批次获得奖项的情况

类别	认定时间	同批次获奖情况
教育部科学技术进步奖二等奖	2018 年 2 月	本批次共有全国范围内的 100 个项目获得此奖项，同批次无其他高分子改性材料领域企业获奖

综上所述，获得上述认定或奖项有一定难度，同时获奖的同行业公司数量较少，均为行业内具备一定综合实力及研发能力的企业。

鉴于上述部分奖项或认定仅为安徽省或广东省辖区内企业申报，故上述奖项虽然能够证明公司核心技术或产品的先进性，但是无法与位于其他省份的同行业公司进行充分比较，因此公司在招股说明书中删除了区域性的奖项以及石化联合会的认定。

公司产品的技术先进性除获得相关奖项认可外，也获得了下游客户的充分认可如表 11 – 表 13 所示：

表 11　家电领域客户回复函部分披露内容的节选

客户名称	通过认证的产品类别	通过认证的产品牌号
海信	增强复合材料、高稳定阻燃材料、免喷涂材料、健康防护材料、特色功能材料	HIPS – 2230、ABS – 3403、PC/ABS – 5140 等超过 20 个牌号

表 12　汽车领域客户回复函部分披露内容的节选

客户名称	通过认证的产品类别	通过认证的产品牌号
上汽大众	低散发材料、增强复合材料、特色功能材料	PP – 1010、ABS – 3030T、PA66 – 74110 等超过 25 个牌号

表13　其他领域客户回复函部分披露内容的节选

客户名称	通过认证的产品类别	通过认证的产品牌号
富士康	高稳定阻燃材料、特色功能材料	HIPS - 2230、PC/ABS - 5140、AldloyCA200等5个牌号

案例4：山东英科环保再生资源股份有限公司

2020年7月24日山东英科环保再生资源股份有限公司（以下简称英科环保）科创板IPO获上交所受理，于2021年5月25日获得批准注册。

英科环保主要从事可再生塑料的回收、再生、利用业务。英科环保从国内外回收处理多种可再生塑料，其中可再生PS塑料是公司回收的主要品类。英科环保的业务领域涵盖塑料循环再利用的全产业链，包括回收、再生与深加工利用。英科环保的产品包括塑料回收设备、再生材料、再生制品。公司的塑料循环再利用方案已应用在垃圾分类回收试点城市——上海市、杭州市、宁波市和苏州市，与多个“两网融合”网点合作，在上述城市协助实现白色泡沫，即发泡PS塑料的回收利用。近年来，英科环保在巩固PS塑料回收业务优势的基础上，进一步丰富塑料的回收品类，英科环保正在布局PET、PP、PE等塑料的回收再利用业务。

通过上交所2020年10月13日下发的《关于山东英科环保再生资源股份有限公司首次公开发行股票并在科创板上市申请文件的审核问询函的回复》，我们可以看到关于“技术水平竞争优劣势”的相关回复。

在被问及技术水平较同行业领域主要竞争对手的差异与优势时，英科环保首先将各业务环节、核心技术、收入与所属行业的关系涉及的相关信息进行了归纳总结，对照说明并强调了英科环保各业务环节所具有的科创属性，内容贴合逻辑、清晰详尽，随后在论述与主要竞争对手的差异与优势时，就主要核心技术的广度和深度两方面出发。英科环保在广度方面论证了其相对竞争对手的优势在于核心技术与产品覆盖了完整的产业链，在深度方面则披露了其拥有的主要核心技术解决了哪些技术难点，综合以上两方面论证英科环保的技术创新点与竞争优势，论据简洁明了、充分完善。

具体问询及回复内容如下：

问询：

招股说明书披露，发行人核心技术为废弃泡沫塑料减容增密技术及装备、废弃 PS 泡沫优质再生关键技术和再生 PS 微发泡制备仿木线材技术，均达到了国际先进水平。发行人主要产品包括 PS 回收设备、再生 PS 粒子、再生 PS 线条和 PS 环保成品框。

请发行人说明：发行人技术水平相较塑料回收再利用领域主要竞争对手的差异和优势，是否为行业内主要竞争企业均能够实现。

回复：

1. 为了更清晰地说明发行人各业务环节、核心技术、收入和所属行业的关系，将相关信息做如下归纳：

根据《上海证券交易所科创板企业发行上市申报及推荐暂行规定》，公司属于“节能环保”领域下的“资源循环利用”。按照《上市公司行业分类指引分类》（2012 年修订），公司所属行业类型为“废弃资源综合利用业（C42）”。

（1）公司各业务环节的科创属性对照说明。（如表 14 所示）

表 14　各业务环节的科创属性对照说明

环节	主要核心技术	主要发明专利和认定	对应营业收入类别	核心技术产品收入（占比）	环节	主要核心技术
回收	废弃泡沫塑料减容增密技术及装备	1. 一种用于回收废弃泡沫塑料的冷压机。 2. 一种用于回收废弃泡沫塑料的冷压机的泡沫塑料粉碎刀。 经工信部成果鉴定获国际先进认定，此后发行人持续创新并逐渐形成回收设备专利集群。 2020 年 9 月，发行人取得了教育部科技查新工作站出具的科技咨询报告并被认定为国际先进	回收设备	2777.90 万元（2.66%）	公司从国内外回收可再生塑料，是再生塑料循环经济中的“减量化”环节。 目前，公司在全球从超过 400 家可再生塑料回收企业采购可再生 PS 塑料原料，形成了覆盖国内外的可再生 PS 塑料回收网络。 公司已经量产的设备产品包括多种 PS、PET 压缩回收设备	公司的塑料压缩增密回收设备，专门应用于可再生塑料的回收，用于提高回收效率，是可再生塑料资源循环利用的起点

续表

环节	主要核心技术	主要发明专利和认定	对应营业收入类别	核心技术产品收入（占比）	环节	主要核心技术
再生	废弃聚苯乙烯泡沫优质再生关键技术	1. 用于废旧塑料再生利用的双柱塞反冲洗过滤器。 2. 一种提高聚苯乙烯废塑料力学性能的分子链调节剂的制备方法。 经工信部成果鉴定获国际先进认定，此后发行人持续创新并逐渐形成再生聚苯乙烯专利集群。2020 年 9 月，发行人取得了教育部科技查新工作站出具的科技咨询报告并被认定为国际先进	再生塑料粒子，以及继续用于制造线条	18 500.47 万元（17.71%）	公司将采购的可再生塑料，运用再生造粒技术将使用过的塑料制成再生塑料粒子，成为工业原材料，是再生塑料循环经济中的“资源化”环节	公司将废弃塑料再生为塑料粒子，可用于后续工业生产，是可再生塑料资源循环利用的重要过程

（2）采用目前发展路径和经营模式的逻辑。

公司主要从事塑料回收再利用业务，公司围绕“塑料回收”“塑料再生”“再生塑料利用”形成的循环经济模式，本质上源于公司以高技术投入为支撑，以高附加值产出为导向，遵循市场经济规律而非依赖政府补贴的可持续经营理念。

公司自产的再生 PS 粒子，有较高比例自用深加工为再生塑料制品，主要是再生 PS 线条和环保成品框产品。公司生产的再生粒子向后端制品延伸后，进一步优化了公司可再生塑料的回收、再生、利用产业链条。公司积极横向、纵向拓展再生塑料产品及应用领域有如下必要性：

公司自主创立的塑料循环经济模式不依赖国家补贴，公司认为只有不断开发有价值的技术与利用领域，才能支撑塑料再生行业的长期发展，进而促进回收端的积极性、提高塑料回收率；

再生塑料粒子作为工业原料，其价格有波动性，若新料粒子价格大幅下降会影响再生塑料粒子的盈利能力，单一从事再生塑料粒子业务的抗风险能力有限；

公司通过拓展应用领域，再生 PS 粒子的自用量较大，公司得以长年稳定地向全球回收点采购原料，有助于公司维护回收网络；

公司从事的再生 PS 线条和环保成品框生产业务，是将再生 PS 材料经过多种技术处理，制成精美的装饰产品，实现了从可再生塑料到高价值消费品的高附加值利用，有利于增强公司盈利能力；

公司生产的再生 PS 粒子，经公司加工并制造为框及框类产品后，主要销售往欧美国家，这对公司再生粒子应用场景拓展、由多个国家和地区客户长期认可的间接质量验证等方面均有积极意义；

公司可再生塑料的回收、再生、利用业务模式拓展，以及相关产品、业务环节在多个国家和地区应用及拓展经验，有助于公司响应国家的塑料循环经济号召，为提升国内的塑料综合循环利用水平提供积极经验。

2. 发行人技术水平相较塑料回收再利用领域主要竞争对手的差异和优势，是否为行业内主要竞争企业均能够实现

我国塑料综合利用业进入门槛较低，行业内规模较大工业企业和规模较小工业企业的下游市场分化严重。规模较大工业企业，大部分采用物理回收、改性造粒技术，其生产的再生塑料品质较高，产品的议价能力较强，主要供应中高端市场；规模较小工业企业，主要是家庭作坊式企业，大部分也采用物理回收，由于这类企业再生造粒技术不成熟，生产设备老旧，其生产的再生塑料粒子品质较差，生产的再生塑料制品往往只能降级利用，主要供应低端市场。发行人的主要竞争对手为规模较大工业企业。下面主要就发行人主要核心技术的广度和深度分别说明发行人与主要竞争对手的差异和优势。

（1）发行人主要核心技术的广度

发行人主要竞争对手的核心技术往往聚焦于“回收—再生—利用”中的部分环节，发行人的核心技术包括废弃泡沫塑料减容增密技术及装备、废弃聚苯乙烯泡沫优质再生关键技术、再生聚苯乙烯微发泡制备仿木线材技术，覆盖了“回收—再生—利用”的全产业链。

境内可比公司中从事塑料回收再生利用是南京聚隆、格林美，与发行人相比，南京聚隆、格林美与塑料相关的发明专利集中在“再生”“利用”领域。这两家公司的塑料回收再生利用相关的技术如表 15 所示。

表15　公司塑料回收再生利用相关的技术

公司名称	技术领域	代表性发明专利
南京聚隆科技股份有限公司及其子公司	再生	一种车用防霉植物纤维增强微发泡材料及其制备方法
		一种连续长纤维增强聚烯烃塑木复合材料及其制备方法
		一种秸秆增强再生塑料复合材料及其制备方法
		一种中药渣增强再生塑料复合材料及其制备方法
		一种塑木复合材料的制备方法
		一种塑木复合材料的制备装置及工艺
		一种用于再生聚丙烯材料发泡母粒及其制备方法
	利用	一种具有高阻燃性能的塑木型材的制备方法
		一种阻燃增强微发泡尼龙材料及其制备方法
		一种塑木复合材料地板及其制备方法
		轻质核壳结构功能型塑木复合材料
		动态硫化塑木复合材料及其制备方法
		一种塑木高速公路声屏障基材

（2）发行人主要核心技术的深度

发行人拥有的主要核心技术，解决了如下的技术难点，体现了发行人的创新点和技术优势：

①废弃泡沫塑料减容增密技术及装备。

A. 产品设计方案的创新

发行人自制减容机的关键组成部件并自主开发设备控制系统，在废弃泡沫塑料减容增密技术及装备领域拥有自主创新实力。减容机一方面可以减少泡沫的体积，减少运输成本，另一方面，为后续破碎造粒提供密度更高的物料，以提升造粒的效率。发行人根据下游客户对压缩倍率、压缩物料特点、设备操作方式、环保等不同的要求，制定了两类产品设计方案，一类为冷压机方案，另一类为热熔机方案。

a. 冷压机方案

难点：部分地区对废气排放限制较严格，物料含水量较高不易压缩，客户对回收设备能效比要求高。

解决方案/改善创新的地方：发行人研发了冷压机，是国内首批处理泡沫的压缩机。该设备运行过程中无泡沫气化，无废气排放；可高效处理含水的泡沫，如鱼盒子、果蔬盒子等；设备无加热过程，节能环保；由于物料冷压，不会影响物料的物性参数，利于高质化再生造粒。

设备运行方式：先将泡沫粉碎，然后通过螺杆物理挤压的方式将泡沫进行压缩成型。该设备可处理 EPS、XPS、EPE、PSP、EPP 等多类塑料。

技术优势：经过多年的实践和不断的改善，该设备在保证压缩减容的同时，研发了防熔料装置，同时研发了传送、自动切断、水冷、长度测量等辅助功能。

b. 热熔机方案

难点：客户对物料压缩倍率和设备的易操作性等要求较高

解决方案/改善创新的地方：发行人研发了热熔机，该设备通过热熔方式减容，得到的物料密度更高；该设备操作简单，针对不同类型的泡沫只需改变温度即可。

设备运行方式：先将泡沫粉碎后，将泡沫通过螺杆的输送挤压，使泡沫在螺杆内热熔，通过出料口挤出，成型。该设备可处理 EPS、XPS、EPE、PSP、EPP 等多类塑料。

技术优势：针对不同的物料，设计不同的结构，保证物料的物性参数稳定，避免物料降解，同时开发了传送、自动切断、水冷、自动落袋等辅助功能。

B. 对设备关键组成部件的创新

冷压机和热熔机按照设备组成部件的功能特点可划分为进料系统、粉碎系统、减容系统、出料系统以及控制系统。（如表 16 所示）

表 16　发行人对设备关键组成部件的创新

设备关键组成部件		冷压机	热熔机
粉碎系统	难点	粉碎尺寸过大，会影响螺杆压缩效率，过小则会造成成型困难且容易热融	热熔机中减容系统的螺杆转速快，螺槽浅，若粉碎后物料过大，减容系统中的螺杆会出现卡料等情况，影响减容效率
	解决/改善方案	采用了双刀外加动定刀横档的结构，根据减容系统中螺杆尺寸和送料系统中输送效率相应适配粉碎尺寸，保证减容系统中的螺杆压缩能力达到最佳	设计了两级粉碎，并在二级粉碎出料口增设滤网……

续表

设备关键组成部件		冷压机	热熔机
减容系统	难点	需要保证物料及时推出，不会过度热熔，又要保证物料压缩率较高，减少对后续再生造粒的不利影响	热熔过程存在一个体积缩小的过程，因此在热熔的过程中，要确保加热的均匀和物料的及时推出，避免过度热熔，造成物料发黑、变色等情况
	解决/改善方案	经过多次计算和实验，平衡产能和效率，不断改进螺杆尺寸得到最佳的减容系统。其中，叶片的外径、螺杆的转速以及螺杆的节距和升角，是解决减容难点的关键	将螺杆分节处理：包括螺杆由细变粗、螺距由大变小、出料口呈锥形，保证物料减容后及时推出
控制系统	难点	回收的物料往往成分较为复杂，不同物料的密度，是否混料，是否含水等因素都会影响减容设备的设定参数和处理工艺	热熔机每次运行完后有少许存料的情况
	解决/改善方案	发行人进行了不断的测试，开发了两种控制模式：时间模式和功率模式。时间模式，该模式操作简便，主要针对密度小的物料。功率模式，该模式在保证不融料的同时，提高压缩倍率，主要密度较大的物料	对设备设置开机保护，以防止提前启动，对机器造成损伤

②废弃聚苯乙烯泡沫优质再生关键技术。

A. 与设备选型相关的核心技术

再生造粒设备是实现回收再生的基础，塑料加工设备本身的通用性较强，但回收塑料存在品种、密度、杂质率、含水率和稳定性的巨大差异，对设备选型、设备组合和工艺调整是巨大的考验。发行人综合考察国内外的塑料加工设备厂商，最终选定奥地利 EREMA 公司的若干型号机组作为公司再生造粒设备的基础。EREMA 是全球领先的通用塑料回收设备制造商，该公司机组设备传统上并不用于高污染消费后的 PS 塑料处理，发行人通过自身的技术能力，通过对机组设备的组合搭配，对工艺流程、设备操作参数进行反复的实验调整，实现了 PS

回收料的高效再生造粒，积累了丰富的相关经验。

EREMA 设备是发行人再生造粒设备中的一类。经过发行人的集成组合，配置成再生造粒生产线，达到目前应用于规模化生产中最高效的 PS 再生造粒水平。此外发行人还使用多个厂家的造粒设备并应用在不同规模、不同来源材料的再生造粒中。根据回收塑料的特性，选择合适的再生方式，也是发行人的技术体现。

B. 与生产工艺、配方相关的核心技术

PS 再生造粒可分为如图 27 所示流程：

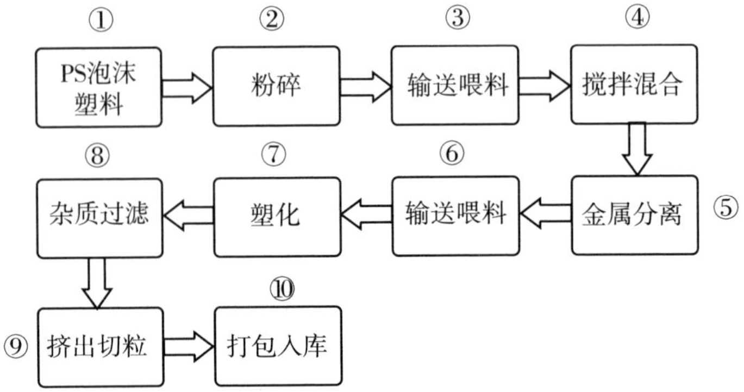

图 27　PS 再生造粒流程

针对 PS 再生造粒的技术难点，就发行人的解决/改善方案、发行人的技术优势进行如表 17 所示说明。

表 17　对发行人的解决/改善方案、技术优势的说明

流程		泡沫造粒的核心技术	饼块造粒的核心技术
生产全流程	技术难点	EPS 泡沫密度轻，水分高，吃料困难，产量低	热熔饼块堆积比重与冷压泡沫堆积比重差异较大，通用塑料回收设备在加工热熔饼块时挤出不稳定且负载过大
	解决/改善方案	①通过调整前段设备的部件参数、加工功率，提高了对物料粉碎、压缩、干燥、排气和喂料的能力；②通过调整挤出设备的部件参数、加工功率，增加了挤出机的塑化能力和挤出量从而提高了挤出产量	分析原 EREMA 设备的加工流程，对部分工艺段的加工方法进行调整，改善生产稳定性。 通过调整设备 PLC 程序将不同部件的联动控制进行调整，对各设备之间的负载实现在线自动调节，避免了部分设备因负载大而报警导致停机影响整体生产

续表

<table>
<tr><th colspan="2">流程</th><th>泡沫造粒的核心技术</th><th>饼块造粒的核心技术</th></tr>
<tr><td></td><td>技术优势</td><td>生产效率高于国内主流机型</td><td>增强了原通用塑料回收设备的适应性，不仅适用于聚苯乙烯冷压泡沫和热熔饼块的再生造粒，而且同一台设备可以兼顾 HIPS、PE、PP、ABS 等常规废旧塑料的再生造粒</td></tr>
<tr><td rowspan="3">杂质过滤（流程⑧）</td><td>技术难点</td><td colspan="2">聚苯乙烯冷压泡沫和热熔饼块中，含有砂石、木屑、纸屑、金属等各种杂质，杂质含量高达 1% –5%，采用常规的过滤换网器无法加工高杂质含量的物料，不仅再生粒子的过滤精度低，影响粒子质量，而且频繁换网会导致生产效率降低</td></tr>
<tr><td>解决/改善方案</td><td colspan="2">①充分了解 EREMA 等通用塑料回收设备的技术能力，对原有过滤装置进行了替代。②在工艺上增加预过滤环节</td></tr>
<tr><td>技术优势</td><td colspan="2">实现了杂质从物料中连续剔除、自动排出，过滤精度提高，从而提高了聚苯乙烯再生粒子的产品质量；通过实时检测工艺段参数，可以自动调节加工速度，在杂质含量高达 5% 的条件下能保证过滤器正常运行；物料损耗明显降低，单台设备每年可以减少物料损耗约 100 吨；耗材更换频率由 12 小时一次降低到 1 星期一次；减少了造粒机的磨损，提高了设备使用寿命</td></tr>
</table>

③再生聚苯乙烯微发泡制备仿木线材技术。

A. 产品结构设计创新点

以 PS 再生料为主料，添加少量发泡剂、增韧剂等助剂，通过微发泡双层或多层共挤技术通过双层共挤出工艺技术，形成三层（或多层）结构，内部为微发泡的再生聚苯乙烯泡沫材料，外部为高抗冲聚苯乙烯（HIPS）新料包覆，最外层烫印表层处理工艺，形成不同规格尺寸的装饰线材。发行人生产的线条最多可由七层层状结构构成，由内到外依次为微发泡层、抗冲击层、热熔胶层、底漆层、油墨层、面漆层、耐磨层。产品外观无漏印、缩水变形，表面压花立体清晰。广泛应用于装饰建材、装饰相框、装饰镜框、装饰画等艺术装饰线条。

B. 生产技术创新点（如图 28 所示）

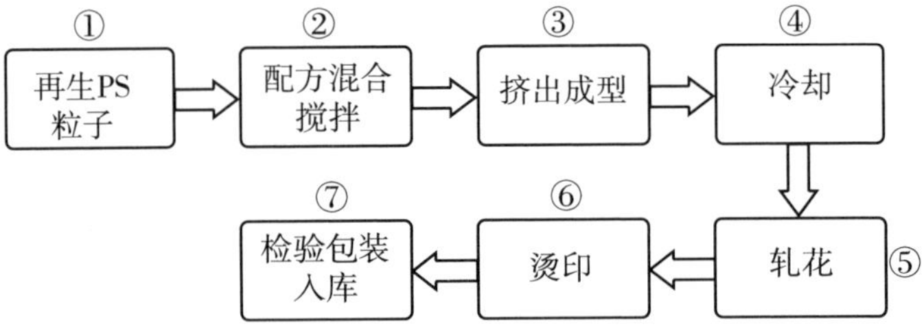

图 28　生产技术的创新点

针对再生聚苯乙烯微发泡制备线条的技术难点，就发行人的技术创新点进行如表 18 所示说明。

表 18　发行人的技术创新点

生产流程		再生聚苯乙烯微发泡制备仿木线材技术
生产全流程	技术难点	再生料来源广泛，料性波动，影响生产稳定性，其中部分再生料多次加工，性能较差，影响产品质量
	技术创新点	①通过物料均化技术，保证物料基本均一；②根据材料特征，添加改性助剂，并运用物料均化技术，保证物料性能均一；③通过控制系统，调控挤出成型的速度，保证线条平整
配方混合搅拌（流程②）-挤出成型（流程③）	技术难点	发泡剂的选择决定了产品的成本、力学性能和产品质量。偶氮二甲酰胺（AC）是目前在微发泡行业中最常用的化学发泡剂，对于中小截面积线条，发泡的泡孔容易控制。 但是对于大截面积线条，因其属放热型发泡剂，在分解时会释放大量的热量，而热量又无法及时释放出去，致使树脂熔体强度明显降低，存在严重的并泡、破裂、气体逃逸和焦烧现象，导致产品的密度上升
	技术创新点	从发泡剂发泡的原理出发，本技术开发了一种放热—吸热复合热平衡发泡剂，可适应多种截面形状的发泡线条。 吸热型发泡剂分解时由于其吸收熔融树脂内部积聚的热量，对气泡孔壁有冷却作用，可瞬间强化树脂的熔体强度，其单个泡孔的孔壁厚且呈十分规整的圆形。本技术成果突破了目前无法生产大截面积或形状特异的发泡仿木线条，拓宽了产品结构，节约了原料成本

C. 外观设计创新点

成品框的设计包括产品外观结构设计、模具设计、表面花纹处理等工艺设计、装裱和画面美学艺术设计。发行人的成品框是 PS 线条的另一种实物形态，是发行人产品结构设计、生产技术创新，外观设计创新的集中体现。

（二）公司核心技术与通用（共性）技术

关于公司核心技术与通用（共性）技术典型案例如下：

案例 1：新疆大全新能源股份有限公司

2020 年 9 月 11 日新疆大全新能源股份有限公司（以下简称新疆大全）科创板 IPO 获上交所受理，于 2021 年 6 月 22 日获得批准注册。

新疆大全主要从事高纯多晶硅的研发、制造与销售，是全球领先的高纯多晶硅制造企业之一。公司生产的高纯多晶硅，主要用于光伏硅片的生产，硅片应用于下游光伏电池、光伏电池组件、光伏发电系统等太阳能光伏产品的生产。新疆大全本次发行募集资金将全部用于公司主营业务相关的项目，扣除发行费用后，公司将按照轻重缓急依次投入以下项目：年产 1000 吨高纯半导体材料项目、年产 35 000 吨多晶硅项目与补充流动资金。

通过上交所于 2020 年 11 月 26 日下发的《关于新疆大全新能源股份有限公司首次公开发行股票并在科创板上市申请文件的审核问询函的回复》，我们可以看到关于核心技术的相关回复。

在被问及核心技术与通用（共性）技术时，新疆大全简单介绍了技术原理与技术特点，通过权威行业报告和行业数据等内容说明改良西门子法和冷氢化工艺是行业通用的技术路线。并且新疆大全着重强调了公司在通用技术的基础上进行自主研发，形成了具有自主知识产权的专有技术。通过表格对比行业技术的缺陷，进一步体现了公司的技术特点及创新性。此外，新疆大全还详细披露了自身成本、关键技术指标等多方面的数据，并与同行业其他竞争对手相比较，用表格列明了具体比较内容。

具体问询及回复内容如下：

问询：

招股说明书披露，发行人的主要产品为高纯多晶硅，公司依托成熟、稳定的改良西门子法加冷氢化工艺，实现了通过信息化、智能化生产装置和闭环式运行工艺制备高质量、低能耗、低成本的高纯多晶硅产品。公司成立之初引进了世界领先的设备和生产工艺。四氯化硅综合利用技术、高沸物回收及转化技术及精馏耦合技术和还原尾气回收 H2 净化技术等技术来源为引进并自主优化，硅渣回收利用技术的技术则来源为共同研发。招股说明书披露，公司是全球领先的高纯多晶硅制造企业之一。

请发行人说明：改良西门子法加冷氢化工艺等核心技术是否为行业通用技术，结合生产成本、产品纯度等指标进一步说明发行人技术水平相较行业主要竞争对手是否具有优势。

回复：

新疆大全关于核心技术与通用（共性）技术的回复如下：

1. 改良西门子法加冷氢化工艺等核心技术是否为行业通用技术

（1）改良西门子法和冷氢化工艺是行业通用技术路线

多晶硅行业目前尚无明确的通用技术定义或行业标准。改良西门子法加冷氢化工艺是目前行业通用的技术路线。

多晶硅制备方法主要包括改良西门子法、硅烷流化床法等。其中，改良西门子法原理是用氯气和氢气合成氯化氢，氯化氢与工业硅粉在一定的温度下生产三氯氢硅，然后对三氯氢硅进行分离精馏提纯，提纯后的三氯氢硅在还原炉内进行化学气相沉积反应生产高纯多晶硅，其主要是在西门子法基础上增加了尾气回收和四氯化硅氢化工艺。

目前，改良西门子法是国内外最普遍也是最成熟的技术路线，其具有产品质量稳定、生产效率高、工艺安全可靠性高等特点，因此是多晶硅厂商普遍采取的技术路线。根据中国光伏行业协会发布的《2019－2020 年中国光伏产业年度报告》，除保利协鑫同时采用改良西门子法和硅烷流化床法两种技术路线外，2017－2019 年全球前十大多晶硅企业的主要技术路线均为改良西门子法。根据中国光伏行业协会的数据，2019 年我国采用改良西门子法生产的多晶硅约占全国总产量的 97.5%。

改良西门子法和硅烷流化床法生产多晶硅过程中均有大量的副产物四氯化硅产生。目前，多晶硅生产企业基本采取将四氯化硅转化为原料三氯氢硅的方式实现闭环生产与综合利用，主要包括冷氢化法、热氢化法、等离子体氢化法等技术路线。其中，四氯化硅冷氢化技术的原理是……冷氢化技术具有单套系统规模大、操作稳定、能耗低等特点，有效地促进了多晶硅生产能耗和成本的降低，已成为我国多晶硅企业的主流技术路线。根据《2019－2020 年中国光伏产业年度报告》，国内正在运行的改良西门子法多晶硅生产企业均采用冷氢化技术处理。

综上所述，改良西门子法加冷氢化工艺是目前行业通用的技术路线。

（2）公司核心技术是在行业通用技术路线基础上，以自主研发为主，形成的具有自主知识产权的专有技术

我国多晶硅行业起步较晚，但经过 10 多年的快速发展，我国多晶硅企业已由最初的技术引进逐步转向自主研发，技术水平达到国际先进水平。如针对改良西门子法工艺副产物中的四氯化硅的污染物问题，国内将热氢化工艺改造为冷氢化，在彻底解决了副产物污染问题的同时，实现了整个生产线完全闭路循环，进一步降低了生产成本……

公司长期专注于高纯多晶硅产品的研发，经过十余年的自主研发、引进消化和共同研发，已掌握了一系列具有竞争力的核心技术，包括精馏耦合技术、四氯化硅综合利用技术、多晶硅还原炉参数配方及控制技术、还原炉启动技术、三氯氢硅除硼磷技术、多晶硅生产废气深度回收技术、多晶硅破碎筛分技术等涉及多晶硅生产闭环全流程的核心技术。公司核心技术的创新性情况具体如表 19 所示。

表 19　公司核心技术的创新性情况

序号	公司核心技术名称	行业传统技术特点及缺陷	公司技术特点及创新性
1	精馏耦合技术	精馏系统通过分离提纯，为多晶硅生产提供高品质原料三氯氢硅，精馏过程需消耗大量热量	公司该技术主要是根据多晶硅精馏除杂功能需求以及用热特性进行组合，将主塔顶气体余热用作副塔再沸器热源技术。主要包括：①冷氢化初分系统，采用两塔并联耦合精馏工艺，作用为分离冷氢化混合氯硅烷中 TET，得到 TCS 初级产品；②粗馏系统，采用两塔差压热耦合精馏工艺，作用为提纯 TCS 初级产品得到粗 TCS 中间产品；③精馏系统，采用三塔差压热耦合精馏工艺，作用为提纯粗 TCS 产品直接得到高纯度 TCS 产品；④还原尾气回收系统，采用两塔并联耦合精馏及隔壁塔工艺，作用为分离还原尾气回收混合氯硅烷中 TET 和 DCS，得到 TCS 产品；⑤高低沸回收系统，采用两塔耦合精馏工艺，作用为回收其他系统产生高低沸中的 TCS；⑥氢化反歧化分离及反歧化用 TET 提纯系统，采用两塔耦合精馏，作用为分离氢化反歧化混合物料得到 TCS 产品，对反歧化 TET 原料进行提纯

续表

序号	公司核心技术名称	行业传统技术特点及缺陷	公司技术特点及创新性
2	四氯化硅综合利用技术	改良西门子法生产多晶硅过程中，三氯氢硅合成工序会产生大量的副产物四氯化硅，其对环境的污染较为严重，且四氯化硅中含有硅元素，如不对其加以回收利用，则会导致工业硅粉物料利用率相对较高，多晶硅生产成本偏高	公司该技术是利用四氯化硅在高温及催化剂作用下在加氢反应器内发生热分解和氢气反应得到三氯氢硅。其产生的副产物氯化氢再与硅粉发生连锁反应，并在大量四氯化硅的抑制作用下，全部生成三氯氢硅。过程中产生少量二氯二氢硅副产物，经提纯后进一步与四氯化硅在专用催化剂作用下发生反歧化反应转化为三氯氢硅，从而实现四氯化硅的全回收、封闭式循环综合利用

受益于公司持续的研发投入和技术进步，截至目前公司已取得 135 项授权专利，其中，境内专利为 134 项，境内发明专利为 27 项。公司核心技术与对应的专利情况详见本回复报告问题 8“请发行人披露：核心技术应用的具体生产环节及其与专利的对应关系”部分内容。

综上所述，公司改良西门子法和冷氢化技术虽然有行业通用的技术路线，但公司经过长期的自主研发，已形成了具有自主知识产权的专有核心技术。

2. 结合生产成本、产品纯度等指标进一步说明发行人技术水平相较行业主要竞争对手是否具有优势

受益于公司的技术优势和持续的研发投入，近年来公司在产品成本、纯度、单晶硅片用料占比等方面不断提升。公司在上述方面与行业主要竞争对手、国家标准的对比情况如下：

（1）关于生产成本

多年来，改良西门子法目前的主要技术目标之一是提高生产效率、降低物耗和能耗、降低多晶硅成本，为光伏发电低成本及商业化应用创造前提条件。多晶硅生产成本中，工业硅粉成本和电力、蒸汽成本较高。其中，工业硅粉成本主要受单位产品硅粉耗用及工业硅粉采购单价影响；电力、蒸汽成本主要受生产每千

克多晶硅的电力、蒸汽单耗及电价、蒸汽价格影响。上述成本中，工业硅粉采购单价一般随行就市，受市场价格变动及各公司议价能力影响，电力、蒸汽单价主要受各地电价政策及招商引资优惠政策影响，部分多晶硅企业拥有自建电厂，单价较难进行比较。因此，多晶硅的单位产品硅耗、电力单耗和蒸汽单耗等成本指标能较好地体现了各公司的技术水平。

公司通过多年的技术攻关和产业化建设，已形成多项核心技术，大幅提高了生产过程中的物料使用率、大幅降低能耗和生产成本。如公司引进并自主优化的四氯化硅综合利用技术、高沸物回收及转化技术，大大提高了原材料的利用率，降低了原料成本；公司自主研发的多晶硅生产装置余热回收技术，能有效降低产品能耗；公司自主研发的多晶硅生产废气深度回收技术和共同研发的硅渣回收利用技术，将废气、废渣回收利用，提升了经济效益和环保效益；公司自主研发的多晶硅破碎、筛分技术，多晶硅产品自动包装技术，满足了不同客户个性化需求，并提升了劳动效率，节约了人力成本。发行人与行业主要竞争对手在生产成本方面的对比如表 20 所示。

表 20　发行人与主要竞争对手在生产成本方面的对比

公司名称	单位生产成本/（元/kg）	单位产品硅耗/（kg/kg－Si）	单位产品平均综合电耗/（kWh/kg）	单位产品蒸汽耗用/（kg/kg－Si）
本公司	41.86	1.09	低于 70	21.92
通威股份	39.5	未披露	2019 年产品成本中电费占比 39.61%	未披露

注：公司单位生产成本、硅耗、电耗、蒸汽耗用系 2020 年 1－9 月数据；通威股份生产成本数据来源为 2020 年半年度报告；新特能源生产成本系根据 2020 年半年度报告披露的销售成本及产量计算得出。

同行业可比公司多数未披露平均生产成本或销售成本，公司生产成本与通威股份接近，远低于新特能源，且德国瓦克、韩国 OCI 等海外公司生产成本较高，因此生产成本在行业内处于前列。

单位产品硅耗是指生产单位高纯多晶硅产品所耗费的硅量，数值越小，说明工业硅粉中的硅使用率越高，单位产品的硅粉成本越低。同行业竞争对手均未披露单位产品硅耗。2020 年 1－9 月公司生产每千克多晶硅产品的工业硅粉单耗为 1.09kg/kg－Si，优于《中国光伏产业发展路线图（2019 年版）》中提到的 1.11kg/kg－Si 的行业平均水平，公司物料利用率较高，工业硅粉成本相对于同行业水平具有一定优势。

单位产品平均综合电耗是指生产单位多晶硅产品所耗用的全部电力，包括合成、电解制氢、精馏、还原、尾气回收和氢化等环节的电力消耗，数值越小，说明电力消耗越低。同行业竞争对手均未披露单位产品电耗。2020 年 1－9 月公司生产每千克多晶硅产品的综合电耗优于《中国光伏产业发展路线图（2019 年版）》中提到的 70kWh/kg 行业水平。此外，由于公司采取建设氯碱装置自制氯气的方式，而同行业公司多数对外采购液氯，因此，公司生产多晶硅的电耗较同行业可比公司增加了氯碱装置的电耗，如扣除氯碱装置的电耗，公司生产多晶硅的电耗将更加优于行业平均水平。

蒸汽耗量是指生产单位多晶硅产品所补充的蒸汽量，不考虑余热利用所产生的蒸汽，蒸汽的补充主要用于精馏、冷氢化等环节。受地域气候条件、能源价格及使用能源类别等因素影响，蒸汽消耗数据在不同企业间差别较大。同行业竞争对手均未披露单位产品蒸汽耗用。2020 年 1－9 月公司生产每千克多晶硅产品的蒸汽耗用为 21.92kg/kg－Si，优于《中国光伏产业发展路线图（2019 年版）》中提到的 28kg/kg－Si 行业水平，已达到预测 2025 年可达到的行业水平。

综上所述，公司单位产品生产成本、单位产品硅耗、电耗、蒸汽耗用等数据相对于主要竞争对手、行业平均水平具有一定优势。

（2）关于产品纯度

同行业竞争对手均未披露产品纯度。2017 年 11 月，国家质量监督检验检疫总局、国家标准化管理委员会发布了《太阳能级多晶硅》（GB/T25074－2017）国家标准，规定了太阳能级多晶硅特级品、1 级品、2 级品、3 级品的技术指标。公司产品各项技术指标与技术指标要求最高的特级品国家标准对比如表 21 所示。

表 21 公司产品各项技术指标与技术指标要求最高的特级品国家标准对比

项目	单位	太阳能级多晶硅国家标准（GB/T25074－2017－特级品）	公司数据
电阻率	Ω. cm	≥200	≥1500
硼含量	ppta	≤260	≤30

由表 21 可知，公司产品的电阻率、硼、磷、少子寿命及金属杂质含量等各项关键理化指标都优于太阳能级多晶硅特级品国家标准，公司产量纯度较高。

（3）关于单晶硅片用料占比

光伏电池包括单晶和多晶技术路线。对于硅片客户来讲，多晶硅可分为单晶硅片用料和多晶硅片用料两种，其中，单晶硅片用料指硅的纯度达到太阳能级标准，用于单晶硅拉制的原料；多晶硅片用料指硅的纯度达到太阳能级标准，用于多晶铸锭的原料。下游硅片客户要求单晶硅片用料的杂质含量更低，即只有高品质的多晶硅才能满足单晶硅片使用的要求。单晶技术路线目前已成为行业主流，因此，单晶硅片用料的产品比例是多晶硅品质的重要衡量标准之一。

根据中国有色金属工业协会硅业分会数据，全球主要多晶硅厂商产品中单晶硅片用料的比例如表 22 所示。

表 22　单晶硅片用料的比例

分类	企业名称	单晶硅片用料占比
中国主要多晶硅企业	通威股份	截至 2020 年 6 月末，单晶硅片用料占比 95% 以上
海外主要多晶硅企业	德国瓦克	95%
本公司		95.86%

注：公司单晶硅料用料占比系 2020 年 1－9 月销量中单晶硅片用料占比；通威股份单晶硅片用料占比数据来源为 2020 年半年度报告；其他同行业可比公司单晶硅片用料占比数据来源于 2020 年 7 月中国有色金属工业协会硅业分会副秘书长马海天《多晶硅市场发展情况》报告。

由表 22 可知，2020 年 1－9 月，公司单晶硅片用料的销量占比已达 95.86%，高于全球主要多晶硅厂商。

综上所述，公司单位产品生产成本、单位产品硅耗、电耗、蒸汽耗用等数据相对于主要竞争对手、行业平均水平具有一定优势；公司产品的电阻率、硼、磷、少子寿命及金属杂质含量等各项关键理化指标都优于太阳能级多晶硅特级品国家标准；公司单晶硅片用料的销量占比已达 95.86%，高于全球主要多晶硅厂商。因此，从生产成本、产品纯度等、单晶硅片用料占比等指标来看，发行人技术水平相较行业主要竞争对手具有一定优势。

案例 2：深圳清溢光电股份有限公司

2019 年 5 月 24 日，深圳清溢光电股份有限公司（以下简称清溢光电）科创板 IPO 获上交所受理，于 2019 年 10 月 23 日获得批准注册。

深圳清溢光电股份有限公司主要从事掩膜版的研发、设计、生产和销售业务，是国内成立最早、规模最大的掩膜版生产企业之一。公司产品主要应用于平板显示、半导体芯片、触控、电路板等行业，是下游行业产品制程中的关键工具。本次募集资金将重点投向平板显示掩膜版和半导体芯片掩膜版的生产和研发，扣除发行费用后，清溢光电将根据轻重缓急依次投入以下项目：合肥清溢光电有限公司 8.5 代及以下高精度掩膜版项目、合肥清溢光电有限公司掩膜版技术研发中心项目。

通过上交所于 2019 年 8 月 16 日下发的《关于深圳清溢光电股份有限公司首次公开发行股票并在科创板上市申请文件的审核问询函的回复》，我们可以看到关于核心技术与通用（共性）技术的相关回复。

在被问及核心技术与通用（共性）技术时，清溢光电通过表格列明了核心工艺技术的技术简介及其技术特点，并逐一说明了该项技术属于行业共性技术还是公司特有技术，表明公司通过自主研发形成多项技术成果。对于公司特有技术，清溢光电也通过表格说明了各项核心技术的独特性和突破点。

具体问询及回复内容如下：

问询：

招股说明书披露，发行人是国内技术实力最强的掩膜版企业，部分关键技术已经与国际竞争对手处于同一水平。

请发行人说明：截至 2019 年 5 月 22 日，发行人共拥有 21 项核心工艺技术，拥有 35 项专利和 26 项软件著作权，说明上述核心技术属于行业共性技术还是公司特有技术，若是特有技术，详细说明公司核心技术的独特性和突破点。

回复：

清溢光电关于核心技术与通用（共性）技术的上述问题回复如下：

经过二十多年的持续研发，公司积累的核心工艺技术及其技术特点具体情况如表 23 所示。

表23 公司积累的核心工艺技术及其技术特点

<table>
<tr><th>序号</th><th>核心技术</th><th>技术简介</th><th>技术类别</th><th>技术特点</th></tr>
<tr><td>1</td><td>3.5代Touch panel用大尺寸掩膜版制造技术</td><td>在800mm×960mm的尺寸范围，实现最小线/间宽8μm图形的精度与缺陷控制达到：线/间（CD）精度=±0.75μm；总长（TP）精度=±1.5μm；允许缺陷尺寸≤5.0μm。该技术属国内先进</td><td rowspan="4">产品技术</td><td rowspan="3">行业共性技术</td></tr>
<tr><td>2</td><td>液体感光性树脂凸版技术</td><td>印刷PI模厚偏差（固化后）：±30Å；印刷PI尺寸偏差（单边）：±0.1mm。该技术获得深圳市2003年科技进步三等奖</td></tr>
<tr><td>3</td><td>IC Bumping用掩膜版制造技术</td><td>在152.4mm×152.4mm的尺寸范围，实现最小线/间宽1.5μm图形的精度与缺陷控制达到：线/间（CD）精度=±0.1μm；总长（TP）精度=±0.2μm；允许缺陷尺寸≤2μm。该技术属国际先进</td></tr>
<tr><td>4</td><td>5代a-Si TFT-LCD用掩膜版制造技术</td><td>在520mm×800mm的尺寸范围，实现最小线/间宽2μm图形的精度与缺陷控制达到：线/间（CD）精度=±0.35μm；总长（TP）精度=±0.5μm；允许缺陷尺寸≤3.0μm。该技术属国内先进</td><td>公司特有技术</td></tr>
</table>

公司主要依靠自主研发，在生产实践中不断完善和提高工艺技术水平，解决了围绕产品技术参数要求及快速交付特点，在图形处理、显影蚀刻和清洗技术上进行了诸多技术研发并突破。通过掌握这些核心技术，公司成功开发出5-8代TFT-LCD用掩膜版和5-6代AMOLED用掩膜版并稳定供应市场，打破国际垄断，形成产品技术层面的公司特有技术。

同时，公司结合掩膜版生产流程工艺特点及设备需求开发出生产掩膜版配套设备的激光化学气相沉积（LCVD）修复技术、线/间宽（CD）精度测量技术、

Pellicle 贴膜技术，并将这些技术集成到自研发的工艺设备中，形成工艺设备技术层面的公司特有技术。

公司特有技术的独特性和突破点具体如表 24 所示。

表 24　公司特有技术的独特性和突破点

序号	核心技术	独特性和突破点
1	5 代 a－Si TFT－LCD 用掩膜版制造技术	独立自主研发的生产工艺流程，打破国际垄断。通过这项核心技术，公司掌握了 TFT－LCD 用掩膜版的生产工艺流程、工艺参数特点、定制产品的特征要求等
2	8.5 代及以下 TFT－LCD 用掩膜版制造技术	是全球掩膜版企业中唯一的能用德国海德堡光刻机 VPG 系列制作 8.5 代及以下 TFT－LCD 用掩膜版产品的企业
3	激光修补图形缺陷技术	自行掌握缺陷修补的工艺技术、激光控制技术、精密二轴双回路控制技术、操作软件等，矢量图像 Pattern copy 等，并将这些技术集成到自研发的工艺设备中

除上述外，公司正在从事 6 代 AMOLED/LTPS 用掩膜版制造技术的研发工作，该项技术为公司独立自主研发的生产工艺流程，该核心制造技术打破了国外长久以来垄断 6 代 AMOLED/LTPS 用掩膜版市场的局面，突破了 LTPS 掩膜版的最小线/间宽细、CD 精度高和位置精度高等技术难点，为下游面板厂商生产更高分辨率、更艳丽、更清晰的 AMOLED/LTPS 显示画质奠定技术基础。

（三）核心技术和专利的市场前景及不可替代性

关于核心技术和专利的市场前景及不可替代性，典型案例如下：

案例 1：格科微有限公司

2020 年 7 月 7 日格科微有限公司（以下简称格科微）科创板 IPO 获上交所受理，于 2021 年 6 月 16 日获得批准注册。

公司为全球领先的半导体和集成电路设计企业之一，主营业务为 CMOS 图像传感器和显示驱动芯片的研发、设计和销售，主要产品包括 CMOS 图像传感器和显示驱动芯片。本次首次公开发行股票所募集的资金扣除发行费用后将投资于以下项目：12英寸CIS集成电路特色工艺研发与产业化项目、CMOS图像传感器研发项目。

通过上交所2020年9月15日下发的《关于格科微有限公司（GalaxyCore Inc.）首次公开发行人民币普通股（A股）股票并在科创板上市申请文件的审核问询函的回复》，我们可以看到关于核心技术可替代性的相关回复。

在被问及核心技术可替代性时，格科微首先表明了公司重视专利的研发与保护，列明截至目前公司申请专利的具体状况，并强调了专利存在较高的技术壁垒，更新迭代风险及替代性的风险较低。并且公司阐明了专利较长的生命周期、持续的商业化能力与完善的专利保护制度，因此对风险的抵御能力也较强。

具体问询及回复内容如下：

问询：

根据申报材料，截至2020年3月31日，公司已获得的境内授权专利达到288项，境外授权专利12项，其中已获授权发明专利共150项，均为主营业务产品CMOS图像传感器及显示驱动芯片相关技术。

请发行人说明：若为工艺流程或是产品相关专利，需说明对应的工艺环节、使用该专利的产品收入及占比、主要客户、对应专利是否存在更新迭代风险及较高替代性。

回复：

格科微关于核心技术替代性的问题回复如下：

若为工艺流程或是产品相关专利，需说明对应的工艺环节、使用该专利的产品收入及占比、主要客户、对应专利是否存在更新迭代风险及较高替代。

（1）公司通过不断研发投入对专利进行更新迭代

随着终端用户需求的不断变化，市场对发行人产品性能的要求也在持续更迭，公司秉承以持续创新为核心驱动力的理念，不断开发新产品和新技术，提升现有产品的性能与品质，同时开发高像素产品并丰富产品梯次，进一步提升公司竞争力，因此公司自身的专利与技术长期处于不断更新迭代的状态。截至2020年3月31日，公司正在申请的境内、外专利分别231项、12项，其中境内发明专利210项，未来将实现公司专利体系的进一步丰富与升级。综上所述，发行人通过不断的研发投入，实现了自身专利及技术的持续更新迭代并保持了较强的市场竞争力，能够有效抵御因市场技术升级导致现有专利及技术面临淘汰的风险。

（2）公司现有专利具有较高的技术壁垒

公司通过近二十年的研发积累，目前已形成了覆盖范围全面、技术水平领先的专利与技术体系，并建立了较高的技术壁垒。

例如，在电路设计方面，公司的核心技术“高像素 CIS 的 3 层金属设计技术”与业内主流的 4 层以上金属架构设计相比，能够实现更紧凑的电路排布和更低的生产成本，但同时也对电路的设计带来更高的挑战。公司凭借在高难度电路设计上的丰富经验积累，在 3 层金属设计方面实现了技术突破，形成了实用新型专利 ZL201520110997.6（电流源及其阵列、读出电路及放大电路）和 ZL201820160839.5（背照式图像传感器），完成了 3 层金属电路排布的商业化落地，并因此在产品性价比上实现了较强的竞争优势及较高的技术壁垒。在工艺研发方面，公司具有“低噪声像素技术”“黑电平改善技术”“像素的光学性能提升技术”等一系列核心技术，并相应形成了 ZL201510296449.1（图像传感器及降低图像传感器噪声的方法）、ZL201310391338.X（背照式图像传感器及降低背照式图像传感器暗电流的方法）等多项专利授权，使公司的产品拥有优化的 Pixel 工艺创新，并能够以较少的光罩层数完成生产，从而在保障产品性能的同时大幅削减成本，在业内具有较强的技术先进性。

综上所述，发行人现有的技术及相关专利是多年来高度研发投入与深入钻研的成果，在工艺研发和电路设计方面具备一系列创新性解决方案，形成了独特的技术体系和较高的技术壁垒，从而保障相关专利面临的更新迭代风险及替代性风险较低。

（3）公司的专利具有较长的生命周期及持续的商业化能力

公司现有的专利体系能够在产品电路设计、工艺研发、生产等各个环节内提供技术保障，具有较强的通用性、较高的可迁移性和较长的生命周期，能够在既有产品及未来新产品设计、开发和优化的全生命周期中发挥作用，具备持续、稳定的产业化落地能力。例如，公司与核心技术“高像素 CIS 的 3 层金属设计技术”相关的实用新型专利 ZL201520110997.6 和 ZL201820160839.5 作为公司 CMOS 图像传感器金属架构设计技术的核心，多年来应用于多款产品的设计开发和优化环节，先后为多型号产品的研发做出了突出贡献，有效推动了公司一系列 CMOS 图像传感器的问世。未来，上述专利与技术仍将应用于更高阶的新产品开发中，为公司的持续经营能力提供保障。

公司的专利技术在产品的升级与迭代过程中保持了较高的应用价值，且其中大部分专利技术仍将在新产品的开发中发挥至关重要的作用。因此，发行人的专利技术应用范围较广、生命周期较长，能够在一定程度上抵御技术革新及替代风险。

（4）公司建立了完善的专利保护制度

公司高度重视对核心技术的保护，针对商业保密及专利保护工作制定了严格的制度，能够有效防范因专利技术泄露导致权利被侵害或替代的风险。同时，公司与高级管理人员、核心技术人员签订保密协议、竞业限制协议等，从而确保核心技术及专利的保密性，并降低专利的替代风险。

案例2：广东华特气体股份有限公司

2019年4月12日广东华特气体股份有限公司（以下简称华特股份）科创板IPO获上交所受理，于2019年11月27日获得批准注册。

华特股份是一家致力于特种气体国产化，并率先打破极大规模集成电路、新型显示面板等尖端领域气体材料进口制约的民族气体厂商，主营业务以特种气体的研发、生产及销售为核心，辅以普通工业气体和相关气体设备与工程业务，提供气体一站式综合应用解决方案。华特股份本次公开发行股票募集资金扣除发行费用的净额，按轻重缓急顺序投资于以下项目：气体中心建设及仓储经营项目、电子气体生产纯化及工业气体充装项目、智能化运营项目。

通过上交所2019年9月29日下发的《关于广东华特气体股份有限公司首次公开发行股票并在科创板上市申请文件的第三轮审核问询函的回复报告》，我们可以看到关于核心技术是否存在门槛降低风险的相关回复。

在被问及核心技术是否存在门槛降低风险时，华特股份通过具体阐释气体纯化、气体混配、气体处理、气体分析检测各环节的技术要求与研发特性，说明行业经验与技术积累起到的重要作用，技术突破难度较大。此外，华特股份还通过技术壁垒、客户壁垒、资质壁垒三方面具体说明了不存在门槛降低、壁垒消除的风险。由于特种气体涉及的技术对行业积累的要求较高，技术突破难度较大，因此存在技术壁垒；由于电子产业对气体产品的严格审核与不断强化的客户黏性，因此存在客户壁垒；由于特种气体是危险化学品的特殊属性，所需具备的资质要求较高，因此资质壁垒也将长期维持。

具体问询及回复内容如下：

问询：

根据相关材料，2016 年、2017 年和 2018 年，公司的特种气体收入占主营业务收入的比例分别为 53.58%、47.18% 和 48.10%，是公司的核心业务。发行人掌握了特种气体从生产制备、存储、检测到应用服务全流程涉及的关键性技术，包括气体合成、纯化、混配（如为混合气）、气瓶处理、分析检测以及供气系统的设计/安装。其中，气体纯化、混配、气瓶处理和分析检测技术已经成为公司的核心技术，在业内处于领先地位。

根据二轮回复，公司是中国特种气体国产化的先行者，实现近 20 个产品的进口替代，并对国内 8 寸以上集成电路企业的客户覆盖率超过 80%。根据招股说明书，特种气体应用领域除电子产业外，还应用于医疗、测量、食品等领域。

请发行人：说明上述核心技术是否均为自主研发，技术突破难度，是否存在进入门槛降低、壁垒消除、市场份额被取代的风险，风险提示是否充分。

回复：

华特股份关于核心技术门槛的问题回复如下：

1. 说明上述核心技术是否均为自主研发

公司所掌握的气体纯化、气体混配、气瓶处理、气体分析检测等核心技术均为自主研发。

2. 说明上述核心技术的技术突破难度

气体纯化通常需要通过低温精馏、闪蒸、分子筛吸附、化学吸附等工艺将气体粗原料纯化至 5N（99.999%）、6N（99.9999%）乃至 7N（99.99999%）的纯度，并根据客户需求的不同对 CO_2、水、颗粒物、THC（总碳）等杂质组分有效识别，从而进行针对性去除，并且对于集成电路等前沿领域，在纯度、杂质含量满足需求的同时还对参数的一致性（稳定性）有极高要求。深度纯化对吸附剂的针对性选择、吸附剂的组合、精馏塔压力、温度、流速等参数的控制需要扎实的理论功底和长期的摸索实践，需要大量的数据积累，技术突破难度较大。

气体混配通常需要在 ppm（10 –6）乃至 ppb（10 –9）级浓度下进行多组分气体的精确配置，在控制误差为相应浓度下不超过 ±2% 乃至更低的情况下使各组分均匀混合，且配制完成的气体需要能在一定时间内保持稳定，1 年甚至 2 年内量值变化不超过1%，高精度、低误差、高稳定度的要求使得在整个配置过程杂质混入、组分计量、压力、温度等的控制上均较为精细，需要具备扎实的理论基础和深厚的实践经验，技术突破难度较大。

气瓶处理包括对气瓶及内壁表面的处理，涉及内壁研磨、去离子水清洗、内壁涂层、钝化、抽真空等多项工艺，而对于不同的特种气体，采取的工艺组合及每项工艺涉及的具体处理均有所区别。具体而言，内壁研磨的难点在于针对性的磨料配方及磨料的选取、研磨顺序及特定研磨时间的控制；内壁涂层需根据载气的不同选择恰当的涂层物，并通过温度、压力、流量、涂层时间的控制确保涂层粘合度、厚度、均匀度；钝化根据载气的不同，对于充入气体的浓度、压力、反应时间控制均有所区别；抽真空包括氦置换、加热的组合处理，其难度在于压力、温度的控制。同时，由于特种气体的产品种类众多，相对全面的气瓶处理技术依赖于扎实的金属表面处理、电化学等理论基础，长期的行业探索和经验积累，技术突破难度较大。

气体分析检测的前提是方法的建立，每一种特种气体、每一种杂质的检测方法均不相同，且由于生产、存储等环节的影响因素复杂，对于气体可能含有的杂质组分、可能的浓度区间亦难以判断，也就难以建立针对性的检测方法。上述问题的解决依赖于对气体性质、杂质性质、生产过程等的深刻理解，需要深厚的仪器仪表知识、光电理论基础，并需要通过长期的行业探索进行积累。因此，气体分析检测技术，尤其是如果要同时具备多种的特种气体分析检测技术，其技术突破难度较大。

综上，公司的核心技术需要长期的行业积累，技术突破难度较大。

3. 是否存在进入门槛降低、壁垒消除、市场份额被取代的风险，风险提示是否充分

不存在进入门槛降低、壁垒消除的风险。技术壁垒方面，特种气体涉及的纯化、混配、气瓶处理、分析检测等多项技术均需要长期的行业积累，技术突破难度较大。同时，随着下游集成电路等产业的发展，对气体纯度、净度、精度等要求将不断提高，新产品需求亦不断产生，要求行业内公司进行持续的技术研发，技术壁垒将长期维持。

客户壁垒方面，随着下游产业，尤其是电子产业对气体产品要求的不断提高，其审核认证过程仍将保持审慎、严格，较长的客户认证周期持续存在，且随

着现有气体供应商与客户合作关系不断深入，客户黏性亦不断强化，客户壁垒将长期维持。营销网络与服务壁垒方面，营销网络的建设、产品种类的丰富度、配套服务的完善性、配送的高效性等均需要企业具备深厚的行业沉淀以及深刻的行业理解，营销网络与服务壁垒将长期维持。

资质壁垒方面，特种气体作为危险化学品，对其生产、存储、销售等环节的监管日趋完善，《安全生产许可证》《危险化学品经营许可证》等资质的取得仍需通过严格的审核，资质壁垒将长期维持。

综上，公司所处行业不存在门槛降低、壁垒消除的风险。

案例 3：聚辰半导体股份有限公司

2019 年 4 月 2 日聚辰半导体股份有限公司（以下简称聚辰股份）科创板 IPO 获上交所受理，于 2019 年 11 月 15 日获得批准注册。

聚辰股份为集成电路设计企业，主营业务为集成电路产品的研发设计和销售，并提供应用解决方案和技术支持服务。本次募集资金在扣除发行费用后拟投资于以下项目：以 EEPROM 为主体的非易失性存储器技术开发及产业化项目、混合信号类芯片产品技术升级和产业化项目和研发中心建设项目。

通过上交所 2019 年 5 月 6 日下发的《关于聚辰半导体股份有限公司首次公开发行股票并在科创板上市申请文件审核问询函的回复》，我们可以看到关于核心技术市场前景与可替代性的相关回复。

在被问及核心技术市场前景与可替代性时，聚辰股份详细介绍了各核心技术的具体内容与相关专利，阐释了核心技术的改进方面，说明了其运用的领域与广阔的市场前景。对于核心技术的可替代性，聚辰股份首先阐明各公司设计理念与实现方法存在差异，表示技术间不存在明显的替代关系。并且说明了核心技术存在较高的技术壁垒，从而说明新技术直接替代现有技术的可能性较低。

具体问询及回复内容如下：

问询：

截至 2018 年年末，发行人在中国已取得专利证书的专利共 42 项，在美国已取得专利证书的发明专利共 5 项，拥有 44 项集成电路布图设计登记证书。其中，发行人部分专利是通过继受方式取得。

请发行人披露：核心技术和专利的市场前景以及是否存在较高替代性，结合发行人产品竞争格局和发行人行业地位关注竞争对手的披露是否全面、是否具有可比性。

回复：

聚辰股份关于核心技术替代性的问题回复如下：

发行人高度重视技术创新，通过自主研发掌握了多项与主营业务相关的核心技术，并已建立了灵活高效的技术创新机制，始终保持对市场的高度敏感性，快速响应下游市场需求变化和上游工艺水平提升，对现有技术不断优化与突破的同时也结合技术发展趋势进行前瞻性的技术储备，持续提升核心技术的先进性水平与产品的市场竞争力。

1. 核心技术的市场前景

（1）EEPROM相关核心技术和专利

公司通过持续的自主创新和技术研发，在EEPROM芯片领域积累了多项具备自主知识产权的核心技术，大幅提升了产品可靠性和产品性能。同时，基于较强的技术实力和创新意识，公司能够积极顺应市场工艺水平的提升，抢先进行技术升级和设计改进，持续优化芯片面积，显著降低芯片成本，持续抢占高性价比新产品的先发优势，极大地提升了公司产品的市场竞争力、保障了公司的盈利能力。

发行人在EEPROM领域通过自主研发形成的核心技术包括高能效电荷泵设计方法、在线纠错技术、编程/擦除电压斜率控制技术、基于新一代EEPROM存储单元的EEPROM设计技术、多路复用的Y译码驱动电路、读写通路复用的Y译码驱动电路、无字节选择管EEPROM阵列、高精度温度传感器等8项自主研发的技术，并基于上述核心技术申请了适合低电压操作的电荷泵电路（专利号：2015102854612）、适合低电压操作的简单电荷泵电路（专利号：2015102854627）、CHARGE PUMP CIRCUIT SUITABLE FOR LOW VOLTAGE OPERATION（专利号：US9，509，213B1）、存储器及其操作方法（专利号：2011102115519）、MEMORY ARRAY AND METHOD OF OPERATING THE SAME（专利号：US8，482，980B2）等专利。

发行人所掌握的高能效电荷泵设计方法以及基于新一代EEPROM存储单元的EEPROM设计技术，可以广泛应用于全系列EEPROM产品，使产品在高性能、高可靠性、低功耗、高性价比等维度实现整体的优化与提升，持续保持产品的市场竞争力。发行人借助高能效电荷泵设计方法，通过创新的技术实现方式有效解决了供电电压降低引起电荷泵能力不足的问题，使 EEPROM 产品可以更加广泛地应用于智能手机、蓝牙、可穿戴设备等低电压操作领域。发行人是国内最先基于更小存储单元（$1.01\mu m^2$）进行产品开发的 EEPROM 供应商之一，结合多年来的 EEPROM 设计经验和技术，发行人前瞻性地自主研发了基于新一代 EEPROM 存储单元的设计技术，出色地解决了存储单元尺寸缩小所带来的设计难题，在 2018 年成功实现了该工艺下 128Kbit 容量产品的量产，并将持续对此新一代 EEPROM 存储单元进行二次开发和优化，巩固技术的领先优势，提升新一代产品的竞争力。

发行人借助编程/擦除电压斜率控制技术，全面提升了各系列 EEPROM 产品的可靠性；借助在线纠错技术将 EEPROM 产品的耐擦写次数从 100 万次水平大幅提升到 400 万次以上，并在高温可靠性方面实现了技术突破，缩小了与国际领先厂商的技术差距，提升了高可靠性大容量 EEPROM 的市场竞争力，为发行人进一步提升在汽车电子等高技术壁垒领域的市场竞争力提供了坚实的技术基础。

发行人借助多路复用的 Y 译码驱动电路、读写通路复用的 Y 译码驱动电路以及无字节选择管 EEPROM 阵列技术，对芯片结构进行了突破性的创新，显著减小了 EEPROM 的芯片面积，降低了芯片的生产成本，提升了产品的性价比和市场竞争力。

发行人借助高精度温度传感器技术，成功克服了在 EEPROM 工艺上进行高精度模拟电路开发的技术难点，完成了集成温度传感器的 SPD EEPROM 产品的开发，其中温度传感器的精度远高于 DDR5 DIMM 应用的精度要求，提升了现有内存条模组用 EEPROM 产品的市场竞争力，并且前瞻性地顺应下游内存条技术向 DDR5 升级换代的趋势实现了 DDR5 EEPROM 的技术储备。

（2）音圈马达驱动芯片相关核心技术和专利

发行人在音圈马达驱动芯片领域通过自主研发形成的核心技术包括马达快速稳定算法、音圈马达驱动 PWM 调制方式、音圈马达驱动芯片与 EEPROM 二合一技术、带阻尼系数马达快速稳定算法、音圈马达参数自检测、失调电流自校准、高电压抑制比、低温漂 CMOS 带隙基准源等 8 项自主研发的技术，并基于上述核心技术申请了音圈马达驱动器中的自校准缓冲放大器及电阻修整网路（专利号：2013101520418）、高时钟周期容错率的整形信号控制方法（专利号：2015100402822）、相机音圈马达执行器的整形信号控制方法（专利号：2016101825585）、APPARATUS AND METHOD FOR DRIVING A VOICE COIL MOTOR OF A CAMERA LENS（专利号：US9，049，366B2）、适合低电压操作的简单电荷泵电路（专利号：2015102854612）等专利。

发行人借助马达快速稳定算法、带阻尼系数马达快速稳定算法、音圈马达参数自检测和高电压抑制比、低温漂 CMOS 带隙基准源技术，显著减小了音圈马达的稳定时间，大幅提升了音圈马达的稳定效果，从而在用户端更好地实现了智能手机摄像头模组的快速聚焦功能。发行人借助音圈马达驱动芯片与 EEPROM 二合一技术，成功克服了 EEPROM 与高精度模拟电路开发的双重技术难点，在同一个工艺上成功实现了音圈马达驱动芯片和 EEPROM 二合一产品的开发，产品既保留了 EEPROM 的数据高可靠性性能，又兼备音圈马达驱动芯片的高精度、快速聚焦的特性，同时大大减小了两颗独立芯片在摄像头模组中占用的面积，为摄像头模组的小型化提供了有力的支持。

发行人借助音圈马达驱动 PWM 调制方式技术，显著降低了音圈马达驱动芯片驱动摄像头时 50% -70% 的功耗，提升了产品在低功耗层面的市场竞争力。

发行人通过失调电流自校准技术，大大减小了客户端对芯片的测试时间，降低了芯片的测试成本，提升了产品的市场竞争力。

发行人基于上述核心技术，在音圈马达驱动芯片领域已形成较为丰富的技术储备，为发行人进一步拓展闭环音圈马达驱动芯片以及光学防抖（OIS）音圈马达驱动芯片产品提供了坚实的技术基础。此外，发行人所掌握的高电压抑制比、低温漂 CMOS 带隙基准源技术，对模拟系统中的基础模块实现了技术突破，降低了电压和温度变化对芯片的影响，进一步减小了芯片面积，为 EEPROM、音圈马达驱动芯片、智能卡芯片各类产品线的后续研发提供了强有力的技术支撑。

（3）智能卡芯片相关核心技术和专利

发行人在智能卡芯片领域通过自主研发形成的核心技术包括基于 ISO/IEC14443 通信协议的智能卡芯片设计技术、基于 ISO/IEC15693 无线通讯协议标准的智能卡芯片设计技术、双界面 CPU 卡芯片 DES/3DES/SMS4 算法安全防护技术、双界面 CPU 卡芯片 RSA/ECC 算法加速技术、双界面 CPU 卡芯片主动防御屏蔽层技术、非接触 CPU 卡芯片低功耗技术等 6 项自主研发的技术，并基于上述核心技术申请了射频识别系统的保护方法（专利号：2013100114309）、具有加密保护的近场通信标签及适用的近场通信控制系统（专利号：2014207556786）、交流信号放大电路（专利号：2014202451025）、一种射频识别读卡器芯片（专利号：2013208787251）、低功耗可调倍频器（专利号：2014108126169）、可循环迭代抗侧信道攻击的 DES 系统及实现可重映射 SBOX 方法（专利号：2015100403238）、一种高效的公钥加密引擎（专利号：201510040249X）、一种可重构的主动金属防御层的系统设计方法（专利号：201510040369X）等专利。

发行人借助 ISO/IEC 14443 通信协议的智能卡芯片设计技术，提升了基于该通信协议的非接触式逻辑卡芯片和 RFID 芯片等产品的数据保存时间、可靠性、工作距离、兼容性、数据传输效率及准确性等产品性能，持续满足了下游应用领域市场的发展需求，并作为 NFC 标签等新型智能卡芯片的基础技术，可以在 wifi、蓝牙配对、应用场景设置等领域得到进一步应用。

发行人借助 ISO/IEC 15693 无线通讯协议标准的智能卡芯片设计技术，在基于该通信协议的非接触式逻辑卡芯片和 RFID 芯片上实现了功耗低、可靠性高、工作距离远等产品性能，提升了产品的市场竞争力，该技术也为募投项目中新一代 RFID 标签芯片等产品的研发提供了技术基础，并将伴随物联网的发展更为广泛地应用于智能家居、商品溯源与管理等领域。

发行人借助双界面 CPU 卡芯片 DES/3DES/SMS4 算法安全防护技术、双界面 CPU 卡芯片 RSA/ECC 算法加速技术、双界面 CPU 卡芯片主动防御屏蔽层技术，提升了双界面 CPU 卡产品的数据安全性，在信息安全需求持续提升的发展趋势下，满足了下游金融 IC 卡、社保卡、居民健康卡等高安全性应用领域的市场需求。

在逻辑加密卡算法被攻破、非接触 CPU 卡以更高安全性逐步实现对传统逻辑卡替代的发展趋势下，发行人借助非接触 CPU 卡芯片低功耗技术，大幅降低了非接触 CPU 卡芯片的功耗，使非接触 CPU 卡芯片产品在读写距离和交易时间方面基本实现与传统逻辑加密卡等效，在小额支付、电子消费、城市公交、校园卡等领域具有较为广泛的应用前景。

（4）其他核心技术和专利

发行人在运算放大器领域通过自主研发形成的核心技术包括 CMOS 低噪声放大器设计方法、CMOS 低失调放大器设计方法、CMOS 放大器超低功耗设计方法、CMOS 高带宽放大器设计方法 4 项自主研发的技术，并基于上述核心技术申请了一种用于放大器失调电压修调的低温漂修调电路（专利号：2013102384891）、一种轨到轨运算放大器（专利号：2015101489310）、高增益高速轨对轨输入和输出运算放大器及偏置电路（专利号：2010202889559）、一种高增益静态电流精确控制的 AB 类运算放大器（专利号：2010202966606）、高增益高电源抑制比 AB 类运算放大器（专利号：201220099751X）、零漂移运算放大器测试电路（专利号：2013204773866）、宽摆幅轨到轨运算放大器（专利号：2015201902811）等专利。

运算放大器为模拟和混合信号的重要单元，发行人所掌握的上述核心技术正在并将继续使用在公司各个模拟和混合信号系统中，为其他现有产品以及后续新产品的研发提供技术支撑。发行人所掌握的 CMOS 低噪声放大器设计方法，能够显著优化运算放大器的低噪声性能，可运用于音圈马达驱动芯片和音频功放芯片领域；发行人掌握的 CMOS 低失调放大器设计方法，能够显著优化运算放大器的低失调、高精度性能，可运用于闭环音圈马达驱动芯片、光学防抖（OIS）音圈马达驱动芯片、音频功放芯片、温度传感器等领域；发行人所掌握的 CMOS 放大器超低功耗设计方法，成功实现运算放大器的超低功耗性能，可运用于智能卡芯片领域；发行人所掌握的 CMOS 高带宽放大器设计方法，能够显著提升运算放大器的带宽功耗比，可运用于音频功放芯片、电机驱动芯片领域。

2. 核心技术的替代性

公司的核心技术与专利是公司多年产品研发形成的技术积淀，是公司主要产品线的技术基础，公司的产品线基于核心技术和专利进行不断完善和优化。虽然不同公司的技术会有相似之处，但各个公司的设计理念和实现方法均有所差异，技术间不存在明显的替代关系。此外，公司亦已形成读写通路复用的 Y 译码驱动电路、基于新一代 EEPROM 存储单元的 EEPROM 设计技术、带阻尼系数马达快速稳定算法、音圈马达参数自检测等行业内创新型的高壁垒技术，进一步降低了核心技术的替代风险。公司借助核心技术和专利的运用，在产品上实现了更优的性能、更好的功能或更高的性价比，产品所保持的市场竞争力和客户认可度证明了公司的核心技术和专利具有较好的商业应用以及较高的技术壁垒。虽然随着工艺水平的进步，会不断有新的技术涌现，但此类新技术更多的是基于公司的核心技术和专利进行延伸，对现有技术进行直接替代的可能性较低。

（四）核心技术独立性

关于核心技术独立性，典型案例如下：

案例 1：新疆大全新能源股份有限公司

关于新疆大全的基本信息请参见关于核心技术与通用（共性）技术的案例 1，此处不做赘述。

通过上交所于 2020 年 11 月 26 日下发的《关于新疆大全新能源股份有限公司首次公开发行股票并在科创板上市申请文件的审核问询函的回复》，我们可以看到关于是否具有独立研发能力的相关回复。

在被问及核心技术独立性时，新疆大全首先阐明了其核心技术是在行业通用技术路线基础上进行自主研发创新而成的，并说明了截至目前公司所申请专利的基本情况。列举公司获得的多项荣誉也能一定程度体现公司较为先进的技术水平。此外，新疆大全还对公司的研发技术团队予以简要介绍，说明了公司具有研发能力。虽然部分技术的来源为外部引进或合作研发，但公司对引入技术吸收改进后已形成自有技术且对外部不存在依赖。这也充分说明了公司核心技术具有独立性。

具体问询及回复内容如下：

问询：

请发行人披露：核心技术应用的具体生产环节及其与专利的对应关系。

请发行人说明：说明发行人是否掌握关键核心技术，是否具有独立研发能力，是否对第三方技术存在依赖。

回复：

新疆大全关于是否具有独立研发能力的回复如下：

1. 发行人核心技术是在行业通用技术路线基础上进行的自主研发和技术创新

目前，发行人所处的高纯多晶硅领域基本上采用相同的技术路线，即改良西门子法加冷氢化工艺。发行人在采用行业主流技术路线的基础上，基于行业技术发展趋势及对多晶硅生产过程的理解，持续进行技术和工艺的创新和积淀，形成了发行人特有的核心技术，并构筑了较高的技术壁垒。发行人主要核心技术已获得相应的知识产权。截至本回复签署日，公司拥有 135 项专利，其中境内专利为 134 项；发明专利 28 项，其中境内发明专利为 27 项。知识产权较好地保护了发行人基于行业通用技术路线形成的核心技术，为发行人使用自主研发的核心技术进行经营创造了基础。此外，公司是国家级高新技术企业，是国家发改委等部门认定的“国家企业技术中心”，拥有国家发改委认定的“光伏硅材料开发技术国家地方联合工程实验室”，是工信部等部门认定的“智能光伏试点示范企业”、“2019年国家技术创新示范企业”、符合《光伏制造行业规范条件》企业，入选工信部“第一批绿色制造示范”名单。基于公司的技术优势，公司产品形成了高质量、低能耗、低成本等优势，目前单晶硅片用料产量占比已达到95%左右，处于国内先进水平。

发行人掌握的关键核心技术、核心技术的创新及主要技术指标与竞争对手的对比请参见本回复报告问题中“……改良西门子法加冷氢化工艺等核心技术是否为行业通用技术，结合生产成本、产品纯度等指标进一步说明发行人技术水平相较行业主要竞争对手是否具有优势”部分内容。

2. 发行人具有独立研发能力，持续对外部引进及共同研发的技术进行技术创新，对第三方技术不存在依赖

公司组建和培养了实力雄厚的研发技术团队，具有独立的研发能力。截至2020年9月30日，公司参与研发活动的人员主要包括技术部人员和其他部门兼职参与研发活动的技术人员，其中公司技术部人员共有9人，设备部、质量部、安环部、信息部、施工部、生产部及各生产车间等参与研发的员工人数合计417人，参与研发活动的人员占比较高。公司拥有5名核心技术人员，且核心技术人员均在公司就职多年，拥有深厚的行业背景和研发、生产实践经验。

公司自外部引进精馏耦合技术、四氯化硅综合利用技术及高沸物回收及转化技术，上述技术均为公司核心技术之一。公司在引进、吸收上述技术后，在后续生产、研发过程中对其进行持续改进和创新，形成了自有知识产权的核心技术，对第三方技术不存在依赖，具体请参见“发行人部分核心技术引进的技术来源，对引进技术进行优化创新的具体内容，就技术引进与授权方的权利义务约定，是否存在纠纷或潜在纠纷”的有关内容。

公司开展了与高校、科研院所的研发合作，主要是为了解科学前沿动向，加快研发速度，借助高校深厚的知识积淀、人才优势和设备优势。在合作研发中，公司一般担任研发项目的负责方，提供主要的思路、设计理论、过程控制等，因此公司对第三方科研机构不存在依赖。

综上所述，发行人已掌握关键核心技术，具有独立研发能力，对第三方技术不存在依赖。

案例 2：盛美半导体设备（上海）股份有限公司

2020 年 6 月 1 日盛美半导体设备（上海）股份有限公司（以下简称盛美半导体）科创板 IPO 获上交所受理，于 2019 年 11 月 15 日获得批准注册。

盛美半导体主要从事半导体专用设备的研发、生产和销售，主要产品包括半导体清洗设备、半导体电镀设备和先进封装湿法设备等。目前，公司产品主要应用于集成电路行业，包括半导体清洗设备、半导体电镀设备、先进封装湿法设备等。本次首次公开发行股票所募集的资金扣除发行费用后将投资于以下项目，具体情况如下：盛美半导体设备研发与制造中心、盛美半导体高端半导体设备研发项目和补充流动资金。

通过上交所于 2020 年 8 月 14 日下发的《关于盛美半导体设备（上海）股份有限公司首次公开发行股票并在科创板上市申请文件的审核问询函的回复》，我们可以看到关于授权专利与公司核心技术关系的相关回复。

在被问及授权专利与公司核心技术的关系时，盛美半导体客观陈述了受让专利在业务初期发挥的重要作用，但具体阐明了公司在授权专利的基础上进行研发改进，目前已形成独立的核心技术，对先前的授权专利已不存在重大依赖。

具体问询及回复内容如下：

问询：

请发行人说明：美国 ACMR 授权发行人使用的上述专利在发行人生产经营的作用，是否涉及发行人的核心技术，相关专利授权使用是否存在纠纷或潜在纠纷，视情况就发行人部分专利来自控股股东的授权使用进行风险揭示。

回复：

盛美半导体关于授权专利与公司核心技术关系的回复如下：

1. 发行人当前主要的核心技术和专利最初源于该等授权专利技术

2005 年 5 月，美国 ACMR 在上海投资设立了发行人的前身盛美有限，并将其拥有的半导体专用设备相关专利的独家使用权授予盛美有限。

发行人在美国 ACMR 授权使用的专利技术基础上，进行了十多年持续的技术开发、升级和迭代，并在工艺方法和各种装置上做了软硬件升级和应用拓展，以满足新的工艺、技术发展趋势。发行人在此基础上，申请了一系列归属于发行人自身的技术专利，形成了当前发行人的核心技术、专利和产品。因此，发行人当前主要的核心技术和专利最初源于该等授权专利技术，该等授权专利技术在发行人业务发展初期曾发挥了关键的作用。

2. 发行人已形成独立的核心技术体系及丰富的产品线，该等授权使用专利技术当前已不具有重要性

公司在上述授权专利技术的基础上，经过十多年持续的技术开发、升级和创新、拓展，坚持差异化竞争和创新的发展战略，取得了拥有自主知识产权的单片兆声波清洗技术、单片槽式组合清洗技术、电镀技术、无应力抛光技术和立式炉管技术及其专利，先后开发了单片清洗、槽式清洗以及单片槽式组合清洗等清洗设备，用于芯片制造的前道铜互连电镀设备、后道先进封装电镀设备，以及用于先进封装的湿法刻蚀设备、涂胶设备、显影设备、去胶设备、无应力抛光设备及立式炉管系列设备等。

综上所述，发行人已形成了独立的核心技术、专利及丰富的产品线。而该等授权专利大多申请于近二十年前，在技术日新月异的半导体行业，上述授权专利由于技术升级迭代、已被新专利替代等原因，对发行人当前的生产经营已不具有重要性。

案例 3：四方光电股份有限公司

2020 年 4 月 29 日四方光电股份有限公司（以下简称四方光电）科创板 IPO 获上交所受理，于 2021 年 1 月 5 日获得批准注册。

四方光电是一家专业从事气体传感器、气体分析仪器研发、生产和销售的高新技术企业，主要产品包括气体传感器、气体分析仪器等。四方光电本次发行新股的募集资金扣除发行费用后将全部用于以下与公司主营业务相关的项目：气体传感器与气体分析仪器产线建设项目、新建年产 300 万支超声波气体传感器与 100 万支配套仪器仪表生产项目等。

通过上交所于 2020 年 7 月 21 日下发的《关于四方光电股份有限公司首次公开发行股票并在科创板上市申请文件的审核问询函的回复》，我们可以看到关于合作研发、受让专利是否具备研发能力的相关回复。

在被问及合作研发、受让专利是否具备研发能力时，四方光电阐释了合作研发的相关专利具体情况，以表格的形式列举了合作方、对公司重要性与研发协议的主要条

款等重要内容，充分披露了合作研发协议中对知识产权及相关权益的权利义务安排。并且说明了截至本回复出具日，合作研发相关专利不存在纠纷、争议或诉讼的情况。

关于技术依赖的问题，四方光电也以表格的形式充分披露了受让取得发明专利、共有发明专利的关联方与专利内容，针对各项受让、共有专利都详尽介绍了不存在技术依赖的具体情况。并且阐释公司已掌握了上述技术，拥有独立研发能力。

具体问询及回复内容如下：

问询：

招股说明书披露，发行人及其子公司拥有 96 项境内专利权及 2 项境外专利权。发行人部分专利为受让取得，并有 9 项专利系与他人共有。招股说明书对发行人承担重要科研项目的披露较为简单。

请发行人说明：合作研发及委托研发的相关专利对发行人的重要性，研发协议的主要条款，对知识产权及相关权益的权利义务安排是否清晰，是否存在纠纷或潜在纠纷；结合专利受让取得、共有情况及委托研发情况，说明发行人是否具备独立研发能力。

回复：

四方光电关于合作研发、受让专利是否具备研发能力的回复如下：

1. 合作研发及委托研发的相关专利对发行人的重要性，研发协议的主要条款，对知识产权及相关权益的权利义务安排是否清晰，是否存在纠纷或潜在纠纷

（1） 合作研发

发行人合作研发的相关专利具体情况如表 25 所示。

表 25　发行人合作研发的相关专利具体情况

专利号	专利名称	合作方	对发行人的重要性	研发协议的主要条款
ZL201410311676.2	一种石英玻璃毛细管内壁镀金的方法	华中师范大学；四方光电	激光拉曼气体分析仪可使用此技术	①甲方（四方光电）单独负责拉曼项目产业化，项目周期内产生的核心技术、关键部件、工程工艺、软件、应用方法等应用于目标科学仪器设备的系统集成、成果转化和产业化取得的收益或亏损由甲方享有或承担。

续表

专利号	专利名称	合作方	对发行人的重要性	研发协议的主要条款
				②合作产生的知识产权所有权归双方共同享有，在本项目约定范围内使用产生的收益归各自所有；双方可各自使用于本项目外的产业化项目且各自形成的产业化收益归各自所有。 ③未经双方同意，不得许可、转让给第三方。经双方同意许可、转让的，所取得的收益由双方按照甲方50%、乙方50%等额分享。 ④利用该项研究成果进行后续改进，由此产生的具有实质性或创造性技术进步特征的新的技术成果及其权利归双方各自所有
ZL201811032191.4	一种气体流量计、MEMS硅基温敏芯片及其制备方法	四方光电，中国科学院微电子所	用于微流红外传感器及分析仪	①双方合作开发高精度、低量程在线红外烟气分析仪，合作产生的知识产权所有权归双方共同享有，在本项目约定范围内使用产生的收益归各自所有；双方可各自使用于本项目外的产业化项目且各自形成的产业化收益归各自所有。 ②未经双方同意，不得许可、转让给第三方。经双方同意许可、转让的，所取得的收益由双方按照甲方50%、乙方50%等额分享。 ③在完成合同约定的研究开发工作后，利用该项研究成果进行后续改进，由此产生的具有实质性或创造性技术进步特征的新的技术成果及其权利归双方各自所有

（2）委托研发

截至本回复出具日，发行人无委托研发产生相关专利。

（3）合作研发相关专利的纠纷情况

截至本回复出具日，发行人合作研发相关专利不存在纠纷、争议或诉讼情况。

2. 结合专利受让取得、共有情况及委托研发情况，说明发行人是否具备独立研发能力

发行人受让取得发明专利、共有发明专利的具体情况如表 26 所示。

表 26　发行人受让取得发明专利、共有发明专利的具体情况

分类		专利内容	不存在技术依赖的具体情况
出让方	武汉三众和光电科技有限公司	一种激光粉尘传感器的粉尘浓度测量系统及其测量方法； 一种光学粉尘传感器	发行人在激光粉尘传感器领域具有深厚的技术底蕴，激光粉尘传感器产品不依赖单项专利，且对专利的后续升级改造不依赖于武汉三众和光电科技有限公司
	武汉科技大学	双电池电流型氮氧化物传感器芯片及制备方法； 一种氮氧化物传感器芯片及其制备方法； 一种外加热片式氧传感器芯片结构； 一种片式宽域汽车氧传感器芯片结构	发行人已掌握前述技术，且本项产品并未实际投产，不是发行人主营业务产品
共有方	华中科技大学	一种去除拉曼光谱散射背景噪声的系统； 一种自由空间气体拉曼散射收集装置； 一种降低气体拉曼光谱荧光背景的装置及其方法	共有专利主要与光路设计有关，即如何去除或降低背景噪声、提高散射光的收集率。发行人已掌握上述技术，对专利的后续升级改造不依赖于共有方华中科技大学
	华中师范大学	一种石英毛细内壁镀银的方法；一种石英玻璃毛细管内壁镀金的方法	共有专利目前在发行人激光拉曼光谱分析仪上的现实运用较少，且主要针对局部结构设计，发行人容易实施替代方案

发行人及子公司通过自主研发累计拥有 78 项境内授权专利、2 项境外授权专利。发行人拥有完善的研发体系，建立了经验丰富的研发团队、并配备了先进的研发设施。

发行人已掌握受让专利、共有专利相关技术或容易实施替代方案，且发行人对相关专利的技术升级改造不依赖或受制于出让方、共有方，发行人对专利出让方、共有方不存在技术依赖。发行人的核心技术及产品均来自自主研发及生产过程中的不断优化，不存在依赖外部购买或合作研发的情形，发行人具备独立研发能力。

（五）核心技术运用

关于核心技术运用，典型案例如下：

案例 1：四川天微电子股份有限公司

2020 年 10 月 13 日四川天微电子股份有限公司（以下简称天微电子）科创板 IPO 获上交所受理，于 2021 年 6 月 8 日获得批准注册。

天微电子是一家主要从事高速自动灭火抑爆系统、高能航空点火放电器件、高精度熔断器件等产品研发、生产、销售为一体的军工科研生产企业。公司依托多年积累的核心技术、丰富的军工科研生产经验和严格的生产管理，以综合防护领域的核心器件及系统集成为主要发展方向，长期致力于为高危领域提供电子防护产品。发行实际募集资金扣除相应的发行费用后，将用于与公司主营业务相关的募集资金投资项目，重点投向为科技创新领域。具体投资于以下项目：新型灭火抑爆系统升级项目、高可靠核心元器件产业化项目、天微电子研发中心建设项目等。

通过上交所于 2021 年 2 月 5 日下发的《关于四川天微电子股份有限公司首次公开发行股票并在科创板上市申请文件的第二轮审核问询函的回复》，我们可以看到关于核心技术应用的相关回复。

在被问及核心技术应用时，天微电子首先结合公司具体情况，介绍了相关核心技术的具体内容与应用领域。继而阐明核心技术对应的产品，表明核心作用在产品中发挥了重要作用，对产品的性能提升有所助益。最后指出该项技术已经成熟，没有更合适的替代技术也无替代必要。

具体问询及回复内容如下：

问询：

根据问询回复：（1）发行人主要产品关键技术中“红外应用技术”，目前仍为研制阶段产品；（2）公司已具备“全新的火焰检测技术”，该技术能够同时得到目标火焰在同一时刻的紫外、可见光、红外辐射光谱以及火焰图像。

请发行人补充说明：发行人“红外应用技术”对应的产品、作用及重要性，是否有替代技术。

回复：

天威电子关于核心技术应用的相关回复如下：

1. 红外应用技术概况

红外应用技术是指研究红外辐射的产生、传播、转化、测量及其应用的技术，在国内外已经发展多年，成熟运用于搜索跟踪、火力控制、侦察和预警、反红外制导、故障检测、安全防护、气象预测等多个军用和民用领域，该领域国内已有多家较为成熟的红外硬件制造企业。

2. 公司“红外应用技术”的具体情况

公司“红外应用技术”的主要应用原理是通过探测物体所发出的红外辐射来识别物体。被探测目标与其所处的背景环境由于温度和辐射率不同，所发出的红外辐射强度不同，公司通过外购红外光敏元件，结合自身逻辑算法以及硬件可靠性设计，制造形成的红外光学探测器将有差异的红外辐射按照一定规律转换成电信号，以获得背景和环境的信息。

红外应用在国内外已发展多年，公司已成熟掌握并形成适合自身的应用技术。

3. 公司“红外应用技术”对应的产品、作用及重要性，是否有替代技术

公司运用“红外应用技术”的产品为紫红外复合光学探测器和三波段红外火焰探测器。公司融合“红外应用技术”形成的紫红外复合光学探测器产品已成熟运用于多型装甲车辆。公司融合“紫外应用技术”“红外应用技术”“多光谱应用技术”等形成的复合技术方案应用于公司主要产品军用灭火抑爆系统，具体用于系统主要工作单元紫红外复合光学探测器中。

（1）作用及重要性

军用灭火抑爆系统具有紫红外复合探测功能，针对装甲车辆乘员舱灭火抑爆系统的性能要求，将单波段红外探测技术与紫外探测技术相结合，利用 3－5μm 的中红外波段（在红外波长范围内的 4.4μm 附近，能够清楚地观察到火焰光谱的峰值，这是二氧化碳原子团的发光光谱，为火焰所特有，且比其他光谱具有绝

对大的强度，据此可以将火焰从太阳光及其他背景的辐射光谱中明确地分离出来，因此以 4.4μm 为中心的这一窄波段为火灾探测器设计中最常选用的红外波段）和 0.19 – 0.29μm 的紫外波段进行火焰探测，兼具红外探测和紫外探测的优势，具有响应速度快、探测距离远、抗干扰能力强的特点，适合装甲车辆乘员舱的使用环境。

（2）替代技术

具备紫红外复合探测功能的灭火抑爆系统已成熟运用于多型装甲车辆。装甲车辆乘员舱环境需要系统探测响应时间小于 5ms，并在 100ms 内完成抑爆功能，对实时性和可靠性要求非常高，经过多年的实际运用来看，光学探测是首选方式，其他如温度、压力、烟雾等探测方式在响应时间、技术成熟度、环境适应性等诸多方面都不适用。

在光学探测领域，“红外应用技术”是一项成熟技术，在国内外被广泛用于各种复合光学探测方面，目前不存在更适合的替代技术，也无必要进行相应替代。

案例 2：常州银河世纪微电子股份有限公司

2020 年 5 月 25 日常州银河世纪微电子股份有限公司（以下简称银河微电）科创板 IPO 获上交所受理，于 2020 年 12 月 13 日获得批准注册。

银河微电是一家专注于半导体分立器件研发、生产和销售的高新技术企业，主营各类小信号器件（小信号二极管、小信号三极管）、功率器件（功率二极管、功率三极管、桥式整流器）等半导体分立器件产品。本次首次公开发行股票所募集的资金扣除发行费用后将投资于以下项目：半导体分立器件产业提升项目和研发中心提升项目。

通过上交所于 2020 年 7 月 31 日下发的《关于常州银河世纪微电子股份有限公司首次公开发行股票并在科创板上市申请文件审核问询函的回复》，我们可以看到关于外购产品中核心技术应用的相关回复。

在被问及外购产品中核心技术应用时，银河微电简单介绍了外购芯片的作用，并进一步说明对于外购芯片部分的器件，公司的核心技术仍在封装、应用与芯片三方面得到体现，具体包括：公司良好的封装技术能够确保芯片性能的稳定、公司对于芯片的设计与测试能力确保了解决方案的多样性与产品极低的失效率、公司对大多数芯片的设计能力使得公司能够选择适宜的芯片来源，并妥善与整体相结合。

具体问询及回复内容如下：

问询：

根据申请文件，公司分立器件核心部件芯片存在外购、自制两种方式，公司存在外协加工环节。根据招股说明书及公开资料，发行人采购成本中材料成本占主营业务成本的比例分别为65.49%、65.56%、62.87%，主要芯片供应商包括扬州晶新、杭州立昂、上海日晶等，其中扬州晶新微经营范围为“生产功率半导体器件”，杭州立昂主营业务为半导体硅片以及半导体分立器件芯片的研发、生产和销售；上海日晶主要代理日本 TORX 芯片。

请发行人披露：公司外购芯片、自制芯片的种类、数量、金额、可比技术指标差异及在产品中的具体用途，采用外购芯片、自制芯片生产的分立器件的具体类型、金额及占比；外购芯片发挥的具体作用，是否为关键、核心作用，以及这些产品中发行人的核心技术如何体现。

回复：

银河微电关于外购产品中核心技术应用的相关回复如下：

公司的分立器件根据品种的不同会选择使用外购芯片，或者自制芯片，不存在同一个器件既使用外购芯片又使用自制芯片的情形。无论是外购芯片还是自制芯片，其对分立器件而言都起到关键、核心作用。对于分立器件而言，芯片决定了器件的功能和电性参数，但是器件整体性能的实现是由芯片、封装和应用三方面共同决定的，封装保证芯片功能的稳定实现，并且与器件尺寸、耗散功率、散热性能、稳定性等指标关联度较高，应用主要指器件的应用环境，与产品设计、失效标准相关。

对于公司外购芯片部分的器件，公司的核心技术仍然体现在三方面：（1）封装方面，公司具备多门类的封装规格，封装性能及产品一致性良好，能够有效确保芯片性能的稳定实现。（2）应用方面，公司基于对终端应用环境的深入理解及长期积累的设计经验，具备较强的根据应用端需求形成设计指标，并以适当的芯片、封装、测试方法组合以实现上述要求的器件整体设计能力，能够以多工艺平台提供技术解决方案供客户选择；同时，公司具备依据应用环境定制测试方法的能力，提前筛除潜在高失效风险产品，保证极低的失效率。（3）芯片方面，虽然受投资规模和盈亏平衡产量等方面的制约，公司无法对所需的全部芯片进行自制，但公司掌握了所需大多数芯片的设计能力，并据此拥有芯片的生产控制、性能识别、成品筛选、工艺组合的能力，能够有效地选择适宜的芯片来源，并与器件整体进行结合。

案例 3：江苏京源环保股份有限公司

2019 年 7 月 5 日江苏京源环保股份有限公司（以下简称京源环保）科创板 IPO 获上交所受理，于 2020 年 3 月 5 日获得批准注册。

京源环保自成立以来，一直专注于工业水处理领域，依托工业废水电子絮凝处理技术、高难废水零排放技术和高难废水电催化氧化技术等自研核心技术，主要向大型企业客户提供工业水处理专用设备的研发、设计与咨询、集成与销售以及工程承包业务。

通过上交所 2019 年 9 月 12 日下发的《关于江苏京源环保股份有限公司首次公开发行股票并在科创板上市申请文件审核问询函的回复》，我们可以看到关于“核心技术的具体应用情况”的相关回复。

在被问及各项核心技术在各项业务中的具体应用情况、应用主要核心技术产业化及生产经营的情况、主要核心技术各自应用的主要产品及产业化时间、核心技术产品的生产和销售数量、核心技术产品在细分行业的市场占有率时，京源环保在前述已经对核心技术进行简要介绍的情况下，结合数据表格与文本描述，细致、清晰、完整地阐述了各项核心技术在各项业务中的具体应用情况和具体体现、应用主要核心技术产业化及生产经营的情况、主要核心技术各自应用的主要产品及产业化时间、核心技术产品的生产和销售数量以及核心技术产品在细分行业的市场占有率，并且京源环保将以上内容集合并形成了自主特色、高完善度的公司研发体系，体现出京源环保对核心技术相关应用与生产情况的重视。

具体问询及回复内容如下：

问询：

公司拥有核心技术 12 项。招股说明书披露，报告期内，公司的收入主要来自于设备及系统集成业务，而工程承包业务主要是为客户的改造项目提供设备及系统集成业务的同时提供土建工程服务。在非标定制设备的生产和水处理系统的集成过程中，由协作集成厂家根据公司提供的设计图纸，并在公司委派人员的技术指导和监造下，进行设备的定制化生产和系统的集成工作。定制设备生产及系统集成的关键要素是产品设计图纸、技术人员和监造管理人员的现场技术指导，这些关键的生产要素均由公司提供；而协作集成厂家的生产、调试等流程都是依据公司提供的设计图纸，在公司委派的技术人员和监造人员的监督下进行。

请发行人披露：（1）核心技术产品的界定，土建工程服务的具体内容及报告期内的收入占比情况，土建工程服务收入是否属于核心技术产品收入，报告期内营业收入中发行人依靠核心技术开展生产经营所产生收入的构成、占比、变动情况及原因等；（2）各项核心技术在各项业务中的具体应用情况和具体体现，发行人应用主要核心技术产业化及生产经营的情况，主要核心技术各自应用的主要产品及产业化时间，核心技术产品的生产和销售数量，核心技术产品在细分行业的市场占有率……

回复：

京源环保关于核心技术产品应用的相关回复如下：

1. 核心技术产品的界定，土建工程服务的具体内容及报告期内的收入占比情况，土建工程服务收入是否属于核心技术产品收入，报告期内营业收入中发行人依靠核心技术开展生产经营所产生收入的构成、占比、变动情况及原因等。

（1）核心技术产品的界定

公司核心技术包括工业废水电子絮凝处理技术、高难废水零排放技术、高难废水电催化氧化技术、低能耗清洗技术、水压式中水回用技术、网格搅拌絮凝反应、高密度原水处理技术、自动刮泥技术、新型组合式集水技术、动态混合技术、组合排泥技术、一体化深层过滤技术等。公司核心技术产品系在设备及系统集成项目（EP）和工程承包项目（EPC）中运用了上述一项或多项核心技术的工业废污水处理设备及系统以及给水处理设备及系统等相关产品。

（2）土建工程服务的具体内容及报告期内的收入占比情况，土建工程服务收入是否属于核心技术产品收入

报告期内，公司的工程承包业务（EPC）包括方案设计、设备及系统集成、工程施工等内容。土建工程服务（工程施工服务）系工程承包业务（EPC）中所包含的一项附带业务，包括土建及安装等。公司的工程承包业务（EPC）主要为水处理系统的改造项目。由于改造项目中工程施工量通常比新建项目少，大多数改造项目客户一般不将改造项目中的工程施工部分单独分拆并招标选择供应商，

而是交由设备及系统集成供应商一并完成。因此，公司为承接改造项目有关业务，在核心技术研发设计和设备及系统集成能力基础上，培育了工程施工业务能力并申请了相关业务资质。

公司的工程承包业务（EPC）内容以设备及系统集成为主，工程施工服务只是应客户需求而提供的附带服务。由于部分改造项目客户在招投标及签署合同时将设备及系统集成和附带的工程施工服务作为一揽子交易进行约定，未划分两者各自金额，公司无法合理准确划分并统计两者收入金额。因此，公司将应用到一项或多项核心技术的工程承包业务（EPC）收入全部列入核心技术产品收入。

（3）报告期内营业收入中发行人依靠核心技术开展生产经营所产生收入的构成、占比、变动情况及原因等（如表 27 所示）

表 27　构成、占比、变动情况及原因等

项目	2019 年 1－6 月	2019 年 1－3 月	2018 年度	2017 年度	2016 年度
工业废污水处理设备及系统/万元	9886. 40	1851. 56	18 884. 86	12 132. 69	6686. 08
给水处理设备及系统/万元	1248. 17	456. 90	5176. 21	3984. 76	2812. 48
合计/万元	11 134. 57	2308. 46	24 061. 07	16 117. 45	9498. 56
营业收入/万元	11 428. 26	2426. 07	25 322. 18	16 604. 14	9671. 82
核心技术产品收入占营业收入的比例/%	97. 43%	95. 15%	95. 02%	97. 07%	98. 21%

报告期内，公司核心技术产品收入占营业收入的比例较为稳定，主营业务收入结构在报告期内未发生较大变化。报告期内公司核心技术产品收入呈现较大程度的增长，主要系公司长期深耕电力行业，在火电市场容量不断增长的基础上，凭借较强的技术优势、丰富的项目经验和客户资源取得了快速成长，同时公司核心技术在非电领域的成功拓展，也成为公司核心技术产品收入增长的重要原因。

2. 各项核心技术在各项业务中的具体应用情况和具体体现，发行人应用主要核心技术产业化及生产经营的情况，主要核心技术各自应用的主要产品及产业化时间，核心技术产品的生产和销售数量，核心技术产品在细分行业的市场占有率。

（1）各项核心技术在各项业务中的具体应用情况和具体体现公司各项核心技术在各项业务中的具体应用情况和具体体现如表 28 所示。

表 28　核心技术的具体应用情况和具体体现

序号	核心技术名称	具体应用情况和具体体现
1	工业废水电子絮凝处理技术	工业废水电子絮凝处理技术应用于含煤废水和脱硫废水等高污染性工业废水的处理。体现为以清洁电能代替化学药剂，高效去除废水中污染物，有效保证出水满足相关标准的同时，大幅降低了废水处理运行成本
2	高难废水零排放技术	高难废水零排放技术路线均已成功应用于火电、农化等工业领域高难废水零排放处理项目。体现为“MVR 系统结晶”“分盐处理回用”“低运行成本的烟气蒸发”等工艺创新，以更节能、高效的方式实现废水“零排放”目标
3	高难废水电催化氧化技术	高难废水电催化氧化技术已经在含氰废水、含络合态重金属废水方面取得了良好的应用。体现为将含氰废水中氰化物矿化为二氧化碳、水、氮气等小分子，将含络合态重金属废水中重金属配位体矿化为无配位能力的无机小分子，出水满足 GB21900－2008《电镀污染物排放标准》排放指标的要求

（2）发行人应用主要核心技术产业化及生产经营的情况，主要核心技术各自应用的主要产品及产业化时间。

公司主要核心技术应用的主要产品及产业化具体情况如表 29 所示。

表 29　公司主要核心技术应用的主要产品及产业化具体情况

序号	主要核心技术	产业化情况	应用的主要产品	产业化时间
1	工业废水电子絮凝处理技术	已量产	含煤废水处理系统	2012 年
			脱硫废水处理系统	2014 年
2	高难废水零排放技术	已量产	高难废水零排放系统	2017 年
3	高难废水电催化氧化技术	已量产	高难废水电催化氧化处理系统	2018 年

报告期内，公司核心技术产品均依托于公司工业废水电子絮凝处理技术、高难废水零排放技术、高难废水电催化氧化技术等12项核心技术，公司核心技术产品营业收入2016年、2017年、2018年、2019年1－3月和2019年1－6月分别为9498.56万元、16 117.45万元、24 061.07万元、2308.46万元和11 134.57万元，占营业收入比例分别为98.21%、97.07%、95.02%、95.15%和97.43%（见表27）。

（3）核心技术产品的生产和销售数量。

报告期内，公司通过协作集成模式进行生产，公司核心技术产品的生产和销售数量统计如表30所示：

表30　生产和销售数量统计

单位：套

年度	产品	产量	销量
2019年1－6月	工业废污水处理设备及系统	15	15
	给水处理设备及系统	3	3
2019年1－3月	工业废污水处理设备及系统	5	6
	给水处理设备及系统	1	1
2018年	工业废污水处理设备及系统	48	47
	给水处理设备及系统	13	13
2017年	工业废污水处理设备及系统	61	65
	给水处理设备及系统	9	10
2016年	工业废污水处理设备及系统	33	29
	给水处理设备及系统	9	8

（4）核心技术产品在细分行业的市场占有率。

公司核心技术产品为工业废污水处理设备及系统、给水处理设备及系统，其中2018年核心技术产品在火电行业销售收入为14 811.98万元。根据对火电行业传统新增及改造水处理市场容量的测算，火电水处理设备投资市场容量为40亿－80亿元。公司核心技术产品在火电行业销售收入占火电水处理设备投资市场容量的比例为1.88%－3.76%。

（六）核心技术出资

关于核心技术出资，典型案例如下：

案例 1：上海君实生物医药科技股份有限公司

2019 年 9 月 26 日上海君实生物医药科技股份有限公司（以下简称君实生物）科创板 IPO 获上交所受理，于 2020 年 5 月 20 日获得批准注册。

君实生物是一家创新驱动型生物制药公司，具备完整的从创新药物的发现、在全球范围内的临床研究和开发、大规模生产到商业化的全产业链能力。公司产品主要为创新型生物制品，大部分为源头创新、自主研发，同时通过合作开发引进与公司原创产品线有协同作用的产品，增强公司产品管线。募集资金（扣除发行费用后）将投资以下项目：创新药研发项目、君实生物科技产业化临港项目和偿还银行贷款及补充流动资金。

通过上交所于 2019 年 12 月 26 日下发的《上海君实生物医药科技股份有限公司首次公开发行股票并在科创板上市申请文件的审核问询函的回复》，我们可以看到关于核心技术知识产权归属的相关回复。

在被问及核心技术知识产权归属时，君实生物通过《调查问卷》、访谈与《核查报告》三方面说明了公司管理人员及核心技术人员名下不存在与主营业务相关的知识产权，也不存在将职务发明投入发行人的情形。并且通过裁判文书网、执行信息公开网等权威平台检索，得出上述人员不存在知识产权纠纷的结论。

具体问询及回复内容如下：

问询：

请发行人补充说明：发行人董事、监事、高级管理人员及核心技术人员名下是否拥有与发行人主营业务相关的知识产权或技术成果，是否存在将职务发明投入发行人的情形，是否存在纠纷或潜在纠纷。

回复：

君实生物关于核心技术知识产权归属的相关回复如下：

据董事、监事、高级管理人员及核心技术人员提供的《调查问卷》，通过与部分董事、监事、高级管理人员及核心技术人员的访谈，以及北京市天元律师事务所于 2020 年 2 月 12 日出具的《关于上海君实生物医药科技股份有限公司知识产权核查报告》，发行人董事、监事、高级管理人员及核心技术人员名下未拥有与发行人主营业务相关的知识产权，也不存在将职务发明投入发行人的情形。

根据董事、监事、高级管理及核心技术人员提供的《调查问卷》并经查询中国裁判文书网、中国执行信息公开网，发行人董事、监事、高级管理人员及核心技术人员不存在与发行人有知识产权方面的纠纷或争议。

案例 2：康希诺生物股份公司

2020 年康希诺生物股份公司（以下简称康希诺）科创板 IPO 获上交所受理，于 2020 年 7 月 15 日获得批准注册。

康希诺是一家致力于研发、生产与销售的创新型疫苗企业。在一批疫苗领域资深科学家和具备多年国际大型制药公司从业背景的资深技术专家的带领下，公司快速推进一系列国内创新疫苗的研发，研发管线涵盖预防脑膜炎、埃博拉病毒病、百白破、肺炎、结核病、重组新型冠状病毒疫苗（腺病毒载体）、带状疱疹等多个适应症的临床接种量较大的重磅疫苗。本次募集资金拟投资以下项目：生产基地二期建设、在研疫苗研发、疫苗追溯、冷链物流体系及信息系统建设和补充流动资金。

通过上交所于 2020 年 3 月 19 日下发的《康希诺生物股份公司首次公开发行股票并在科创板上市申请文件审核问询函之回复报告》，我们可以看到关于核心技术出资的相关回复。

在被问及核心技术出资时，康希诺具体说明了技术出资变更前后相关技术之间的区别与联系、技术出资变更的原因与来源，对于技术出资的具体内容也都予以了细致的说明。并且康希诺介绍了其在出资技术基础上建立的四个核心技术平台，详细说明了各个核心技术平台的具体内容与优势，既表明了出资技术的重要性，又强调了公司在此基础上的研发改进。此外，康希诺还列明了变更技术的出资人等信息，表明了变更前后相关技术真实存在。并且通过表格的形式列明了相应技术的归属平台、使用环节对应临床研究阶段的产品，详细说明了相应技术在公司发挥的具体作用。

具体问询及回复内容如下：

问询：

根据招股说明书，发行人部分专利系受让取得；根据保荐工作报告，公司历史上存在技术出资变更事项，实际控制人及其配偶、部分员工具有赛诺菲－巴斯德等国际疫苗企业的工作经历。

请发行人说明：（1）技术出资变更前后相关技术之间的区别与联系，三项技术变更为一项技术出资的原因、该出资技术的具体来源及其与公司核心技术之间的发展、演变关系；（2）变更前后的相关技术是否存在，是否均投入发行人及其投入时间、方式。

回复：

康希诺关于核心技术出资的相关回复如下：

1. 技术出资变更前后相关技术之间的区别与联系，三项技术变更为一项技术出资的原因、该出资技术的具体来源及其与公司核心技术之间的发展、演变关系

（1）技术出资变更前后相关技术之间的区别与联系

疫苗的研发生产链条较长，涉及重组蛋白设计和生产、多糖的生产、载体蛋白的生产、结合技术等环节。公司成立初期四位实际控制人已将四项独立的技术："肺炎球菌表面蛋白 PspA 片段衍生抗原作为疫苗的方法"、"多糖蛋白结合技术及其在肺炎多糖结合疫苗、Hib 疫苗和流脑结合疫苗开发生产中的应用"、"新型铝佐剂的制备及其应用"及"肺炎多糖疫苗制备技术"投入于公司运营及研发工作中。其中"肺炎球菌表面蛋白 PspA 片段衍生抗原作为疫苗的方法"、"多糖蛋白结合技术及其在肺炎多糖结合疫苗、Hib 疫苗和流脑结合疫苗开发生产中的应用"与"肺炎多糖疫苗制备技术"是三项不同内容的技术，"肺炎球菌表面蛋白 PspA 片段衍生抗原作为疫苗的方法"侧重于重组蛋白的设计及生产技术；"多糖蛋白结合技术及其在肺炎多糖结合疫苗、Hib 疫苗和流脑结合疫苗开发生产中的应用"侧重于多种多糖的生产、载体蛋白的生产、多糖及蛋白的结合技术在不同应用领域的应用等；"肺炎多糖疫苗制备技术"与"肺炎球菌表面蛋白 PspA 片段衍生抗原作为疫苗的方法"技术路线不同，两者覆盖的抗原、对抗原或载体进行基因工程改造的技术、方向等均不同。三项技术在应用领域有类似的地方，但所涉技术路线及所侧重的技术环节不同。"新型铝佐剂的制备及其应用"侧重于制剂工艺中的疫苗佐剂技术，与另三项技术不仅内容不同，技术环节亦不存在重合部分。

（2）三项技术出资变更为一项技术出资的原因及来源

根据康希诺有限成立时天津经济技术开发区管理委员会于 2008 年 12 月 31 日出具的《关于合资成立天津康希诺生物技术有限公司的批复》（津开批［2008］604 号），康希诺有限注册资金 1000 万元，且注册资金应在营业执照签发之日 24

个月之内缴齐。

由于当时适用的《公司法（2005 年修订）》，股东可以用非货币财产出资，对作为出资的非货币财产应当评估作价，核实财产，不得高估或者低估作价，且全体股东的货币出资金额不得低于有限责任公司注册资本的 30%。

结合实际控制人的确认，实际控制人在公司设立之初便将“肺炎球菌表面蛋白 PspA 片段衍生抗原作为疫苗的方法”、“多糖蛋白结合技术及其在肺炎多糖结合疫苗、Hib 疫苗和流脑结合疫苗开发生产中的应用”、“新型铝佐剂的制备及其应用”（后将前述三种技术简称为“三项技术”）、“肺炎多糖疫苗制备技术”相关技术全部转移至公司。2010 年 11 月，天津经济技术开发区管理委员会批复的注册资本出资期限即将届满，发行人实际控制人应按照前述批复的要求和当时适用的《公司法（2005 年修订）》的规定于注册资金缴纳期限届满之前开展评估、办理注册资本实缴的工商登记手续。

XUEFENG YU（宇学峰）、朱涛、DONGXU QIU（邱东旭）及 HELEN HUIHUAMAO（毛慧华）计划在 2010 年完成公司 1000 万元注册资本的实缴工作时，对于各自通过技术出资占其所出资额比例已提前达成共识。四人最初用于出资的“三项技术”需要资产评估机构评估其价值后，才可作为非专利技术进行出资并完成注册资本实缴工作。通过与评估师的沟通讨论，认为技术出资变更前“三项技术”均具有较大的价值，同时结合当时拟采用的评估方法而言，准确计量出“三项技术”的价值需要耗费评估师较长的工作时间及工作成本。亦难以在批复要求的期限内完成出资。综上，出于减小评估师工作量和节约成本的考量，四人一致决定将“三项技术”变更为将已转移给康希诺有限并由康希诺有限对外授权、转让形成收益的“肺炎多糖疫苗制备技术”作为出资技术进行评估，履行实缴注册资本的工商变更登记手续。同时，四人已签订《关于专有技术出资事宜的确认函》确定对于此次技术出资不存在任何异议或潜在纠纷。

“三项技术”及“肺炎多糖疫苗制备技术”均系 XUEFENG YU（宇学峰）、朱涛、DONGXU QIU（邱东旭）及 HELEN HUIHUA MAO（毛慧华）依靠其自身长期学习与研究积累，独立自主研发，不属于执行其他单位的任务或者主要是利用其他单位的物质技术条件所完成的技术创造。

（3）出资的具体来源及其与公司核心技术之间的发展、演变关系

生物医药，尤其是疫苗行业的研发链条较长，涉及抗原发现、结构优化、高

效表达、载体递送、佐剂开发、制剂工艺等环节，各环节相互独立又有机联系。疫苗生产工艺技术需要不断演进、扩大规模或拓展应用，有进化和稳定的过程。

公司研发团队经过十余年钻研，在疫苗研发和生产领域逐步建立起四个领先的核心技术平台：第一，多糖蛋白结合技术。公司利用该技术平台生产多种载体蛋白和多糖，研发出安全性更好、免疫原性更强的多价结合和联合疫苗。该技术平台使公司在国内众多疫苗生产企业中具有竞争优势。第二，蛋白结构设计和重组技术。公司利用该技术平台研发出了具有自主知识产权的肺炎新型抗原及百日咳新型重组生产菌株。第三，腺病毒载体疫苗技术。依托该技术平台，公司与军科院生物工程研究所合作在三年内将埃博拉病毒疫苗由一项实验室技术快速研发成为以 1 类预防用生物制品获批上市的埃博拉病毒病疫苗产品。此外，公司亦凭借此技术平台推进结核病、带状疱疹疫苗、重组新型冠状病毒疫苗（腺病毒载体）产品的研发。第四，制剂技术。公司在研疫苗均采用无动物源成分的培养基配方，最终产品制剂不含苯酚等防腐剂，产品安全性显著提升。同时先进的制剂技术使埃博拉病毒病疫苗可在 2℃ – 8℃的环境下长期保持稳定。

公司成立初期已将“肺炎球菌表面蛋白 PspA 片段衍生抗原作为疫苗的方法”、“多糖蛋白结合技术及其在肺炎多糖结合疫苗、Hib 疫苗和流脑结合疫苗开发生产中的应用”、“新型铝佐剂的制备及其应用”及“肺炎多糖疫苗制备技术”等多项技术通过指导或共同执行等方式投入于公司运营及研发工作中。

①肺炎球菌表面蛋白 PspA 片段衍生抗原作为疫苗的方法

“肺炎球菌表面蛋白 PspA 片段衍生抗原作为疫苗的方法”，是一种基于抗原预测、蛋白结构分析以及基因重组技术，开拓性地选择肺炎球菌表面蛋白 PspA 片段作为预防肺炎链球菌感染的策略。该技术主要包括重组蛋白表达技术、细菌高密度发酵技术以及蛋白纯化技术。

公司核心技术平台之一蛋白结构设计和重组技术平台中主要包括了抗原设计，基因工程改造，细菌发酵以及蛋白纯化和表达等技术。其中，“肺炎球菌表面蛋白 PspA 片段衍生抗原作为疫苗的方法”系该技术平台中与抗原设计、基因重组相关的一个技术环节，通过利用原理类似的底层技术，公司将此技术推广应用于其他抗原优化的环节，最终逐步构成现在的技术平台，目前主要应用于 PBPV 以及临床前的 CSB015 – 脑膜炎及 CSB017 – 脊髓灰质炎相关产品的研发。

②多糖蛋白结合技术及其在肺炎多糖结合疫苗、Hib 疫苗和流脑结合疫苗开

发生产中的应用

“多糖蛋白结合技术及其在肺炎多糖结合疫苗、Hib疫苗和流脑结合疫苗开发生产中的应用”是一项把原本为胸腺非依赖性抗原的多糖抗原，通过多糖抗原连接载体蛋白之后转变为胸腺依赖性抗原，从而适于婴幼儿接种的技术。多糖蛋白结合技术的核心系在维持多糖抗原性的同时，制备出免疫原性强且符合质量标准的抗原。此项技术主要涵盖多糖的水解技术、多糖和载体蛋白的偶联技术以及结合物的纯化技术。

公司核心技术平台之一多糖蛋白结合技术平台主要涵盖多糖生产技术、载体蛋白生产技术以及结合物制备技术等。“多糖蛋白结合技术及其在肺炎多糖结合疫苗、Hib疫苗和流脑结合疫苗开发生产中的应用”系平台中多糖发酵、载体蛋白生产、结合工艺、结合物纯化等技术环节中的一环。就阶段而言，“多糖蛋白结合技术及其在肺炎多糖结合疫苗、Hib疫苗和流脑结合疫苗开发生产中的应用”处于工艺开发的小试阶段，公司在此技术的基础上扩展了应用范围、扩大了稳定工艺的规模，逐步形成了现有的核心技术平台之一多糖蛋白结合技术，并研发出MCV2/MCV4，PCV13i以及DTcP-Hib联合疫苗产品。

③新型铝佐剂的制备及其应用

“新型铝佐剂的制备及其应用”是一种通过佐剂有效提高疫苗的免疫原性，进而满足在研产品需要的技术。由于部分研发产品在工艺放大阶段，需要使用既可以有效提高免疫原性，又可以满足质量要求的佐剂，所以易于放大的佐剂在研发过程中十分关键。此项技术中主要包括：佐剂的生产、佐剂的表征以及佐剂在疫苗产品中的应用。

公司核心技术平台之一制剂技术平台涵盖了佐剂生产技术、制剂开发技术以及包材筛选和评价技术，以及培养基配方优化、防腐工艺优化等。“新型铝佐剂的制备及其应用”涉及平台中佐剂生产这一技术环节，通过不断的工艺优化和放大、稳定，此技术进一步推动了婴幼儿用DTcP、DTcP加强疫苗、青少年及成人用Tdcp、DTcP-Hib联合疫苗以及PCV13i等产品的研发进展。

④肺炎多糖疫苗制备技术

“肺炎多糖疫苗制备技术”是指以肺炎球菌荚膜多糖为抗原的多糖疫苗相关的制备技术，此项技术不仅可以应用于23价或更高价次肺炎球菌多糖疫苗的制备，也可以应用于13价或更高价次肺炎结合疫苗的研制。对于其他病原菌多糖疫苗及多糖结合疫苗亦有指导作用。主要包括肺炎球菌菌种研究及三级种子库构建相关的技术、肺炎球菌荚膜多糖的发酵技术、肺炎球菌荚膜多糖的纯化技术、肺炎球菌荚膜多糖的质控标准和分析方法、肺炎球菌荚膜多糖的结合工艺以及疫苗成品的制备技术和检定方法。

公司核心技术平台之一多糖蛋白结合技术平台主要涵盖多糖生产技术、载体蛋白生产技术以及结合工艺等。“肺炎多糖疫苗制备技术”涉及平台中多糖生产、载体蛋白生产及结合技术这些环节。公司通过前期投入的此项技术并与其他抗原生产及结合技术一起共同建立起了此技术平台，并研发出 PCV13i 疫苗产品。

综上，发行人成立之初，前述四项技术即投入发行人，在此基础上随着研究、开发的深入和应用领域的拓展，不断丰富积累成公司目前的四个核心技术平台，最初用于出资的三项技术及更换后的技术均作为目前公司核心技术的技术基础，在公司发展过程中及现在发挥着较为重要的作用。

2. 变更前后的相关技术是否存在，是否均投入发行人及其投入时间、方式

“肺炎球菌表面蛋白 PspA 片段衍生抗原作为疫苗的方法”、“多糖蛋白结合技术及其在肺炎多糖结合疫苗、Hib 疫苗和流脑结合疫苗开发生产中的应用”、“新型铝佐剂的制备及其应用”以及“肺炎多糖疫苗制备技术”四项技术相互独立，在公司创立之初便已投入公司使用，均系 XUEFENG YU（宇学峰）、朱涛、DONGXU QIU（邱东旭）及 HELEN HUIHUA MAO（毛慧华）四人通过在医药行业中多年的学习、研究积累、知识组合构建而成，变更前后的四项技术均真实存在。公司作为一家研发型公司，四位实际控制人在设立之初便将相关技术全部转移至发行人使用。

目前，上述四项技术在公司中仍然发挥着重要作用，具体情况如表 31 所示。

表 31　相关技术在公司中的作用情况

技术列表	归属平台	技术使用环节	对应临床研究阶段的产品
肺炎球菌表面蛋白 PspA 片段衍生抗原作为疫苗的方法	蛋白结构设计和重组技术平台	抗原设计，基因重组，细菌发酵和纯化	PBPV

续表

技术列表	归属平台	技术使用环节	对应临床研究阶段的产品
多糖蛋白结合技术及其在肺炎多糖结合疫苗、Hib 疫苗和流脑结合疫苗开发生产中的应用	多糖蛋白结合技术平台	多糖蛋白结合，结合物纯化，小试以及中试放大	MCV2/MCV4，PCV13i

二、知识产权权属

（一）自主研发取得的知识产权

关于自主研发取得的知识产权，典型案例如下：

案例 1：华润微电子有限公司

关于 CMR 的基本信息请参见关于知识产权侵权诉讼的案例 1，此处不做赘述。

通过上交所于 2019 年 9 月 12 日下发的《关于华润微电子有限公司首次公开发行股票并在科创板上市申请文件的审核问询函之回复》，我们可以看到关于知识产权权属的相关回复。

在被问及知识产权权属时，CMR 表明公司主要知识产权均为原始取得，并具体说明了其形成过程。再通过中国执行信息公开网、裁判文书网等权威网站的查询，说明公司拥有的知识产权归属不存在纠纷或潜在纠纷。对于境内取得的专利能否在境外进行专利申请的问题，CMR 列举了相关法条与实际操作过程，从法律与实践两个角度说明了其可行性。最后再通过权威网站的查询与律师的法院走访，来确认境外申请专利不存在侵犯他人知识产权或者可能影响境外销售的情形。

具体问询及回复内容如下：

问询：

招股说明书披露，截至 2019 年 3 月 31 日，公司已获得授权的专利共计 1274 项，其中境内专利共计 1130 项，境外专利共计 144 项。发行人及其子公司拥有的集成电路布图设计专有权共计 185 项，计算机软件著作权共计 4 项。报告期内，发行人主要从 Integrated Silicon Solution、Silicon Storage Technology 及

Maxpower Semiconductor 等第三方公司获得 IP 授权。

请发行人披露：主要知识产权的形成过程，知识产权的归属是否存在纠纷或潜在纠纷；境内取得的专利能否在境外进行专利申请，境外申请专利是否存在侵犯他人知识产权或者可能影响境外销售的情形；知识产权是否涉及研发人员在原单位的职务成果，研发人员是否违反竞业禁止的有关规定，是否存在违反保密协议的情形。

回复：

CMR 关于知识产权权属的回复如下：

1. 主要知识产权的形成过程，知识产权的归属是否存在纠纷或潜在纠纷

发行人的主要知识产权均系原始取得，形成过程如下：（1）发行人统筹法务与知识产权管理部制订各子公司的知识产权计划；（2）发行人子公司相关部门根据年度计划自行安排本部门知识产权申请计划；（3）研发人员根据内部流程向法务与知识产权管理部提交知识产权申请并由其进行审核；（4）法务与知识产权管理部根据审核结果委托代理机构或自行按照相关要求和流程提交申请材料；（5）知识产权主管部门审核通过后获得相关知识产权。

根据与主要研发人员签署的《劳动合同》，研发人员利用工作时间或工作条件（包括发行人或其子公司的设施设备、人员或技术）进行的发明或者创造（包括计算机程序）以及有关的发明权、版权、专利权和其他知识产权均属发行人或其子公司所有。

经网络检索中国执行信息公开网（http：//zxgk. court. gov. cn/）、中国裁判文书网（http：//wenshu. court. gov. cn/）公开信息，并走访上海知识产权法院、苏州市中级人民法院、无锡市中级人民法院、无锡市滨湖区人民法院、无锡高新技术产业开发区人民法院和无锡仲裁委员会，截至本回复出具之日，发行人拥有的知识产权归属不存在纠纷或潜在纠纷。

截至本回复出具之日，发行人拥有的知识产权均为研发人员为执行发行人的任务或者主要是利用发行人的物质技术条件形成，上述知识产权不涉及研发人员在原单位的职务成果，研发人员不存在违反竞业禁止、保密协议约定的情形。

2. 境内取得的专利能否在境外进行专利申请，境外申请专利是否存在侵犯他人知识产权或者可能影响境外销售的情形

（1）境内取得的专利能否在境外进行专利申请

根据《专利法实施细则（2010 年修订）》第 8 条及第 9 条的规定，单位或个

人将在中国完成的发明或者实用新型向外国申请专利前需向国务院专利行政部门提交进行保密审查的申请，该部门审核通过或者表示无须保密审查后，可以就专利向外国申请专利或者向有关国外机构提交专利国际申请。

发行人知识产权顾问会定期组建技术专家组对发行人已申请的国内专利进行评审，根据发行人业务发展需要和已申请的国内专利的重要程度，筛选出需要申请 PCT（Patent Cooperation Treaty）国际专利申请的境内专利，法务与知识产权管理部根据审核结果委托代理机构或自行按照相关要求和流程提交 PCT 国际专利申请的申请材料。通过 PCT 国际专利申请后，发行人知识产权顾问依据 PCT 国际检索报告，对已经申请 PCT 国际专利申请的境内专利进行筛选后，由技术专家组再次进行评审，最终筛选出需要申请境外其他国家和地区的专利的境内专利。法务与知识产权管理部根据审核结果委托境外代理机构按照《专利合作条约》等国际条约和申请地专利申请的相关要求和流程提交境外专利的申请材料。

经核查，发行人所持有的相关境内专利可以根据中国参加的有关国际条约提出专利国际申请。

（2）境外申请专利是否存在侵犯他人知识产权或者可能影响境外销售的情形

根据境外知识产权代理机构出具的境外知识产权确认文件、网络检索中国执行信息公开网（http：//zxgk. court. gov. cn/）、中国裁判文书网（http：//wenshu. court. gov. cn/）公开信息并经保荐机构、发行人律师走访上海知识产权法院、苏州市中级人民法院、无锡市中级人民法院、无锡市滨湖区人民法院、无锡高新技术产业开发区人民法院和无锡仲裁委员会，截至本回复出具之日，发行人在境外申请专利不存在侵犯他人知识产权或者可能影响境外销售的情形。

案例 2：东芯半导体股份有限公司

2020 年 9 月 22 日东芯半导体股份有限公司（以下简称东芯股份）科创板 IPO 获上交所受理，于 2021 年 11 月 9 日获得批准注册。

东芯股份聚焦中小容量通用型存储芯片的研发、设计和销售，是中国大陆少数可以同时提供 NAND、NOR、DRAM 等存储芯片完整解决方案的公司，并能为优质客户提供芯片定制开发服务。主要产品包括存储芯片、NAND Flash、NOR Flash、DRAM 等。本次募集资金扣除发行费用后将全部用于公司主营业务相关的项目及主营业务发展所需资金，具体投资项目情况如下：1xnm 闪存产品研发及产业化项目、车规级闪存产品研发及产业化项目、研发中心建设项目和补充流动资金项目。

通过上交所于2020年12月21日下发的《关于东芯半导体股份有限公司首次公开发行股票并在科创板上市申请文件的审核问询函的回复》，我们可以看到关于知识产权权属的相关回复。

在被问及知识产权权属时，东芯股份首先披露了其在境内境外的专利数量，并说明了其境外专利数量较多系子公司早期在境外注册申请导致。东芯股份也说明了在贸易摩擦背景下，在美注册专利使用不存在限制、不会对公司生产经营造成影响。此外，对于部分核心技术未对应专利技术的原因，东芯股份也从申请专利或致使部分技术被公开等角度加以论证。最后，东芯股份阐明其已建立了完善的知识产权保护措施，能够应对非专利技术和技术秘密的泄露，公司拥有的知识产权具有自主清晰的特性。

具体问询及回复内容如下：

问询：

招股说明书披露：（1）发行人拥有涉及主要产品的9项核心技术。（2）截至2020年6月30日，公司拥有境内外专利77项。发行人目前专利注册地多位于境外，仅4项发明专利注册地位于中国，其余专利在美国、韩国等注册，部分商标和专利通过受让的方式取得。发行人 NANDF lash 相关核心技术多对应非专利技术。（3）公司已与华东师范大学达成产学研合作。

请发行人说明：发行人专利多为境外专利而国内专利较少的原因及合理性；贸易摩擦背景下是否影响在美注册专利使用，是否可能对公司经营造成影响；发行人对受让取得的境外专利是否存在使用限制；NAND Flash 相关核心技术未对应专利技术的原因，是否建立相应的保护知识产权及应对非专利技术和技术秘密泄露的措施。

回复：

东芯股份关于知识产权权属的回复如下：

1. 发行人专利多为境外专利而国内专利较少的原因及合理性；贸易摩擦背景下是否影响在美注册专利使用，是否可能对公司经营造成影响；发行人对受让取得的境外专利是否存在使用限制。

（1）发行人专利多为境外专利而国内专利较少的原因及合理性

截至 2020 年 6 月 30 日，发行人共拥有 77 项发明专利，按照专利注册地划分情况如表 32 所示：

表 32　划分情况

单位：个

专利权人	专利注册数	
	中国	境外地区
发行人	3	34
Fidelix	1	40
Fidelix 和 MtekVisionCo.，Ltd.	—	12
Fidelix 和 Nemostech	3	—
合计	7	74

发行人境外专利较多主要系其子公司 Fidelix，成立时间较早，经营至今在韩国、美国等地注册并取得多项专利，因此发行人收购 Fidelix 后形成多项境外专利。

发行人自成立以来坚持自主创新不断突破，经过多年的不懈技术攻坚已经在多项存储产品上实现技术突破，部分核心技术考虑到技术的保密性目前尚未申请相关专利；由于国内申请专利时间较长，从递交材料到取得专利一般需要至少两年的周期。

截至 2020 年 6 月 30 日，东芯上海已经提交专利申请 10 项，未来随着进一步提升产品性能，本土研发团队将会在国内持续进行存储芯片的研发设计，建立丰富完整的知识产权体系，改善国内知识产权较少的现状。

（2）贸易摩擦背景下是否影响在美注册专利使用，是否可能对公司经营造成影响

截至本回复出具之日，发行人及子公司共拥有 16 项在美国注册的专利，所有权人及研发主体均为非美国公司或机构，发行人及子公司相关产品的研发及生产均在非美国地区。专利权具有地域性，基于发行人及子公司在全球范围内销售产品，因此在美国申请注册专利，旨在保证相关专利在美国获得保护。以上专利在专利有效期内，仅在美国领土范围内通过美国法律发挥其保护效用。因此，发行人及其子公司使用在美国注册的知识产权，不受他人或他国的限制，也不受中

美贸易摩擦的影响。

综上所述，贸易摩擦背景下公司及子公司使用在美注册专利不存在限制，亦不存在可能对公司经营造成重大不利影响的情形。

（3）发行人对受让取得的境外专利是否存在使用限制

根据受让相关协议，公司取得的境外专利不存在使用限制的相关约定。

2. NAND Flash 相关核心技术未对应专利技术的原因，是否建立相应的保护知识产权及应对非专利技术和技术秘密泄露的措施。

（1）NAND Flash 相关核心技术未对应专利技术的原因

根据《专利法》等的相关规定，发明人向国家知识产权局专利局申请专利，需要公开部分技术细节、技术关键点、技术具体实施方法等信息，即用公开换保护的原则。

公司 NAND Flash 未对应专利技术，相关核心技术主要体现为在 NAND Flash 长期设计、研发过程中通过大量实验和数据为积累形成的由设计方案、排布路线、关键参数和性能检测组成的技术诀窍。

上述技术诀窍主要应用于芯片设计环节，对相关设计参数或电子元器件摆放位置稍有改变即可申请相关产品的发明专利。公司未申请专利的核心技术均为公司多年研发的核心成果，发行人不希望相关技术诀窍、解决思路和关键参数申请专利公开后为竞争对手所知悉。因此在综合考虑核心技术特点、专有技术保密能力等因素后，对部分核心技术采取暂不申请专利的专有技术保密方案。

公司 NAND Flash 的非专利核心技术包括局部自电位升压操作方法、步进式、多次式编写/擦除操作方法、内置 8 比特 ECC 技术等 5 项核心技术。

（2）是否建立相应的保护知识产权及应对非专利技术和技术秘密泄露的措施

公司高度重视知识产权保护及非专利技术和技术秘密的保密，并根据公司的实际情况采取了如下保护措施：

①制定了知识产权内部管理制度，对技术秘密在存储、许可、发布等方面制定明确的流程和保护规定；

②设立知识产权专员，专门负责处理公司各项与知识产权申请、使用、保护等相关的事务，主要包括对适于用申请知识产权进行保护的研发成果，按类别及时申请专利、集成电路布图和软件著作权等知识产权，对公司拥有的各项知识产权进行监控和维护等；

③聘请专业的知识产权代理，为发行人的知识产权申请、权利维护与保护等提供专业的服务；

④与相关员工签署保密协议，明确了保密义务和责任、需要保密的内容、违约责任等；

⑤在销售合同中约定“保密信息”“知识产权赔偿”等保护知识产权和非专利技术和技术秘密的条款；

⑥通过技术处理措施将相关技术信息存储于与外网隔离的服务器上，并对数据读取、取出及使用等进行权限管理。

公司成立以来高度重视知识产权的自主性与完整性，制定了专门的知识产权管理制度，通过专利申请、商标注册等途径确保拥有的知识产权合法、有效，同时公司对知识产权的维护、运用、保护等方面也进行了严格规范，有效确保了公司拥有的知识产权自主清晰。

案例 3：杭州华光焊接新材料股份有限公司

2019 年 12 月 17 日杭州华光焊接新材料股份有限公司（以下简称华光新材）科创板 IPO 获上交所受理，于 2020 年 7 月 21 日获得批准注册。

华光新材主营业务为钎焊材料的研发、生产和销售，主要产品为铜基钎料和银钎料。发行人为国内钎料行业的领先企业之一，在铜基钎料和银钎料等中温硬钎料行业的市场地位突出，为我国最大的中温硬钎料研制生产企业。钎焊材料是一种不破坏母材的情况下将同种金属、异种金属、金属与非金属之间连接的功能性焊接材料，适宜连接精密、微型、复杂、多焊缝或异种材料的焊件，钎料除连接功能外，还需要具有导电性、导热性、耐热性、密封性、美观、抗腐蚀等一项或几项特殊功能要求。公司产品可分为铜基钎料和银钎料两大类。根据金属元素所表现的不同特性，公司在银、铜金属元素的基础上，通过研发添加其他金属与非金属元素，形成不同的配方，满足客户对钎焊材料的不同性能需求，再根据下游行业应用的工况条件不同，通过设计不同的生产工艺，制成尺寸、形状（形态）各异的产品，形成了“多品种、多品规”的产品体系。

在被问及知识产权权属时，华光新材首先说明了其所拥有的高精度检测技术与国外采购的设备之间的关系，论证出设备是最终实现公司核心技术的手段，而技术本身则源于自主研发与经验积累。此外，华光新材也说明了公司在此项核心技术上的自主研发体现，以及技术最终实现的应用场景。最后，结合公司的研发投入，华光新材通过说明此项核心技术所达到的技术先进性，对产品性能及生产效率的提升等方面，论证了公司将该检测技术认定为核心技术是合理的。

具体问询及回复内容如下：

问询：

招股说明书披露，发行人核心技术分为产品配方相关技术和制备工艺相关技术，包括 4 类产品配方相关技术和 7 类制备工艺相关技术。除高精度检测技术为自主研发和国外采购外，均为自主研发。高精度检测技术主要通过相关设备实现钎料焊环的外观、尺寸的高效自动检测。其中，中温钎料水平连铸技术、钎料大铸锭挤压技术和高精度检测技术等三项技术为非专利技术。就行业发展态势，发行人称柔性产品即成为未来产品形态的演变方向，钎焊粉、钎焊膏等契合柔性化生产需求的产品未来市场空间广阔。

请发行人说明：高精度检测技术的技术来源包括国外采购的原因，高精度检测技术是否由国外采购的设备产生，发行人自主研发在此技术上的具体体现，将其认定为发行人的核心技术是否合理。

回复：

华光新材关于核心技术自主研发相关问题的回复如下：

1. 关于高精度检测技术包括国外采购的原因说明

公司的高精度检测技术主要是指实现钎料焊环的外观、尺寸的高效自动检测，主要设备为自动检环机，此外公司在生产过程中需要对基体元素进行检测以保证产品质量，基体元素检测设备主要包括 X－射线荧光能谱仪、等离子体发射光谱仪（ICP）等。

高精度检测技术是结合公司生产工艺和产品特点的基础上，摸索研究建立的适应自身生产经营需要的检测技术，该项技术的实现是长期生产实践、技术研究积累形成的，但最终技术的实现必须依靠设备或仪器，包括定制化的设备以及从国外采购的分析仪器。公司从国外采购的分析仪器，有利于保证数据的稳定性和准确性，更重要的是公司通过对仪器检测方法标准的研究，做好与原有化学滴定分析的对标，使其成为有效地适合钎焊材料生产过程中产品检测的手段，可以快速、准确检测结果。

综上所述，高精度检测技术真正源于公司长期生产实践和技术研究的积累，设备或仪器是实现该技术的具体工具，因此不能简单总结为该技术由国外采购的设备产生的。

2. 公司关于此项技术自主研发方面的具体体现

自动检环机属于定制化设备，设备制作方案设计和设备调试是在公司主导下完成的，属于由公司和设备供应商共同开发。公司在自动检环机研发方面的具体体现如下：（1）结合生产制造经验的积累以及对其他行业检测技术的研究，公司设计符合自身生产需要的焊环钎料检测方案和设备方案；（2）研究确认检环的精度和柔性检环的能力；（3）根据生产中的具体要求，公司与设备供应商进行对接，充分讨论设备的制造方案和自动化控制方案；（4）在调试过程中，反复进行试验，优化工装模具。

在基体元素检测方面，公司在充分利用分析仪器的基础上，自主研发的检测应用技术具体体现如下：（1）检测数据准确性方面的研究，在设备先进的无标样法的基础上，技术团队充分研究各种材料基体，元素间的吸收、增强影响，通过使用参考元素、纯元素、标准样品等方法的研究，经过反复的和第三方数据比对，内部实验室对比和修正，建立了一套适合钎料的检测标准曲线；（2）无损、快速检测的研究，利用设备多分析条件的优势，技术团队研究优化多元素同时分析条件，实现多元素的合金材料快速检测，一般常量分析仪需要 30－60 秒即可完成检测，而多元素产品以往的检测方法基本要 1 小时以上；（3）技术团队和厂家联合开发增加了 10 位自动进样盘，通过 10 位自动盘，进一步实现了检测的自动化水平，提高检测效率。

3. 关于将该技术认定为核心技术是否合理的说明

如前文所述，高精度检测技术是结合公司生产工艺和产品特点的基础上，摸索研究建立的适应自身生产经营需要的检测技术，并且在该项技术上的自主研发具体体现也充分说明了其真正来源是长期生产实践和技术研究的积累。

无论是成品的检测还是生产过程中基体元素的检测都关系到钎焊材料产品的质量与性能。公司高精度检测技术的实施提高了生产效率，保证了产品质量。

综上所述，公司将该检测技术认定为核心技术是合理的。

（二）受让取得、许可取得的知识产权

关于受让取得、许可取得的知识产权，典型案例如下：

案例 1：新疆大全新能源股份有限公司

关于新疆大全的基本信息请参见关于核心技术与通用（共性）技术的案例 1，此处不做赘述。

通过上交所于 2020 年 11 月 26 日下发的《关于新疆大全新能源股份有限公司首次公开发行股票并在科创板上市申请文件的审核问询函的回复》，我们可以看到关于引进核心技术的相关回复。

在被问及引进核心技术时，新疆大全通过列表的方式详细介绍了各项引进技术的具体信息，包括技术来源、对引进技术进行优化创新的具体内容、就技术引进与授权方的权利义务约定等。此外，还通过中国裁判文书网、中国执行信息公开网、信用中国网站等的查询，说明对于引进技术及其创新不存在纠纷或潜在纠纷。

具体问询及回复内容如下：

问询：

关于技术招股说明书披露，发行人的主要产品为高纯多晶硅，公司依托成熟、稳定的改良西门子法加冷氢化工艺，实现了通过信息化、智能化生产装置和闭环式运行工艺制备高质量、低能耗、低成本的高纯多晶硅产品。公司成立之初引进了世界领先的设备和生产工艺，四氯化硅综合利用技术、高沸物回收及转化技术及精馏耦合技术和还原尾气回收 H2 净化技术等技术来源为引进并自主优化，硅渣回收利用技术的技术来源为共同研发。招股说明书披露，公司是全球领先的高纯多晶硅制造企业之一。

请发行人说明：发行人部分核心技术引进的技术来源，对引进技术进行优化创新的具体内容，就技术引进与授权方的权利义务约定，是否存在纠纷或潜在纠纷。

回复：

新疆大全关于引进核心技术的回复如下：

发行人部分核心技术引进的技术来源、对引进技术进行优化创新的具体内容、就技术引进与授权方的权利义务约定等具体如表 33 所示：

表 33　具体情况

序号	核心技术名称	技术来源	对引进技术进行优化创新的具体内容	就技术引进与授权方的权利义务约定
1	精馏耦合技术	天津天大天久科技股份有限公司	精馏系统通过分离提纯，为多晶硅生产提供高品质原料三氯氢硅，精馏过程需消耗大量热量。该技术主要是根据多晶硅精馏除杂功能需求以及用热特性进行组合，将主塔顶气体余热用作副塔再沸器热源技术，以此降低热量的消耗。公司对引进的精馏耦合技术进行优化，主要技术优化点：（1）对耦合的压力进行了合理的调整，在节约能源的同时，保证了产品的质量；（2）对耦合塔之间的压力平衡进行了改进，使耦合塔之间压力匹配更合理，操作更稳定；（3）对塔的自动控制方案进行改进使塔运行更稳定等	天津天大天久科技股份有限公司作为精馏工艺包、填料、塔内件设计提供方及塔填料、内件供货方，按照公司产品要求进行工艺流程模拟计算、填料选型、工艺包开发设计、精馏塔气液设备参数确定和流体力学计算，并在此基础上进行塔填料及内件的设计、制造。天津天大天久科技股份有限公司应保证公司在使用其货物、服务及其任何部分而不收到第三方关于侵犯其专利权、商标权或工业设计权等的指控。任何第三方如果提出侵权指控，卖方须与第三方交涉并承担可能发生的一切法律责任和全部费用
		天津市净纯科技有限公司		天津市净纯科技有限公司作为精馏工艺包、精馏塔填料选型、塔内件设计的提供方，按照公司提供原料、公用介质的条件及对多晶硅产品质量要求进行工艺流程模拟计算、填料选型、工艺包开发设计、精馏塔气液设备参数确定和流体力学计算，并在此基础上进行塔内件的设计，能够充分保证产品质量及产量要求。本项目的技术通过集成运用天津大学开发的多项高纯多晶硅分离专利技术、CPS 纯化技术和天津大学高效填料及塔内件等专利及专有技术，采用了天津大学最新的多塔差压耦合技术，为天津大学合法授权使用。天津市纯净科技有限公司在本项目中所使用的到天津大学专利及专有技术，保证取得了天津大学的合法授权，今后产生任何有关纠纷，新疆大全免除一切责任

续表

序号	核心技术名称	技术来源	对引进技术进行优化创新的具体内容	就技术引进与授权方的权利义务约定
2	四氯化硅综合利用技术	GTAT CORPORATION	（1）汽化方式的创新，GTAT CORPORATION（以下简称 GT）技术使用导热油将四氯化硅加热至 220℃使之汽化，导热油的热量来源电加热器，新疆大全采用通入氢气的方式降低 STC 的分压，使 STC 的汽化温度降低 170℃，汽化温度的降低增多了 STC 汽化的热量来源的选择性，比如 7－12barg 的蒸汽，根据热值价格选择更有竞争力的热量来源。（2）操作压力升高，GT 技术推荐操作压力 20.5barg，根据生产经验，每升高 1barg 的压力，STC 的转化率增加 1%，公司在设备投资、可操控性以及安全等方面平衡后，对后建冷氢化装置操作压力进行了优化，提高了单套装置的产能。（3）创新热量回收优化，GT 技术在推荐进急冷塔设备的温度为 358℃，公司经过优化，采用物物换热，用这部分的热量来预热进入流化床反应器的物料，可以将进急冷塔前的温度控制在 250℃。（4）冷氢化的电耗从最早开车的 0.58Kwh/kgTCS 降至 0.24KWh/kgTCS，多晶硅综合电耗降低约 6.8Kwh/kg	（1）2011 年 8 月，重庆大全和 GTAT CORPORATION 签订了技术许可和转让协议，约定授权重庆大全使用 Hydrochlorination TCS Production Technology 技术、交付基本工程包，并提供技术服务，重庆大全可用于其在重庆和石河子的工厂。（2）2014年 8 月，重庆大全、新疆大全和 GTAT CORPORATION 签订了协议，约定将新疆大全加入 2011 年签订的技术许可和转入协议中的被许可人，新疆大全具有协议中规定的被许可人的所有权利、责任、义务和责任
3	高沸物回收及转化技术	宁夏胜蓝科技有限公司	（1）对催化剂的回收再利用，原工艺催化剂会随着杂质一起排放掉，造成成本增加，也加大了环保压力，通过公司的优化改进，将催化剂进行萃取回收利用，减少了催化剂的消耗量，在节约成本的同时也降低了环保压力。（2）公司正在对反应和提纯工艺进行了优化整合，减少了能耗的同时提升产品品质	宁夏胜蓝科技有限公司提供工艺包（包含渣浆回收工艺包、高沸裂解工艺包及专用催化剂、络合剂、吸附剂的配方费）、专用设备及设备的安装调试等。宁夏胜蓝科技有限公司应保证合同项下的货物、服务等不侵犯任何第三方的专利权、商标权及其他知识产权权利

经查询中国裁判文书网、中国执行信息公开网、信用中国网站等公开信息并经发行人确认，截至本回复签署日，关于引进技术及其优化创新，发行人与技术来源方之间不存在纠纷或潜在纠纷。

案例2：浙江臻镭科技股份有限公司

2021年6月29日浙江臻镭科技股份有限公司（以下简称臻镭科技）科创板IPO获上交所受理，于2021年12月21日获得批准注册。

臻镭科技专注于集成电路芯片和微系统的研发、生产和销售，并围绕相关产品提供技术服务。公司主要产品包括终端射频前端芯片、射频收发芯片及高速高精度ADC/DAC、电源管理芯片、微系统及模组等，为客户提供从天线到信号处理之间的芯片及微系统产品和技术解决方案。公司产品及技术已广泛应用于无线通信终端、通信雷达系统、电子系统供配电等军用领域，并逐步拓展至移动通信系统、卫星互联网等民用领域。本次募集资金扣除发行费用后，将投资于以下项目，具体情况如下：射频微系统研发及产业化项目、可编程射频信号处理芯片研发及产业化项目、固态电子开关研发及产业化项目等。

通过上交所于2021年8月25日下发的《关于浙江臻镭科技股份有限公司首次公开发行股票并在科创板上市申请文件的审核问询函》之回复报告，我们可以看到关于受让取得、许可取得的知识产权的相关回复。

在被问及受让取得、许可取得的知识产权时，臻镭科技介绍了企业核心技术及授权专利的具体内容，对于授权专利也介绍了其发明人、取得情况、定价机制和重要性等信息。

具体问询及回复内容如下：

问询：

根据申报材料，发行人实际控制人郁发新目前担任浙江大学博士生导师，发行人部分专利受让自浙江大学，同时报告期内发行人和浙江大学存在签署技术开发（委托）合同的情形。

请发行人说明：（1）发行人当前技术或专利等是否涉及实际控制人在浙江大学任职的职务发明等情形，是否存在潜在纠纷；（2）上述技术开发合同的主要内容，发行人获取订单是否与实际控制人的任职有关，发行人在技术来源和业务获取上是否存在对浙江大学的依赖。

回复：

臻镭科技关于受让取得、许可取得的知识产权的回复如下：

1. 发行人当前技术或专利等是否涉及实际控制人在浙江大学任职的职务发明等情形，是否存在潜在纠纷

发行人自成立以来专注于集成电路芯片和微系统技术的开发和突破，围绕终端射频前端芯片、射频收发芯片及高速高精度 ADC/DAC、电源管理芯片、微系统及模组等产品积累了多项核心技术和技术储备，其主要产品所涉核心技术及专利均由其自主研发，知识产权权属清晰，不存在纠纷或潜在纠纷。

（1）发行人核心技术及授权专利

发行人及其子公司拥有三维异构微系统无源结构与多物理场综合设计技术，多通道 T/R 射频微系统数字、模拟、射频隔离度优化设计技术，基于低通滤波器结构有耗式匹配电路技术，带阈值跟踪和温度补偿功能的有源偏置电路技术，宽窄带信号兼容大动态范围接收通道设计技术，低杂散低噪声发射通道设计技术，多芯片同步设计技术，耐辐射微型磁隔离固体电子开关设计技术，耐辐射 T/R 组件电源管理芯片设计技术，高功率密度微电源模块设计技术等共计 10 项核心技术，并形成了共计 31 项授权专利，其中境内发明专利 26 项、实用新型 5 项，具体如表 34 所示。

表 34　发行人核心技术及授权专利情况

核心技术	对应主要产品	产品类型	专利名称	专利号	类型	申请日	有效期	权利人	取得情况	专利发明人
三维异构微系统无源结构与多物理场综合设计技术，多通道 T/R 射频微系统数字、模拟、射频隔离度优化设计技术	T/R 组件射频系统	微系统及模组	一种竖立放置的液冷散热射频结构及其制作方法	2018116340675	实用新型	2018 年 12 月 29 日	10 年	臻镭科技	自主研发	张兵；张勋；康宏毅

如表34所示，发行人及其子公司各项核心技术及专利均对应发行人或其子公司的主要产品，该等核心技术均为发行人业务发展过程中多年积累，主要由相关技术的主要研发人员在发行人任职期间利用发行人的设备、资源及个人知识、技术储备在各自工作业务岗位上研发而成，并自主申请取得了上述授权专利。

（2）发行人非核心技术对应的授权专利

除前述发行人自主研发的核心技术而形成的授权专利外，截至本反馈问询回复出具之日，发行人及其子公司继受取得的专利共计5项，该等专利所对应的技术均非发行人核心技术，具体如表35所示。

表35　发行人非核心技术对应的授权专利

权利人	专利名称	专利号	专利类别	申请日	有效期	发明人	取得情况	定价机制	重要性	是否形成主营业务收入	应用产品	背景原理
臻镭科技	基于PHEMT的放大器芯片及其热沉的热仿真等效模型*	2015102339768	发明	2015年5月11日	20年	徐秀琴、王志宇、尚永衡、郭丽丽、汪洋、郁发新	自浙江大学受让取得，受让价格为40.00万元	第三方评估及竞拍	一般	否	—	技术储备

* 该等专利系发行人或其子公司通过竞拍形式以合理价格自浙江大学受让所得，且已在国家知识产权局完成专利权人变更登记程序，该等专利的所有权权属清晰且无纠纷。发行人或其子公司向浙江大学采购该等专利主要用于技术储备，截至本反馈问询回复出具之日，该等专利无应用产品，未形成主营业务收入。

（3）发行人当前技术或专利等是否涉及实际控制人在浙江大学任职的职务发明等情形

根据《专利法》的规定，“执行本单位的任务或者主要是利用本单位的物质技术条件所完成的发明创造为职务发明创造”。根据《专利法实施细则》的进一步解释，“专利法第六条所称执行本单位的任务所完成的职务发明创造，是指：

（一）在本职工作中作出的发明创造；（二）履行本单位交付的本职工作之外的任务所作出的发明创造；（三）退休、调离原单位后或者劳动、人事关系终止后一年内作出的，与其在原单位承担的本职工作或者原单位分配的任务有关的发明创造。专利法第六条所称本单位的物质技术条件，是指本单位的资金、设备、零部件、原材料或者不对外公开的技术资料等。”对于职务发明的判断依据主要为在职期间及离职一年内执行单位任务而形成的发明创造或者创造发明利用了单位的资金、设备、零部件、原材料或者不对外公开的技术资料等。

发行人专利或技术主要形成过程为：①发行人业务发展过程中多年积累而形成的，该等技术及专利主要由相关技术的主要研发人员在发行人任职期间利用发行人的设备、资源及个人知识、技术储备在各自工作业务岗位上研发而成。郁发新在发行人核心技术及专利的形成过程中主要提供理论研究路径指导以及基础技术指导等工作，不存在利用浙江大学物质或技术条件的情形，不涉及实际控制人在浙江大学任职的职务发明。②通过受让的形式取得。其中发行人出于技术储备向浙江大学采购的四项专利涉及实际控制人在浙江大学任职的职务发明，该等专利系发行人通过竞拍的方式以合理价格受让取得，交易价格公允，该四项专利尚未应用到发行人现有产品中，并非发行人现阶段的核心技术；另外，发行人出于资产独立性考虑，将与无锡元核芯微电子有限责任公司共同所有变更为臻镭有限单独所有的一项专利不涉及实际控制人在浙江大学任职的职务发明。该等继受取得的专利已完成产权转移登记，权属清晰，不存在争议或潜在纠纷。

除发行人自浙江大学继受取得的四项专利外，发行人其余技术及专利不涉及实际控制人在浙江大学任职的职务发明；发行人自浙江大学继受取得的四项专利虽涉及实际控制人在浙江大学任职的职务发明，但是，该等专利系发行人以合理、公允的价格自浙江大学受让取得，已完成产权转移登记，权属清晰，不存在争议或潜在纠纷。

（4）实际控制人任职院系关于发行人知识产权权属的确认

根据发行人实际控制人郁发新任职院系（浙江大学航空航天学院）出具的《确认函》，对于臻镭科技已取得的知识产权（包括专利、软件著作权、集成电路布图），该学院对此不持异议，不存在任何权利主张。

（5）发行人现有知识产权不存在任何纠纷

经查询中国裁判文书网、全国法院被执行人信息查询网等并向发行人及其子公司所在地的西湖区人民法院和杭州市中级人民法院查询涉诉记录证明，截至本反馈问询回复出具之日，发行人不存在关于知识产权的任何纠纷。

发行人自主研发形成的技术或专利以及原与无锡元核芯微电子有限责任公司共同所有变为发行人单独所有的一项专利不涉及实际控制人在浙江大学任职的职务发明；发行人自浙江大学继受取得的四项专利虽涉及实际控制人在浙江大学任职的职务发明，但是，该等专利系发行人以合理、公允的价格自浙江大学受让取得，该等专利已完成产权转移登记，权属清晰。发行人当前技术或专利不存在潜在纠纷。

2. 上述技术开发合同的主要内容，发行人获取订单是否与实际控制人的任职有关，发行人在技术来源和业务获取上是否存在对浙江大学的依赖

（1）报告期内发行人和浙江大学签署的技术开发（委托）合同的主要内容

报告期内，发行人和/或其子公司与浙江大学签署《技术开发（委托）合同》共计八份，合同的主要内容如表 36 所示。

表 36　合同主要内容

<table>
<tr><th rowspan="2">序号</th><th rowspan="2">合同名称</th><th colspan="5">合同主要内容</th></tr>
<tr><th>合同签订主体</th><th>合同金额/万元</th><th>合同签订时间</th><th>双方合作分工</th><th>知识产权归属</th></tr>
<tr><td>1</td><td>JESD 204B 协议实现</td><td rowspan="3">委托方：浙江大学；受托方：城芯科技</td><td>123.00</td><td>2017 年 4 月</td><td rowspan="3">1. 该三个项目系基于客户 F《×××××× 射频前端技术》预研项目的分承研合同，浙江大学提供技术要求；2. 城芯科技完成 JESD204B 协议详细设计和仿真文件；3. 城芯科技根据浙江大学需求提供高速串口电路实现详细设计、仿真报告、测试报告；4. 城芯科技根据浙江大学需求提供高速数字电路实现详细设计、仿真报告并配合浙江大学完成射频收发芯片的测试报告</td><td rowspan="3">因履行合同产生、并由各方独立完成的阶段性技术成果及相关知识产权由完成方享有。双方同意有权以独占许可使用的方式提供给另一方，另一方并享有该等技术成果分许可的权利；为促进本合同项目技术开发和产业化应用，合同签订前，合同任一方持有的本合同项目方的技术成果均适用前述约定</td></tr>
<tr><td>2</td><td>高速串口电路设计及测试</td><td>240.00</td><td>2018 年 1 月</td></tr>
<tr><td>3</td><td>高速数字电路设计及测试</td><td>272.00</td><td>2019 年 1 月</td></tr>
</table>

（2）发行人获取订单是否与实际控制人的任职有关，发行人在技术来源和业务获取上是否存在对浙江大学的依赖

报告期内，发行人和浙江大学签署多项《技术开发（委托）合同》是在浙江省政府倡导“统筹整合要素资源，构建创新创业生态系统”的政策背景下，对各方优势资源的整合，是联动创新创业生态系统的具体实践。上述合同所涉项目均为国家级/省级科研项目（联合申报），关于各承研单位的承研资格、承研内容、承研经费以及验收标准由科研单位委托方（浙江省科技厅等科研单位）确定，联合申报项目经委托方审定后，浙江大学亦履行相应的公示及财务审批流程，即①发行人获取前述合同/订单与实际控制人在浙江大学的任职并无因果关系；②发行人与浙江大学就前述合同所涉项目，发行人具备其应完成部分的项目任务所需要的技术，在业务获取上与浙江大学存在相互合作、相辅相成的关系。具体情况如下：

第一，发行人和/或其子公司与浙江大学签署《技术开发（委托）合同》所涉项目均为国家级/省级科研项目，发行人和/或其子公司与浙江大学共同作为联合体申报并取得上述项目。

发行人和/或其子公司与浙江大学联合申报且取得多项国家级、省级科技项目，项目合作背景及取得订单的方式的具体内容详见本反馈问询回复“三、关于销售”之“3.1 发行人说明”之“（三）与浙江大学技术开发服务的合作背景，获取订单方式，报告期内签署合同的具体情况，高校采购射频芯片技术开发服务的原因和用途，确认收入的时间”回复。

第二，发行人联合承研项目的合作机构，并不局限于浙江大学。

报告期内，发行人除存在与浙江大学联合承研项目，亦存在与其他科研院所或民营企业联合承研项目的情形，如报告期内发行人与客户 A1、客户 B1、客户 D 联合承研项目。

发行人获取上述订单与实际控制人在浙江大学的任职无因果关系；在技术来源上，发行人技术或专利均为发行人自主研发形成或合理方式继受取得，发行人具备联合承研项目中其应完成部分的项目任务所需要的技术；在业务获取上，发行人与浙江大学存在合作关系，但不存在对浙江大学的重大依赖。

案例 3：浙江海德曼智能装备股份有限公司

2019 年 12 月 16 日浙江海德曼智能装备股份有限公司（以下简称海德曼）科

创板IPO获上交所受理，于2020年8月5日获得批准注册。

海德曼是一家专业从事数控车床研发、设计、生产和销售的高新技术企业，致力于高精密数控车床的标准引领、核心制造和技术突破。自设立以来一直致力于现代化“工业母机”机床的研发、设计、生产和销售。公司现有高端数控车床、自动化生产线和普及型数控车床三大品类、二十余种产品型号（均为数字化控制产品）。公司产品主要应用于汽车制造、工程机械、通用设备、军事工业等行业领域。

通过上交所2020年5月21日下发的《关于浙江海德曼智能装备股份有限公司首次公开发行股票并在科创板上市申请文件审核问询函的回复》，我们可以看到关于“受让取得专利”的相关回复。

在被问及受让取得专利时，海德曼梳理了截至问询函回复签署日的受让取得专利详细情况，包含受让专利的相关信息、受让时间、转让方与受让价格，并针对受让取得专利的产生背景与权属情况进行了详细的说明与阐释，如针对其发明专利的取得时间均较早的问题，海德曼从自身所在行业特点的角度出发论证，深入透彻地阐述了行业技术成熟度与保密要求较高等造成专利发明受让取得时间较早与近年来未有发明专利的原因。

具体问询及回复内容如下：

问询：

发行人8项发明专利中5项为受让取得，最近一项原始取得专利的申请日为2013年9月12日。

请发行人说明：受让取得专利的具体情况，包括但不限于受让时间、转让方、受让价格；发明专利的取得时间均较早的原因，发行人近年来没有发明专利的原因，是否技术研发及投入不足。

回复：

1. 受让取得专利的具体情况，包括但不限于受让时间、转让方、受让价格

截至本问询函回复签署日，海德曼共有4项专利为受让取得，上海海德曼有1项专利为受让取得，以上受让专利均为无偿转让，受让取得专利的具体情况如表37所示：

表 37　受让取得专利的具体情况

<table>
<tr><th>序号</th><th>专利权人</th><th>发明人</th><th>专利名称</th><th>专利号</th><th>专利类型</th><th>权利期限</th><th>受让时间</th><th>出让方</th><th>受让价格</th></tr>
<tr><td>1</td><td rowspan="4">海德曼</td><td rowspan="4">高长泉</td><td>一种数控车床</td><td>2007100692854</td><td rowspan="5">发明</td><td>至 2027 年 6 月 11 日</td><td>2009 年 2 月 10 日</td><td rowspan="4">高长泉</td><td rowspan="5">无偿</td></tr>
<tr><td>2</td><td>车床自动送料装置</td><td>2006100263549</td><td>至 2026 年 5 月 7 日</td><td>2009 年 2 月 10 日</td></tr>
<tr><td>3</td><td>车床夹紧装置</td><td>2006100489314</td><td>至 2026 年 1 月 5 日</td><td>2009 年 2 月 10 日</td></tr>
<tr><td>4</td><td>车床的液压夹紧装置</td><td>2004100734904</td><td>至 2024 年 12 月 17 日</td><td>2009 年 2 月 19 日</td></tr>
<tr><td>5</td><td>上海海德曼</td><td>葛建伟、石鑫、韩照</td><td>一种数控机床上用的可拆式刀架</td><td>2014101677122</td><td>至 2034 年 4 月 23 日</td><td>2017 年 4 月 26 日</td><td>海德曼</td></tr>
</table>

如表 37 所示，上述受让专利均为早期发行人实际控制人高长泉先生向发行人无偿转让其拥有完整权属的专利或发行人母子公司内部之间的专利转让，上述专利发明人均为发行人员工，上述专利对应技术实际均为发行人自有团队研发，并通过无偿过户方式确认归发行人及发行人子公司所有。

2. 发明专利的取得时间均较早的原因，发行人近年来没有发明专利的原因，是否技术研发及投入不足

发明专利的取得时间均较早及近年来没有发明专利的主要原因系机床行业的技术特点和研发过程特点：

（1）发行人所处行业技术成熟度较高，技术研发周期长，技术迭代速度较慢，产品的进步及技术的投入更多体现在生产工艺的提高、加工经验的积累、具体结构设计的进步等，均为不适宜申请专利的技术诀窍。

（2）发行人所处行业技术保密要求较高，而提升机床精度、稳定性等的部分技术为产品设计工艺，申请专利并因此对外公示将影响企业未来生产经营。因此，发行人将伺服刀塔技术、伺服尾座技术等高端数控车床核心技术的部分内容作为商业秘密进行保护，暂时未就该等技术申请专利。

发行人重视企业的研发能力和自主创新能力，持续稳定地为技术创新提供资金、设备和人力支持。发行人 2017 ~ 2019 年投入的研发费用分别为 1099.58 万元、1706.82 万元和 1974.98 万元。发行人围绕高刚性和高精度主轴技术、伺服刀塔技术和伺服尾座技术等核心技术的基础平台，以自动化、智能化高端数控车床产品为目标，规划、设立了近 20 项在研项目。

发行人重视研发人才的激励和培养。截至 2019 年 12 月 31 日，发行人有研发人员 72 人，其中，中高级职称有 5 人、台州市“500 精英”2 人（含台州市紧缺型人才 1 人）。发行人对在项目研发、技术提升和专利申请中贡献重大的科技人员提升给予充分的奖励，并为员工提供多渠道的进修、培训机会，使企业的研发水平始终处于行业领先水平。

因此，发行人发明专利的取得时间均较早、近年来没有发明专利具有合理性并符合行业特点，发行人报告期内投入的研发费用充足，不存在技术研发及投入不足的情况。

案例 4：明冠新材料股份有限公司

2020 年 6 月 4 日明冠新材料股份有限公司（以下简称明冠新材）科创板 IPO 获上交所受理，于 2020 年 11 月 24 日获得批准注册。

明冠新材的主营业务为新型复合膜材料的研发、生产和销售。报告期内，明冠新材的主要产品为太阳能电池背板。明冠新材在发展过程中掌握了一系列拥有自主知识产权的复合膜材料类产品的配方及生产工艺，并以此为依托陆续开发了锂离子电池用铝塑膜、特种防护膜、POE 胶膜等产品，将相关技术拓展至多个应用领域。报告期内，明冠新材的铝塑膜、特种防护膜、POE 胶膜等产品已实现了批量生产及销售，并随着对上述新产品研发及生产的持续投入，上述新产品及其业务将有望成为公司未来重要的利润增长点。

通过上交所 2020 年 7 月 20 日下发的《关于明冠新材料股份有限公司首次公开发行股票并在科创板上市申请文件审核问询函的回复》，我们可以看到关于“受让取得知识产权”的相关回复。

在被问及受让专利的相关情况时，明冠新材阐释了公司的核心技术与受让专利的关联性，其中部分属于核心专利，并详细解释了受让专利属于核心专利这一情况的形成原因。在论证受让价格的公允性时，明冠新材逐一列举受让取得专利的基本信息，包括专利名称及专利号、申请日期、原始申请人、转让情况与转让价格等，同时披露了关联方的具体情况。明冠新材强调了部分受让取得专利主要由其自主开发，出现权属转移是由于员工独立性意识和公司规范意识的欠缺，现已逐步提高知识产权保护意识。

具体问询及回复内容如下：

问询：

根据律师工作报告，发行人有 1 项专利受让自明冠集团；7 项专利受让自昆山永翔光电科技有限公司；4 项专利受让自城邦达益。

请发行人说明：上述专利是否为核心专利及受让价格的公允性。

回复：

1. 上述专利是否为核心专利

公司的核心技术主要包括功能性高分子薄膜研制技术、特种粘合剂开发技术、材料界面处理技术、材料光学设计技术、精密涂布复合技术和功能性材料分散技术等，公司受让自城邦达益的“一种锂电池铝塑膜及制备方法”以及“聚合物锂离子电池软包装膜及其制备方法”两项专利分别涉及精密涂布复合技术和功能性材料分散技术和特种粘合剂开发技术，属于公司的核心专利；其余受让取得的专利因申请和授权时间较早，且经由公司逐步更新迭代，目前不属于公司的核心专利。

2. 发行人专利受让价格的公允性

公司受让取得的专利基本情况如表 38 所示。

表 38　公司受让取得的专利基本情况

序号	专利名称及专利号	申请日期	原始申请人	专利转让情况	转让价格/元
1	一种凹凸聚酯膜及其制备工艺 200810029100 1	2008 年 6 月 27 日	东莞市旭冠电子科技有限公司	2011 年 5 月，由东莞市旭冠电子科技有限公司转让给昆山卓越蓝天电子科技有限公司；2011 年 9 月，由昆山卓越蓝天电子科技有限公司转让给明冠集团；2011 年 11 月，由明冠集团转让给明冠有限公司	0

续表

序号	专利名称及专利号	申请日期	原始申请人	专利转让情况	转让价格/元
2	复合式光伏封装基材的制备方法 2010105419314	2010 年 11 月 12 日	昆山永翔	2015 年 1 月，由昆山永翔转让给公司	21 492
3	高散热太阳能电池背板 2013106008229	2013 年 11 月 25 日			

2014 年以前，因公司员工独立性意识较为薄弱，将部分主要由公司开发完成的专利登记在关联方或其他公司名下。其中，序号 1 中的专利登记在了东莞市旭冠电子科技有限公司名下，序号 2－12 的专利登记在昆山永翔名下。2011 年至 2015 年，因东莞市旭冠电子科技有限公司、昆山永翔不再开展相关经营活动，以及公司规范意识逐步提高，公司根据其经营所需陆续收回了上述专利。

公司自关联方受让上述 4 专利的价格系根据关联方代公司持有相关专利而产生的费用计算。其中，昆山永翔作为名义上的原始权利人，在申请序号 2－6 的专利过程中为公司垫付了 21 492 元费用，因此经双方协商，序号 2－6 的转让价格确定为 21 492 元；关联方在申请或持有序号 1 及序号 7－12 的专利过程中因关联方未能系统归集其为该等专利支出的各类申请维护费用明细，但相关费用金额较小，因此经各方协商，该等专利的转让价款确定为 0 元。综上所述，公司作为专利的真实所有权人，相关专利转让价格以关联方代公司持有相关专利而产生的费用为作价依据，对于相关费用确难归集但金额较小的采用零对价转让，转让价格具有公允性考虑。

（三）知识产权合作开发

关于知识产权合作开发，典型案例如下：

案例 1：安集微电子科技（上海）股份有限公司

2019 年 3 月 29 日安集微电子科技（上海）股份有限公司（以下简称安集科技）科创板 IPO 获上交所受理，于 2019 年 7 月 1 日获得批准注册。

安集科技主营业务为关键半导体材料的研发和产业化，目前产品包括不同系列的化学机械抛光液和光刻胶去除剂，主要应用于集成电路制造和先进封装领域。本次发行募集资金扣除发行费用后，公司将按照轻重缓急依次投入以下项目，包括：安集微电子科技（上海）股份有限公司 CMP 抛光液生产线扩建项目、安集集成电路材料基地项目、安集微电子集成线路材料研发中心建设项目等。

通过上交所于 2019 年 4 月 30 日下发的《关于安集微电子科技（上海）股份有限公司首次公开发行股票并在科创板上市申请文件的审核问询函的回复》，我们可以看到关于合作研发的相关回复。

在被问及合作研发时，对于第一个问题，安集微电具体介绍了与上海大学、华东理工大学合作研发的相关成果，并通过表格的方式说明了提交的专利申请具体内容，包括专利申请名称、专利申请号、专利权人等。对于合作研发协议中的知识产权归属、使用与转让等事项，安集微电也进行了详尽的披露。

对于第二个问题，安集微电简单介绍了合作方 RHODIA OPERATIONS 的科研背景，并指明合作研发的技术不属于核心技术或对核心技术起到重要作用的辅助技术。对于合作研发条款中研发成果权利归属与研发成果许可使用也都进行了详尽的阐述。对于合作方背景、合作技术性质与知产相关条款都有涉及。

最后，安集微电通过表格的形式列举了合作研发的研发费用与费用支付情况，对于保密措施等事项也进行了披露。保密部分涵盖了合作协议中的技术秘密条款，合作研发对发行人自主掌握核心技术与核心技术保密不构成重大不利影响两个部分。

具体问询及回复内容如下：

问询：

报告期内发行人与上海大学、华东理工大学、苏州市永达氨基酸厂、长江存储科技有限责任公司和 RHODIA OPERATIONS 等机构合作研发相关技术，其中发行人与上海大学、华东理工大学的合作均已到期，与苏州市永达氨基酸厂和长江存储科技有限责任公司主要是采购、销售产品过程中的技术合作。

请发行人说明：（1）与上海大学、华东理工大学合作研发的具体成果，是否形成了专利或非专利技术，相关技术成果权利归属与许可使用情况，相关技术成果的应用领域，是否为发行人业务所需的核心技术；与上海大学合作研发协议中关于研发成果权利归属与许可使用的约定。（2）RHODIA OPERATIONS的科研背景，与其合作研发的技术是否属于核心技术或对核心技术起到重要作用的辅助技术，目前合作研发进度与成果情况，研发成果权利归属与许可使用的约定。（3）相关合作研发的费用总额与具体费用支付情况，与供应商、客户之间的合作研发是否涉及发行人核心技术、产品配方等机密，发行人是否采取了积极有效的保密措施；相关合作研发是否对发行人自主掌握核心技术与核心技术保密构成重大不利影响。

回复：

安集科技关于合作研发的相关回复如下：

1. 与上海大学、华东理工大学合作研发的具体成果，是否形成了专利或非专利技术，相关技术成果权利归属与许可使用情况，相关技术成果的应用领域，是否为发行人业务所需的核心技术；与上海大学合作研发协议中关于研发成果权利归属与许可使用的约定。

（1）上海大学的合作研发

发行人与上海大学合作研发的具体成果是研究开发了溶胶型氧化铈磨料，并在氧化物抛光液中应用。

本次合作研发提交了1项发明专利申请，尚在申请过程中，具体情况如表39所示：

表39 专利申请

专利申请名称	专利申请号	专利权人	申请日期
氧化铈纳米介孔球的制备方法	201711382372.5	发行人、上海大学	2017年12月20日

根据安集有限、上海安集与上海大学签署的《科研项目合作协议书》，在项目执行过程中，形成的科技成果及知识产权归安集有限所有。上述发明专利“氧化铈纳米介孔球的制备方法”的专利权人为发行人与上海大学，系为完成项目验收要求，发行人同意上海大学成为该项非核心专利的权利人，对于该项非核心专利，双方对权利的行使未做约定。

该技术成果的应用领域为氧化物抛光液，不是发行人业务所需的核心技术。（见表40）

表 40　专利申请情况

<table>
<tr><th>序号</th><th>专利申请名称</th><th>专利申请号</th><th>专利权人</th><th>申请日期</th></tr>
<tr><td>1</td><td>一种电子级柠檬酸的制备方法</td><td>201711452572.3</td><td rowspan="2">上海安集、华东理工大学</td><td rowspan="2">2017 年 12 月 28 日</td></tr>
<tr><td>2</td><td>一种电子级柠檬酸的制备方法</td><td>201711452747.0</td></tr>
</table>

（2）与华东理工大学的合作研发

发行人与华东理工大学合作研发的具体成果是研究开发了超纯电子级柠檬酸并用于抛光液和清洗液的优化升级。

本次合作研发提交 2 项发明专利申请，均在申请过程中，具体情况如下：

根据上海安集与华东理工大学签署的《技术开发合同》，项目执行过程中，形成的科技成果及知识产权归双方共用，技术开发成果的技术秘密使用权、转让权归双方共有。如果 5 年内上海安集未量产，允许双方共同转让。

该类技术成果的应用领域为抛光液、清洗液，不是发行人业务所需的核心技术。

（3）与上海大学合作研发协议中关于研发成果权利归属与许可使用的约定

根据上海安集与上海大学签署的《上海大学—安集微电子新材料联合研发中心合作框架协议》，上海安集与上海大学合作开发的各类技术成果归双方共同所有，对于技术成果的产业化，上海安集拥有优先于其他实体的权力，经双方同意后才可以向第三方转移技术。双方将联合申请各类专利等知识产权，具体分配方式根据具体项目另签协议。

根据安集有限、上海安集与上海大学签署的《科研项目合作协议书》，在项目执行过程中，形成的科技成果及知识产权归安集有限所有，上海大学研发人员享有其完成相关成果所发表的论文及申请的专利等的署名权。上海大学在发表论文或以其他任何形式使用本项目成果时，应在事前获得安集有限书面许可。具体利益分享方式和比例三方另行商定。

2. RHODIA OPERATIONS 的科研背景，与其合作研发的技术是否属于核心技术或对核心技术起到重要作用的辅助技术，目前合作研发进度与成果情况，研发成果权利归属与许可使用的约定。

（1）RHODIA OPERATIONS 的科研背景

RHODIA OPERATIONS 是一家拥有无机材料化学方面专门技术的生产商，具备氧化物颗粒悬浮液的制备方法和用途方面的专门技术。RHODIA OPERATIONS 能提供发行人在产品中定制化原材料，因此双方签署了《联合开发协议》。

（2）合作研发的技术不属于核心技术或对核心技术起到重要作用的辅助技术，目前合作研发进度与成果情况

RHODIA OPERATIONS 能提供发行人在产品中定制化原材料，不属于核心技术或对核心技术起到重要作用的辅助技术。双方正在针对定制化原材料进行测试，目前尚未有成果。

（3）研发成果权利归属与许可使用的约定

①研发成果权利归属

根据 RHODIA OPERATIONS 和上海安集签署的《联合开发协议》约定，双方应共同拥有所有共同成果，并应研究保护这些成果的最佳方法。如果双方选择为任何共同成果申请专利，双方应确定申请专利的一方，并可以以其自己的名义，在双方共同约定的有关国家提交包含该等共同成果的专利申请，以及采取与该等专利申请和所有与将被授予专利的起诉、维权和辩护有关的一切行动。双方应平均分摊申请方为此目的而产生的所有外部费用。各方应有权以其自己的名义并在自行承担费用的情况下，在另一方不愿提交专利申请的国家提交包含共同成果的专利申请。

②研发成果许可使用

根据 RHODIA OPERATIONS 和上海安集签署的《联合开发协议》约定，RHODIA OPERATIONS 可在无需向上海安集作出解释的情况下，直接或间接地自由使用任何 RHODIA OPERATIONS 成果；上海安集可在无须向 RHODIA OPERATIONS 作出解释的情况下，直接或间接地自由使用任何上海安集成果。双方应能够自由地使用任何共同成果，出于该等目的，申请方应向另一方授予任何专利申请及将要授予的任何专利的非独占性且免费的许可。

3. 相关合作研发的费用总额与具体费用支付情况，与供应商、客户之间的合作研发是否涉及发行人核心技术、产品配方等机密，发行人是否采取了积极有效的保密措施；相关合作研发是否对发行人自主掌握核心技术与核心技术保密构成重大不利影响。

（1）相关合作研发的费用总额与具体费用支付情况。

相关合作研发的费用总额与具体费用支付情况如表 41 所示。

表 41　相关合作研发的费用总额与具体费用支付情况

合作方	起止日期	合作协议的主要内容	协议约定的研发费用总额	具体费用支付
上海大学	自 2015 年 5 月 1 日至 2018 年 4 月 30 日	重点研发以纳米科技为核心的新材料产品，同时为产品研发提供战略分析及分析检测支持	研发费用总额根据项目的大小和周期为依托。上海安集资金主要用于项目研发及产品分析检测，上海大学资金主要用于中心日常办公运行，上海安集提供启动运行费用 5 万元 根据上海市经济和信息化委员会的批准，给予项目主要承担单位（安集有限）和合作单位（上海大学）以下支持：专项资金支持安集有限 150 万元，安集有限由自筹资金支持上海大学研发经费 75 万元	上海安集已支付了 5 万元；发行人已支付了 75 万元
长江存储	自 2018 年 12 月 28 日起五年	双方共同研发合同项下的抛光液达到预期工艺要求	费用及支付方式由双方另行确定，目前尚未有明确的约定	尚未有费用支出

（2）与供应商、客户之间的合作研发不涉及发行人核心技术、产品配方等机密，且发行人业已采取了积极有效的保密措施。上述合作协议中，长江存储为公司的客户。

根据协议约定，合作研发产生的所有合同项下的抛光液技术秘密归公司所有，长江存储在合同期限内享有合同项下的抛光液的独家使用权。发行人提供最终产品及技术支持，在最终产品中涉及发行人核心技术、产品配方等机密。合作开发过程中，长江存储提出对产品性能的要求，但不参与产品配方的具体调整和确定，不涉及发行人核心技术、产品配方等机密。

双方约定了保密条款，并严格按照相关约定执行。双方签署了保密协议，并严格按照保密协议的相关约定执行。

（3）相关合作研发是不对发行人自主掌握核心技术与核心技术保密构成重大不利影响。

公司以自主研发、自主创新为主，公司所有核心技术均来自自主研发。发行人报告期内的研发投入分别为 4288.10 万元、5060.69 万元和 5363.05 万元，上述合作研发的投入较小，不是发行人研发的主要模式，不会对发行人自主掌握核心技术构成重大不利影响。

上述合作研发的合作单位不参与到公司配方的调整和确定，不涉及发行人核心技术、产品配方等机密，不会对发行人核心技术保密构成重大不利影响。

案例 2：上海复旦微电子集团股份有限公司

2020 年 9 月 30 日上海复旦微电子集团股份有限公司（以下简称复旦微）科创板 IPO 获上交所受理，于 2021 年 6 月 1 日获得批准注册。

复旦微是一家从事超大规模集成电路的设计、开发、测试，并为客户提供系统解决方案的专业公司。公司目前已建立健全安全与识别芯片、非挥发存储器、智能电表芯片、FPGA 芯片和集成电路测试服务等产品线，产品广泛应用于金融、社保、城市公共交通、电子证照、移动支付、防伪溯源、智能手机、安防监控、工业控制、信号处理、智能计算等众多领域。公司主要产品包括安全与识别芯片、非挥发存储器、智能电表芯片、FPGA 芯片和集成电路测试服务。本次募集资金拟用于可编程片上系统芯片研发及产业化项目以及发展与科技储备资金，具体包括：可编程片上系统芯片研发及产业化项目和发展与科技储备资金。

通过上交所于 2021 年 1 月 8 日下发的《关于上海复旦微电子集团股份有限公司首次公开发行股票并在科创板上市申请文件的审核问询函之回复报告》，我们可以看到关于合作研发技术保密的相关回复。

在被问及合作研发技术保密时，复旦微首先对合作研发背景与协议中的知识产权条款进行了披露，知识产权部分从专利与商业秘密的使用、许可、转让两方面来阐释双方各自拥有的权利。此外，复旦微还介绍了双方合作框架的具体内容。

具体问询及回复内容如下：

问询：

请发行人披露合作研发的协议的主要内容，权利义务划分约定及采取的保密措施等。

回复：

复旦微关于合作研发技术保密的问题回复如下：

报告期内，公司合作研发主要包括以下两项：

1. 2019 年 12 月 17 日，公司与中国地质大学（武汉）签署了《知识产权合作协议》，协议确认了自 2019 年 1 月以来，双方进行了多次讨论，基于公司对芯片技术、防伪方案和互联网应用的理解以及中国地质大学（武汉）对行业发展中痛点和问题的理解，双方共同提出了具有创造性的解决方案，并采取申请专利等行动对该方案进行知识产权保护。

双方所共同形成的解决方案基本框架为：基于芯片的唯一性特征，利用数据安全技术和移动互联网技术，形成一种新型的防伪溯源方案，该方案解决了在已有的同类方案中，存在的单个 APP 下载率不高，以及难以遏制“山寨认证”等问题。

协议约定协议中所提到的方案或项目，其所形成的技术专利申请权、专利权归双方共同所有。协议约定由公司为第一申请人，中国地质大学（武汉）为第二申请人进行专利申请。

协议约定：双方认可复旦微作为本协议中的主要受益方，中国地质大学（武汉）作为本协议的次要受益方。

（1）专利的使用、许可、转让方面

复旦微的权利包括：有权不经中国地质大学（武汉）同意单独实施专利；有权不经中国地质大学（武汉）同意以普通许可的方式许可他人实施专利；中国地质大学（武汉）作为专利权共有人，应及时配合复旦微与被许可方办理专利实施许可合同及相关备案手续；复旦微有权不经中国地质大学（武汉）同意转让复旦微在与中国地质大学（武汉）共有专利中的部分专利权，中国地质大学（武汉）应根据复旦微的要求与复旦微作为共同的专利权人与第三方签署专利权转让合同，并配合办理相关手续。

中国地质大学（武汉）的权利包括：经复旦微事先同意，可单独实施专利；经复旦微事先书面同意，可以普通许可的方式许可他人实施专利；经复旦微事先书面同意，可以转让与复旦微共有专利中的部分专利权，复旦微作为共同的专利权人与第三方签署专利权转让合同，并配合办理相关手续。

（2）商业秘密的使用权、许可权、转让权方面

复旦微的权利包括：有权不经中国地质大学（武汉）同意单独实施商业秘密；有权将共有的商业秘密以普通许可的方式许可他人使用，中国地质大学（武汉）应根据复旦微的要求与复旦微作为共同的商业秘密权利人与第三方签署商业秘密许可使用合同；复旦微有权不经中国地质大学（武汉）事先书面同意，将共有的商业秘密中复旦微的部分权利转让给他人，中国地质大学（武汉）应根据复旦微的要求作为共有商业秘密权利人与第三方签署商业秘密转让合同。

中国地质大学（武汉）的权利包括：须经复旦微事先书面同意，单独实施商业秘密；须经复旦微事先书面同意，可以许可他人使用商业秘密；须经复旦微事先书面同意，可以将共有的商业秘密中中国地质大学（武汉）的部分权利转让给他人。

同时，公司通过制定并执行严格的保密制度、强化信息安全管理、开展保密培训等保密措施，防止技术秘密泄露。

2. 公司与合作公司 A 一致认为，在移动互联网的大环境下，移动支付技术在地铁售检票系统中开始兴起，必将会成为未来地铁售检票系统中一种新型的模式。2017 年 12 月 20 日，双方签署了《战略合作框架协议》，约定双方共同探讨轨道交通领域的新技术、新应用，针对有价值的需求，共同进行技术研发工作。

合作框架内容为：

（1）以基于二维码脱机认证的轨道交通售检票方案为基础，合作公司 A 利用自己的市场和运营优势，复旦微利用自己的技术和产品优势，双方合作，共同向其他城市轨道交通推广该方案和相关产品；

（2）双方合作建设联合测试实验室，推进轨道交通售检票系统中的票卡和二维码应用标准化建设，并为此建设标准化的测试和验证环境，以保障上海轨道交通售检票系统的可用性，并作为双方向其他城市进行应用推广的技术保障；

（3）双方共同利用各自的优势，紧密结合市场和应用环境，共同探讨、开发

适用于轨道交通领域的新技术，新产品，并共同进行推广。

关于费用承担原则，双方将各自承担投入的人力资源、设备和费用。

针对合作过程中所产生的知识产权，双方遵循如下的原则：如果成果为合作的某一方所独立完成，该成果的知识产权由独立完成的一方拥有；如果成果为合作的双方所共同完成，该成果的知识产权由双方共同拥有；针对双方所共有的知识产权，如涉及相关的费用（主要包括专利申请和专利维护费用）支出，原则上各承担一半。

公司与合作公司 A 约定了保密义务。同时，公司通过制定并执行严格的保密制度、强化信息安全管理、开展保密培训等保密措施，防止技术秘密泄露。

案例 3：陕西莱特光电材料股份有限公司

2021 年 6 月 16 日陕西莱特光电材料股份有限公司（以下简称莱特光电）科创板 IPO 获上交所受理，于 2021 年 12 月 28 日获得批准注册。

莱特光电主要从事 OLED 有机材料的研发、生产和销售。公司 OLED 有机材料产品包括 OLED 终端材料和 OLED 中间体。公司目前量产的 OLED 终端材料主要为发光层材料中的 Red Prime 材料和空穴传输层材料。OLED 中间体是生产 OLED 终端材料的前端产品。本次募集资金拟投资项目包括 OLED 终端材料研发及产业化项目和补充流动资金。

通过上交所于 2021 年 9 月 30 日下发的《关于陕西莱特光电材料股份有限公司首次公开发行股票并在科创板上市申请文件的第二轮审核问询函》之回复报告，我们可以看到关于合作研发协议中排他性条款的相关回复。

在被问及合作研发协议中排他性条款时，莱特光电首先介绍了在售产品不存在排他性条款这一情况，表明合作研发协议中的排他性条款对于公司目前的业务经营情况不存在影响。对于合作研发协议中的排他性条款，莱特光电表示从商业互惠角度具有合理性，并介绍了未来排他性条款不会对公司持续经营能力产生重大不利影响的原因。

具体问询及回复内容如下：

问询：

根据首轮问询问题 7 的回复，发行人与前述厂商签订的采购合同中不存在排他性条款。发行人与京东方、华星光电签署的《合作开发协议》存在排他性条款。

请发行人量化分析前述排他性条款对发行人业务经营的影响，并进一步说明公司是否具有直接面向市场独立持续经营的能力。

回复：

莱特光电关于合作研发协议中排他性条款的问题回复如下：

1. 在售产品不存在排他性条款

根据发行人与前述厂商签订的采购合同，目前在售产品皆不存在排他性的条款。报告期内，公司尚未实现与客户联合开发产品的批量供货，因此，上述《联合开发协议》中的排他性条款对于发行人目前的业务经营情况不存在影响。

2. 联合开发的产品存在排他性条款

根据公司与京东方、华星光电签署的《联合开发协议》，联合开发的产品存在排他性条款，由于目前尚未实现联合开发产品的批量供货，因此上述条款对于公司具体的影响目前无法量化分析。公司与客户联合开发的产品未来将作为新产品进一步增加公司的收入规模，有利于公司整体的经营业绩。

OLED 终端材料的开发属于专项开发的模式，即根据各面板厂商使用的器件结构不同，所要求的性能指标也皆不相同，公司需要根据面板厂商的特定需求开发特定的产品。未来，对于上述联合开发产品的排他条款的限制，公司将针对性地根据不同客户的需求持续开发不同的产品，从而保证公司业务的持续经营。

综上，联合开发有利于提升双方的合作，有利于加快公司新产品的开发以及在客户处的应用，从双方互惠的角度来看，相应的排他性条款具有商业合理性。目前，公司与客户尚在联合开发过程中，尚未有产品批量供应，因此对于公司目前生产经营不存在影响。未来，在联合开发产品量产供应后，联合开发的新产品将提升公司整体的经营业绩。对于排他性条款，公司将针对性地根据不同客户的需求持续开发不同的产品，因此，上述排他性条款不会对公司持续经营能力产生重大不利影响，公司具有直接面向市场独立持续经营的能力。

案例 4：龙岩卓越新能源股份有限公司

2019 年 4 月 26 日龙岩卓越新能源股份有限公司（以下简称卓越新能）科创板 IPO 获上交所受理，于 2019 年 10 月 16 日获得批准注册。

卓越新能是一家经政府许可的，专业从事以废油脂（地沟油、酸化油等）为原料进行生物柴油生产，并将副产物提炼为工业甘油，同时将产业链逐步延伸至生物酯增塑剂、水性醇酸树脂等深加工产品的高效的资源循环利用企业。卓越新能自创立起一直专注于以废油脂生产生物柴油及深加工产品等方面的技术研究开发，是具有产品技术自主研发及产业化应用能力的国家级高新技术企业，同时也是福建省循环经济示范企业、福建省创新型示范企业、福建省战略性新兴产业骨干企业。经过近 20 年的经营发展，卓越新能在废油脂制取生物柴油领域积累了丰富的实战经验，并通过持续的自主研发创新，形成了一套先进的、能适用国内废油脂特点的生物柴油生产工艺体系，废油脂转酯化率及利用率高，产品满足欧盟市场要求并向其大量出口。目前卓越新能已成为生物柴油行业领先的高新技术企业，具有突出的行业地位。

通过上交所 2019 年 7 月 5 日下发的《关于龙岩卓越新能源股份有限公司首次公开发行股票并在科创板上市申请文件的审核问询函的回复》，我们可以看到关于“合作模式与研究成果归属分配”的相关回复。

在被问及与院校合作模式与研究成果归属的具体安排时，卓越新能以表格方式逐一披露了其及其子公司与科研院校及其他专业人员合作模式、研究成果归属的安排，包括合作主体、合作单位名称、合作内容、合作期限与成果归属的分配方式，内容具体明了。同时在被问及卓越新能的专利情况是否与合作研究有关联时，卓越新能提供所涉及的专利权证、相关合作协议以及国知局检索系统公开信息作为论据，证明卓越新能及其子公司目前已有的或正在申请的专利权不存在来源于与高校合作的研究成果的情形，强调相关专利权属情况清晰，与合作研发并无关联性。

具体问询及回复内容如下：

问询：

招股说明书披露，公司与厦门大学、广州大学、中科院广州能源所等多家科研院校建立了研发合作关系。请发行人披露：与各院校合作模式，研究成果归属分配的具体安排，包括知识产权使用限制、使用费等；发行人目前已有或正在申请的专利是否源于与高校合作的研究成果。

回复：

1. 与各院校合作模式，研究成果归属分配的具体安排，包括知识产权使用限制、使用费等（见表 42）

表42　发行人及其子公司与科研院校及其他专业人员合作模式、研究成果归属的安排

发行人方合作主体	合作单位名称	合作内容	合作期限	成果归属
福建致尚	江南大学	江南大学向福建致尚转让“一种聚氯乙烯用甘油基钙/锌复合热稳定剂”的专利权，并为福建致尚提供相应的技术支持；双方共同合作后续的技术研究	2014年4月8日至2017年4月7日	后续开发的技术由双方付出工作与投入比例共有
卓越有限	中国科学院广州能源研究所（以下简称能源研究所）	卓越有限作为企业博士后工作站与能源研究院联合招收博士后研究人员，并为相关博士后研究人员提供研究场地与资金	2011年1月25日至2013年1月24日	1. 博士后研究人员在站期间应当发表2篇研究成果相关论文并由能源研究所与卓越有限共享署名权； 2. 卓越有限提出并提供资金的研究项目由发行人所有； 3. 卓越有限与能源研究所共同出资的研究项目由双方另行协商； 4. 博士后研究人员在站期间发表的其他论文、出版的著作由三方共同申报成果奖励
卓越有限	广州大学	卓越有限向广州大学提供研究经费及报酬，共同开发氯化脂肪酸甲酯产品并建成年产2000吨生产线；	2009年2月25日至生产线建成投产	1. 建成的生产线归属于卓越有限； 2. 因合作开发产生的研究成果与知识产权由双方共有

续表

发行人方合作主体	合作单位名称	合作内容	合作期限	成果归属
厦门卓越	厦门大学	厦门卓越向厦门大学提供研究经费及报酬，共同研究“含 Pd，Pt，Lr 等贵金属合金在氧化物表面上表面组成与体相组成的关系”项目	2015 年 4 月 1 日至 2017 年 3 月 31 日	1. 研究过程中厦门大学应当发表 2 篇标注有厦门卓越资助的论文； 2. 研究过程中产生的其他成果及知识产权由双方共有
发行人、卓越生物基	田运仿	发行人向田运仿提供技术应用指导补贴及奖励金，田运仿在发行人新建醇酸树脂生产线技术应用进行指导	2018 年 1 月 17 日至卓越生物基醇酸树脂生产线完成调试	技术应用期间双方任一方或双方在生物柴油、天然脂肪醇、醇酸树脂方向的研究成果均归发行人所有

2. 发行人目前已有或正在申请的专利是否源于与高校合作的研究成果

根据发行人提供的专利权证、相关合作协议以及通过国家知识产权局专利检索系统查询，截至 2017 年 3 月 31 日，发行人与各高校之间的合作协议均已履行完毕，发行人及其子公司目前已有的或正在申请的专利权不存在源于与高校合作的研究成果的情形。

案例 5：海南金盘智能科技股份有限公司

2020 年 5 月 12 日海南金盘智能科技股份有限公司（以下简称金盘科技）科创板 IPO 获上交所受理，于 2021 年 1 月 13 日获得批准注册。

金盘科技主要从事应用于新能源、高端装备、节能环保等领域的输配电及控制设备产品的研发、生产和销售，主要产品为干式变压器（包括特种干式变压器和标准干式变压器）、干式电抗器、中低压成套开关设备、箱式变电站、一体化逆变并网装置、高压静止式动态无功功率补偿及谐波抑制装置（以下简称 SVG）等输配电及控制设备产品，广泛应用于新能源（含风能、太阳能、智能电网等）、高端装备（含轨道交通、海洋工程）、节能环保（含高效节能）、工业企业电气配套、基础设施、民用住宅、传统发电及供电、新型基础设施（含数据中心、新能源汽车充电设施）等领域，其中新能源—风能、高端装备—轨道交通、节能环保—高效节能等三个领域为公司主要产品的重点应用领域。除上述主要产品之外，金盘科技其他产品及业务包括工业软件开发与服务、安装工程业务和装备业务。

通过上交所 2020 年 9 月 17 日下发的《关于海南金盘智能科技股份有限公司首次公开发行股票并在科创板上市申请文件的第二轮审核问询函》，我们可以看到关于“合作研发”的相关回复。

在被问及与院校及其他公司合作研发成果的相关情况时，金盘科技逐一披露了合作研发项目具体内容、进展并解答了与合作研发成果有关的潜在权属问题。在被要求结合核心技术和专利的形成过程、合作研发等情况分析金盘科技是否具备独立、可持续的研发能力时，金盘科技披露了其总共拥有的核心技术与发明专利，并说明上述技术与专利均为自主研发获得，充分、完整地论述了其已建立完善的研发体系与知识产权保护制度，再结合合作研发情况得出具备独立、可持续的研发能力的结论，论述过程清晰简洁。

具体问询及回复内容如下：

问询：

招股说明书披露，报告期内，公司主要与上海交通大学、武汉工程大学、宝山钢铁股份有限公司开展合作研发。

请发行人说明：（1）合作研发项目的研发成果情况及使用约定，是否涉及发行人核心技术、产品或专利；（2）结合发行人核心技术及发明专利的形成过程、发行人在合作研发项目中所起的作用等情况，分析发行人是否具备独立、可持续的研发能力。

回复：

1. 合作研发项目的研发成果情况及使用约定，是否涉及发行人核心技术、产品或专利

2019 年公司与武汉工程大学、宝山钢铁股份有限公司分别签署了《战略合作框架协议书》《“宝钢股份 - 金盘科技联合实验室”协议》，但报告期内未开展具体合作研发项目。

2016 年公司与上海交通大学签署《联合研究中心合作协议》，报告期内公司与上海交通大学合作开展了新能源微电网并网及智能化管理系统、直流配电变压

器预研项目等两个研发项目，其中仅直流配电变压器预研项目形成了研究成果。就直流配电变压器预研项目的研发成果，公司与上海交通大学已共同申请“交直流混合配电网组网系统及其控制方法”“一种基于半桥级联型三电平的模块化固态变压器”两项发明专利（目前尚未取得专利证书），根据公司与上海交通大学的约定，上海交通大学、公司和子公司电气研究院共同拥有该研发成果，拥有的权益比例分别为 60%、20% 和 20%；该研发成果公司可单独免费实施，且向第三方授予使用许可无须经上海交通大学同意，上海交通大学仅用于发表论文及教学实施；截至本问询函回复出具日，该研发成果未形成产品，不涉及公司拥有的核心技术或专利。

综上，报告期内公司合作研发项目的研发成果未形成产品，不涉及公司拥有的核心技术或专利。

2. 结合发行人核心技术及发明专利的形成过程、发行人在合作研发项目中所起的作用等情况，分析发行人是否具备独立、可持续的研发能力

截至 2019 年 12 月 31 日，公司共拥有输配电及控制设备产品、工业软件产品及制造模式创新相关的 42 项核心技术和 10 项发明专利，均为公司自主研发获得。公司已建立完善的研发体系，拥有电气研究院、智能科技研究院、上海鼎格等研发平台以及各有关部门下设的研发组。截至 2019 年 12 月 31 日，公司研发人员达 301 人，占公司总人数 17.16%，专业领域涵盖产品研发、设计、工艺、试验、质量控制以及制造模式转型升级等方面。公司每年投入大量经费进行新技术、新产品、新工艺及信息化、数字化的研发工作，通过持续投入不断加强核心技术、产品、制造模式的研发力度，并对研发成果申请发明专利等知识产权保护。报告期各期，公司研发费用持续增加，分别为 9541.24 万元、9595.47 万元、10 146.09 万元。

公司在与上海交通大学合作已形成研发成果的直流配电变压器预研项目中，公司主要负责基于上海交通大学开发的一种系统控制专利技术，针对江苏直流配电网示范项目要求，研究一种直流配电变压器技术方案；上海交通大学主要负责提供直流配网用模块化多电平 DC－DC 变换器技术方案、主参数设计和仿真分析。合作研发项目的研发成果未形成产品，不涉及公司拥有的核心技术或专利。

综上，公司具备独立、可持续的研发能力。

（四）知识产权职务发明

关于知识产权职务发明，典型案例如下：

案例1：上海艾为电子技术股份有限公司

关于上海艾为电子技术股份有限公司的基本信息请参见关于公司核心技术竞争力的案例1，此处不做赘述。

通过上交所于2021年1月6日下发的《关于上海艾为电子技术股份有限公司首次公开发行股票并在科创板上市申请文件的审核问询函》之回复报告，我们可以看到关于职务发明的相关回复。

在被问及职务发明时，艾为电子表示公司董事、高管、核心技术人员及研发部门中来自华为或启攀微的人员作为发明人由华为或启攀微申请并取得的专利，不存在发行人主营业务直接相关的知识产权或技术成果。上述人员加入发行人后，牵头或参与形成的发明专利均为职务发明，专利权人均为公司，不存在涉及原单位职务成果以及对原单位的专利以及非专利技术侵权的情形，与原单位不存在纠纷及潜在纠纷。

具体问询及回复内容如下：

问询：

招股说明书披露，发行人实际控制人、董事、高级管理人员、核心技术人员在加入发行人前，部分曾在华为技术有限公司、启攀微电子（上海）有限公司等任职。

请发行人说明：前述人员作为发明人在曾任职单位取得的专利情况，是否存在与发行人主营业务相关的知识产权或技术成果，以及加入公司后，牵头或参与形成的发明专利、对应的权利归属、是否涉及原单位职务成果，是否构成对原单位的专利以及非专利技术侵权，是否与原单位存在纠纷或潜在纠纷。

回复：

艾为电子关于职务发明的回复如下：

1. 前述人员作为发明人在曾任职单位取得的专利情况，是否存在与发行人主营业务相关的知识产权或技术成果

前述人员作为发明人在华为或启攀微任职期间由前述原任职单位取得的专利

主要为与前述原任职单位主要产品及技术相关性较强的发明专利，整体分为两类，一类为在华为任职期间形成的通讯类专利，另一类为在启攀微任职期间形成的电容触控类芯片相关专利，不存在与公司目前的主营业务及产品直接相关的知识产权或技术成果。

（1）董事、高管和核心技术人员

截至本回复报告出具日，公司的董事、高管和核心技术人员在华为或启攀微任职期间作为发明人由华为或启攀微申请并最终取得且目前处于有权状态的发明专利共 4 项，具体如表 43 所示。

表 43　专利情况

专利权人	涉及人员	专利号	专利名称	申请日期
启攀微电子（上海）有限公司	程剑涛、张忠	CN200710037976. 6	一种高精度电容触摸传感控制电路架构	2007 年 3 月 12 日

孙洪军在华为任职期间形成的通讯芯片相关专利主要应用于网络交换机，公司产品主要应用于以智能手机为代表的新智能硬件领域，孙洪军在华为任职期间形成的专利与公司目前的专利应用场景及主要产品均不相关，且截至本回复报告出具日，孙洪军在华为任职期间形成的专利因未缴年费或专利期限届满终止失效目前均处于无权状态。

孙洪军、程剑涛、张忠在启攀微任职期间，形成的电容式触摸检测芯片相关专利，主要应用于家电、消费类电子、工业控制相关产品的触摸按键。报告期内，公司曾设计并销售电容式触控芯片产品，其技术路线与检测原理和启攀微相关产品不同。启攀微的电容式触摸检测芯片采用的是恒流源充电 + 高精度的时间/数字转换技术，公司的方案采用的是业界通用的电荷转移 + SigmadeltaADC 技术，不仅可以用于接触式的触摸开关，而且还可用于远距离、无接触式的接近感应。公司的相关产品并未涉及上述人员在启攀微任职期间形成的知识产权及技术成果。报告期内，公司电容触控芯片类产品的收入分别为 617. 99 万元、299. 93 万元、345. 17 万元和 123. 81 万元，占当期收入比重分为 1. 18%、0. 43%、0. 34%和 0. 24%。

综上，公司主营业务及产品并未涉及公司董事、高管和核心技术人员作为发明人在华为、启攀微形成的专利，上述人员作为发明人在华为、启攀微形成的专利不存在与公司目前的主营业务及产品直接相关的知识产权或技术成果。

（2）董事、高管和核心技术人员外的其他技术人员

除公司董事、高管和核心技术人员外，曾在华为或启攀微任职的其他 23 名技术人员中，仅有 1 名员工在华为任职期间作为发明人由华为申请并形成华为的发明专利。截至本回复报告出具日，该员工在公司尚处于试用期，未形成发明专利等知识产权。该员工在华为任职期间主要从事运营商网络设备相关芯片开发，其为发明人由华为申请并最终取得且目前处于有权状态的发明专利共计 5 项，主要应用于通讯网络设备。上述发明专利中，不存在与公司目前的主营业务及产品直接相关的知识产权或技术成果，具体如表 44 所示。

表 44　不存在与公司目前的主营业务及产品直接相关的知识产权或技术成果

序号	专利号	专利名称	申请日期
1	CN200510035264. 1	一种分频方法及分频计数器	2005 年 6 月 10 日
2	CN200610063593. 1	随机数发生装置、方法及对应的数据交互系统	2006 年 11 月 10 日

2. 加入公司后，牵头或参与形成的发明专利、对应的权利归属、是否涉及原单位职务成果，是否构成对原单位的专利以及非专利技术侵权，是否与原单位存在纠纷或潜在纠纷。

曾在华为或启攀微任职的公司董事、高管、核心技术人员及其他技术人员（合计 30 人）加入公司后，有 10 人作为发明人形成了 54 项公司的发明专利，其中公司董事、高管和核心技术人员孙洪军、郭辉、程剑涛、张忠、杜黎明 5 人牵头或参与形成的发明专利共 51 项。上述发明专利均系该等人员执行公司工作任务或者利用公司的设备等物质技术条件所自主研发取得的成果，属职务发明，其专利权人均为公司。发明专利主要应用于音频功放芯片、电源管理芯片、马达驱动芯片等，不涉及原单位的职务成果，不构成对相关发明人原单位的专利以及非专利技术的侵权。截至本回复报告出具日，公司及相关发明人与华为及启攀微不存在技术相关纠纷或潜在纠纷。上述人员形成的发明专利具体如表 45 所示。

表 45　相关人员形成的发明专利

序号	专利号	专利名称	申请日期	涉及人员
1	200910055405.4	一种调光控制的驱动控制装置、系统及方法	2009 年 7 月 24 日	孙洪军、程剑涛
2	201010140314.3	发光元件的驱动装置	2010 年 3 月 30 日	孙洪军

案例 2：陕西莱特光电材料股份有限公司

关于陕西莱特光电材料股份有限公司的基本信息请参见关于知识产权合作开发的案例 3，此处不做赘述。

通过上交所于 2021 年 9 月 30 日下发的《关于陕西莱特光电材料股份有限公司首次公开发行股票并在科创板上市申请文件的第二轮审核问询函》之回复报告，我们可以看到关于竞业限制与职务发明的相关回复。

在被问及竞业限制与职务发明时，莱特光电首先披露了核心技术人员于原单位的任职情况及其在公司任职期间的对外投资、兼职情况，通过表格详尽说明了离职与入职时间、是否与原单位签署竞业协议并领取竞业补偿等内容。并通过核心技术人员的承诺函加以佐证，充分说明了相关人员不存在违反竞业限制的情况。对于职务发明的相关内容，莱特光电也罗列了中韩两国有关职务发明的相关规定，表示核心技术人员主要成果不涉及原单位职务发明。莱特光电结合了目前情况与韩国律师事务所出具的相关文件，论证了公司相关知识产权不存在纠纷或潜在纠纷的结论。

具体问询及回复内容如下：

问询：

招股说明书披露，核心技术人员中，金荣国于 2012 年 7 月至 2018 年 8 月任韩国三星显示公司研发中心首席工程师，2019 年 9 月至今任莱特光电首席科学家；冯震于 2005 年 9 月至 2016 年 7 月任西安瑞联新材料有限责任公司研发三部和工艺流程再造研究部主管。

请发行人说明：(1) 发行人核心技术人员是否存在竞业禁止、利益冲突及其解决措施；(2) 核心技术人员主要成果是否涉及职务发明，是否存在侵害发行人或第三方合法权益的情形，相关知识产权是否存在纠纷或潜在纠纷。

回复：

莱特光电关于竞业限制与职务发明的回复如下：

1. 发行人核心技术人员是否存在竞业禁止、利益冲突及其解决措施

截至本回复报告出具之日，发行人核心技术人员于原任职单位任职情况及其在公司任职期间的对外投资、兼职情况如表 46 所示。

表 46　核心技术人员于原任职单位任职情况及其在公司任职期间的对外投资、兼职情况

序号	姓名	原任职单位	原任职单位离职时间	入职发行人时间	是否与原单位签署竞业协议并领取竞业补偿	在公司任职期间的对外投资、兼职及与公司利益冲突情况
1	金荣国	三星显示公司	2018 年 8 月	2019 年 9 月	与三星显示公司签署了竞业协议并领取竞业补偿，竞业期限为 2 年，竞业范围包括面板厂商及 LG 化学，不包括发行人，金荣国在竞业期限内加入发行人不违反竞业协议	无兼职；除在员工持股平台持股，无其他对外投资，不存在利益冲突
2	薛震	西安瑞联新材料股份有限公司	2013 年 10 月	2013 年 11 月	否	除投资西安麒麟并任西安麒麟监事，无其他兼职或对外投资，西安麒麟系公司实际控制人控制的持股平台，无实质业务经营，薛震兼职及投资企业与公司不存在利益冲突
3	冯震	西安瑞联新材料股份有限公司	2016 年 7 月	2016 年 8 月	否	无兼职；除在员工持股平台持股，无其他对外投资，不存在利益冲突

如表46所示，金荣国、杨雷加入发行人前与原单位签署了竞业协议，但发行人不在金荣国、杨雷与原单位竞业协议约定的竞业范围中，金荣国、杨雷在竞业期限内加入发行人不违反竞业协议，不存在违反原单位竞业限制义务的风险。金荣国入职发行人前已根据发行人的要求取得原任职单位的离职证明，金荣国原任职单位对金荣国入职发行人已知晓且未提出异议。发行人其他核心技术人员薛震、冯震、高昌轩、马天天均未与前任职单位签署竞业协议，不存在违反原单位竞业限制义务的风险。

发行人核心技术人员除通过持股平台间接持有发行人股份，不存在其他投资兼职情形，与发行人之间不存在利益冲突情形。

发行人核心技术人员均已出具承诺函，承诺："本人于陕西莱特光电材料股份有限公司（包括子公司，以下简称莱特光电）任职不违反本人与原单位签署的竞业协议、劳动合同或任何其他协议，如因本人违反竞业义务给莱特光电造成损失的，本人将依法向莱特光电承担赔偿责任；本人不存在投资或兼职与莱特光电具有利益冲突的其他企业，如本人投资或兼职与莱特光电具有利益冲突的其他企业给莱特光电造成损失的，本人将依法向莱特光电承担赔偿责任。"

综上所述，发行人核心技术人员加入发行人不涉及违反与前单位竞业限制协议的情形；截至本回复报告出具之日，发行人核心技术人员对外投资或兼职企业与发行人之间不存在利益冲突。

2. 核心技术人员主要成果是否涉及职务发明，是否存在侵害发行人或第三方合法权益的情形，相关知识产权是否存在纠纷或潜在纠纷

（1）核心技术人员主要成果不涉及原单位职务发明，不存在侵害发行人或第三方合法权益的情形

《专利法》第六条规定：执行本单位的任务或者主要是利用本单位的物质技术条件所完成的发明创造为职务发明创造。

《专利法实施细则》第十二条规定，专利法第六条所称执行本单位的任务所完成的职务发明创造，是指：在本职工作中作出的发明创造；履行本单位交付的本职工作之外的任务所作出的发明创造；退休、调离原单位后或者劳动、人事关系终止后1年内作出的，与其在原单位承担的本职工作或者原单位分配的任务有关的发明创造。

根据韩国世宗律师事务所于2021年8月23日出具的《备忘录》，判断是否

属于韩国法上的职务发明时，“以完成职务发明时的时间点为判断标准（大法院 1997 年 6 月 27 日宣告 97DO516 判决）。因此，职员离职后在离职后的公司上班时完成的发明，原则上在与之前公司的关系中不是职务发明，而是在与离职后的公司的关系中属于职务发明”，“但如果发明的主要部分在之前的职场中已经完成，则可能会存在争议。为防止关于发明完成时间的争议，有些公司会规定离职后一段时间内完成的发明由前使用者承继的条款，即追踪条款（trailingclause）的情形……基于追踪条款的原使用者的权利是合同上的权利，如果没有约定，就不能主张”。

发行人核心技术人员就职于公司期间产生的主要技术成果均系履行公司本职工作并利用公司物质技术条件完成，系专利权归属于发行人的职务发明；该等技术成果不属于上述人员履行原任职单位的本职工作或工作任务产生的技术成果，不涉及利用上述人员原任职单位资金、设备、零部件、原材料或者不对外公开的技术资料产生的技术成果，也不涉及违反与原单位保密协议的情形。

发行人核心技术人员入职发行人后作为发明人最早申请的专利情况如表 47 所示。

表 47　核心技术人员入职发行人后作为发明人最早申请的专利情况

序号	姓名	原任职单位离职时间	专利申请时间	专利名称	申请号	专利状态
1	金荣国	2018 年 8 月	2020 年 10 月	含氮化合物、电子元件和电子装置	202011173931.3	申请中
2	薛震	2013 年 10 月	2016 年 12 月	一种双极性发光主体材料及其合成方法与应用	ZL201611236657.3	已授权

如表 47 所示，发行人核心技术人员入职发行人后作为发明人申请的专利均系自原单位离职一年后作出，不构成“劳动、人事关系终止后 1 年内作出的，与其在原单位承担的本职工作或者原单位分配的任务有关的发明创造”；金荣国未与原任职单位签署“离职后一段时间内完成的发明由前使用者承继”的类似条款，根据韩国世宗律师事务所出具的《备忘录》，金荣国原任职单位对其离职后的发明不具备相应权利主张，其入职发行人后作为发明人申请的专利系其在发行

人的职务发明，相应产生的专利权等知识产权归属于发行人。因此，发行人核心技术人员在发行人任职期间的发明创造不涉及原单位的职务发明。

发行人核心技术人员均已出具承诺函，承诺："本人于陕西莱特光电材料股份有限公司（包括子公司，以下简称莱特光电）任职期间产生的技术成果均系履行莱特光电本职工作并利用莱特光电物质技术条件完成，属于莱特光电的职务发明，相关技术成果权属清晰，不涉及本人原任职单位的职务发明，不涉及违反与原单位保密协议的情形，也未侵害任何第三方的合法权益。如本人于莱特光电任职期间产生的技术成果侵害本人原任职单位或任何第三方的合法权益给莱特光电造成损失的，本人将依法向莱特光电承担赔偿责任。"

综上，发行人核心技术人员主要成果不属于上述人员原任职单位的职务发明，未侵害发行人或第三方合法权益。

（2）知识产权纠纷情况

截至本回复报告出具之日，发行人未收到核心技术人员原任职单位或其他任何第三方关于发行人核心技术人员在发行人任职期间产生的技术成果的任何权利主张或索赔要求，发行人及核心技术人员也不存在任何有关知识产权的诉讼、仲裁情况。

根据韩国世宗律师事务所于 2021 年 8 月 23 日出具的《备忘录》，"作为禁止和预防这种侵犯商业秘密的行为以及为此而采取的必要措施的一部分，可以提出禁止转职的请求"。因此，作为保护商业秘密的一般手段，韩国企业通常对雇员离职后的竞业限制义务通过协议方式予以明确约定。金荣国加入发行人前与原单位签署了竞业协议，但发行人不在金荣国竞业协议约定的竞业范围中；金荣国入职发行人前已根据发行人的要求取得原任职单位的离职证明，金荣国原任职单位对金荣国入职发行人已知晓且未提出异议。据此，金荣国入职发行人侵犯其原任职单位知识产权利益的风险较小。

根据韩国世宗律师事务所于 2021 年 8 月 23 日出具的《备忘录》，"截至 2021 年 8 月 17 日，贵司（即莱特光电）及贵司的下属企业在韩国境内不存在任何未了结或可预见的诉讼、仲裁或其他争议、纠纷情况"；"截至 2021 年 8 月 17 日 KimYoungKook（即金荣国）在韩国境内不存在任何未了结或可预见的诉讼、仲裁或其他争议、纠纷情况"。

综上所述，发行人拥有的相关知识产权不存在纠纷或潜在纠纷。

案例 3：芯原微电子（上海）股份有限公司

2019 年 9 月 20 日芯原微电子（上海）股份有限公司（以下简称芯原股份）科创板 IPO 获上交所受理，于 2020 年 7 月 22 日获得批准注册。

芯原股份是一家依托自主半导体 IP，为客户提供平台化、全方位、一站式芯片定制服务和半导体 IP 授权服务的企业。本次发行拟募集资金将在扣除发行费用后根据轻重缓急全部用于以下项目：智慧可穿戴设备的 IP 应用方案和系统级芯片定制平台的开发及产业化项目、智慧汽车的 IP 应用方案和系统级芯片定制平台的开发及产业化项目与智慧家居和智慧城市的 IP 应用方案和芯片定制平台等。

通过上交所于 2020 年 1 月 9 日下发的《关于芯原微电子（上海）股份有限公司首次公开发行股票并在科创板上市申请文件第二轮审核问询函的回复》，我们可以看到关于专利转让的相关回复。

在被问及专利转让时，芯原股份首先介绍了按照专利注册地操作惯例下转让专利的相关环节，交代了转让专利的基本方式。并且芯原股份指出其子公司也均取得了相关专利证书，专利转让已经完成，不存在权属、转让价格的争议。

具体问询及回复内容如下：

问询：

根据问询回复，发行人自主研发的专利中，有 36 项系先由员工提交专利申请并将后续专利权益无偿转让予发行人或者员工将包括专利申请权在内的所有专利权益无偿转让予发行人并由发行人提交专利申请，后发行人作为首个专利权人取得相关专利权。

请发行人说明：员工与发行人间的专利转让是否存在专利权属、转让价格等争议或潜在纠纷。

回复：

芯原股份关于专利转让的相关回复如下：

按照专利注册地的操作惯例，员工为执行发行人的工作任务或利用发行人所提供的物质技术条件所完成的职务研发成果，先由员工提交专利申请并将后续专利权益无偿转让予发行人或者员工将包括专利申请权在内的所有专利权益无偿转让予发行人并由发行人提交专利申请，后发行人作为首个专利权人取得相关职务研发成果的专利权。发行人子公司芯原开曼和图芯美国均已取得该等专利权证书。

芯原开曼和图芯美国目前均不存在诉讼纠纷。发行人与员工之间亦不存在专利转让引起的专利权属、转让价格等争议或纠纷。

综上所述，发行人与员工之间不存在专利转让引起的专利权属、转让价格等争议或纠纷。

三、知识产权诉讼

（一）知识产权侵权诉讼

关于知识产权侵权诉讼，典型案例如下：

案例 1：华润微电子有限公司

2019 年 6 月 26 日，华润微电子有限公司（以下简称 CMR）科创板 IPO 获上交所受理，于 2020 年 1 月 20 日获得批准注册。

CMR 是中国领先的拥有芯片设计、晶圆制造、封装测试等全产业链一体化经营能力的半导体企业，产品聚焦于功率半导体、智能传感器与智能控制领域，为客户提供丰富的半导体产品与系统解决方案。本次发行募集资金扣除发行费用后，将投资于以下项目：8 英寸高端传感器和功率半导体建设项目、前瞻性技术和产品升级研发项目、产业并购及整合项目和补充营运资金。

通过上交所于 2019 年 9 月 12 日下发的《关于华润微电子有限公司首次公开发行股票并在科创板上市申请文件的审核问询函之回复》，我们可以看到关于知识产权法律状态的相关回复。

在被问及知识产权法律状态时，CMR 通过出具国家知识产权局的证明与确认文件等内容，说明对于已获得授权的专利不存在相关诉讼或仲裁、担保或其他权利限制。对于专利已终止、集成布图设计专有权已过保护期的特殊情况则单独加以说明，并表明上述特殊情形不会对公司持续经营产生重大不利影响。

具体问询及回复内容如下：

问询：

招股说明书披露，截至 2019 年 3 月 31 日，公司已获得授权的专利共计 1274 项，其中境内专利共计 1130 项，境外专利共计 144 项。发行人及其子公司拥有的集成电路布图设计专有权共计 185 项，计算机软件著作权共计 4 项。报告期内，发行人主要从 Integrated Silicon Solution、Silicon Storage Technology 及 Maxpower Semiconductor 等第三方公司获得 IP 授权。请发行人披露：……发行人拥有的上述知识产权截至目前的法律状态，是否存在相关诉讼或仲裁、担保或其他权利限制，是否存在到期注销、终止等异常情况。

回复：

CMR 关于知识产权法律状态的回复如下：

根据国家知识产权局出具的批量专利申请法律状态证明和集成电路布图设计登记簿副本，中国版权保护中心出具的软件著作权登记概况查询结果，境外知识产权代理机构出具的境外知识产权确认文件，并经网络检索中国裁判文书网（http：//wenshu. court. gov. cn/）、中国及多国专利审查信息查询网（http：//cpquery. sipo. gov. cn）公示信息，走访上海知识产权法院、苏州市中级人民法院、无锡市中级人民法院、无锡市滨湖区人民法院、无锡高新技术产业开发区人民法院和无锡仲裁委员会，发行人所持有的上述专利、集成电路布图设计专有权和计算机软件著作权，不存在相关诉讼或仲裁、担保或其他权利限制。除下列情形外，发行人拥有的其余华润微电子有限公司审核问询函之回复知识产权均处于维持状态，不存在注销、终止等异常情况。

1. 专利已终止的情形

截至本回复出具之日，发行人在《招股说明书（申报稿）》披露的1274项专利权中，有6项专利权已终止，具体情况如表48所示。

表48　专利权已终止情形（节选）

序号	专利名称	专利号	专利权人	申请日	授权公告日	专利权终止日	专利类型	取得方式	他项权利
1	振荡电路	ZL200920070888. 0	华润矽科	2009年4月22日	2010年5月12日	2019年4月21日	实用新型	原始取得	无
2	一种基于负阻效应的发光二极管照明驱动装置	ZL200920073490. 2	华润矽科	2009年6月5日	2010年5月12日	2019年6月4日	实用新型	原始取得	无

上述第 1 项至第 3 项实用新型专利因法定专利权期限届满而终止。第 4 项至第 5 项实用新型专利因发行人申请授予发明专利权，根据《专利法》第 9 条规定："同一申请人同日对同样的发明创造既申请实用新型专利又申请发明专利，先获得的实用新型专利权尚未终止，且申请人声明放弃该实用新型专利权的，可以授予发明专利权"，发行人需声明放弃 4 项和第 5 项实用新型专利。根据国家知识产权局下发的《手续合格通知书》，发行人放弃 4 项和第 5 项实用新型专利的声明已于 2019 年 4 月 26 日公告。

上述第 6 项实用新型专利存在被申请宣告无效的情形。根据国家知识产权局下发的《无效宣告请求审查决定书》（第 40911 号），国家知识产权局于 2019 年 7 月 3 日宣告上述第 6 项实用新型专利无效。根据研发部门负责人、法务与知识产权管理部负责人的确认，该项实用新型专利不属于发行人的核心专利，且仅在发行人的一项产品上使用，该产品报告期内的销售收入占发行人各期销售收入的比重极小，因此该项实用新型专利被宣告无效不会对发行人的持续经营产生重大不利影响。

2. 集成布图设计专有权已过保护期的情形

截至本回复出具之日，发行人在《招股说明书（申报稿）》披露的 185 项集成电路布图设计专有权中，有 5 项集成电路布图设计专有权已过保护期，具体情况如表 49 所示。

表 49　集成布图设计专有权已过保护期情形节选

序号	布局设计名词	登记号	权利人	申请日	登记日	首次商用日期	权利保护期届满日	取得方式	他项权利
1	H16008	BS. 095002065	华润半导体	2009 年 4 月 8 日	2009 年 6 月 27 日	未登记	2009 年 6 月 27 日	商业取得	无

上述第 1 项至第 5 项集成电路布图设计专有权均因《集成电路布图设计保护条例》规定的权利保护期限届满而不再受《集成电路布图设计保护条例》的保护。

上述集成电路布图设计专有权权利保护期限届满后，发行人仍然可以使用上述集成电路布图设计，上述集成电路布图设计专有权权利保护期限届满不会对发行人的持续经营产生重大不利影响。

针对上述情况，发行人已在招股说明书“第六节业务与技术”之“五、与发行人业务相关的主要资产情况”之“（三）主要无形资产”中补充披露如下：

截至 2019 年 6 月 30 日，发行人及其子公司已获授权专利共计 1325 项，其中境内专利 1173 项，包括发明专利 940 项；境外专利 152 项，该等专利不存在相关诉讼或仲裁、担保或其他权利限制，亦不存在到期注销、终止等异常情况。

截至 2019 年 6 月 30 日，发行人及其子公司拥有的集成电路布图设计专有权共计 186 项，该等集成电路布图设计专有权不存在相关诉讼或仲裁、担保或其他权利限制，亦不存在到期注销、终止等异常情况。

截至 2019 年 6 月 30 日，发行人及其子公司拥有的计算机软件著作权共计 4 项，该等计算机软件著作权不存在相关诉讼或仲裁、担保或其他权利限制，亦不存在到期注销、终止等异常情况。

案例 2：苏州敏芯微电子技术股份有限公司

2019 年 11 月 1 日苏州敏芯微电子技术股份有限公司（以下简称敏芯股份）科创板 IPO 获上交所受理，于 2020 年 7 月 14 日获得批准注册。

敏芯股份是一家以 MEMS 传感器研发与销售为主的半导体芯片设计公司，目前主要产品线包括 MEMS 麦克风、MEMS 压力传感器和 MEMS 惯性传感器。公司依托 MEMS 传感器产品的自主研发和设计能力快速切入市场，报告期内实现收入和利润的快速增长，根据 IHS Markit 的数据统计，公司 2016 年、2017 年和 2018 年 MEMS 麦克风出货量位列全球第六位、第五位和第四位。本次募集资金主要运用于以下项目：（1）MEMS 麦克风生产基地新建项目；（2）MEMS 压力传感器生产项目；（3）MEMS 传感器技术研发中心建设项目；（4）补充流动资金项目。上述募集资金投资项目紧密围绕公司的主营业务，是公司依据未来发展规划做出的战略性安排。

通过上交所于 2020 年 7 月 6 日下发的《关于苏州敏芯微电子技术股份有限公司首次公开发行股票并在科创板上市的发行注册环节反馈意见落实函的回复》，我们可以看到关于专利侵权诉讼的相关回复。

在被问及专利侵权诉讼时，敏芯股份详细披露了专利侵权诉讼与专利权属纠纷的基本情况与进展，对于时间、法院、原被告、双方主张等内容都有介绍。敏芯股份在此基础上分析了专利诉讼对公司业务经营的具体影响与所存在的风险，主要包括侵权赔偿风险、产品销售占比下滑的风险和专利权属纠纷相关风险。针对上述风险，敏芯股份为保护投资者利益也采取了相关措施。

具体问询及回复内容如下：

问询：

关于专利侵权诉讼。根据申报材料，发行人涉及无效宣告请求的16项专利中，有7项系发行人核心技术体系的组成部分，专利所述的部分技术特征运用于发行人在售产品中，9项为发行人储备专利。发行人使用上述技术体系的产品收入占比分别为92.00%、94.29%和74.68%。

请保荐机构、发行人律师提出明确依据，进一步详细说明“发行人不存在主要资产、核心技术等的重大权属纠纷，不存在重大诉讼等或有事项，涉及的诉讼或无效申请事项不会对持续经营有重大不利影响”的相关核查过程、核查依据，相关意见的理由是否充分；充分论证相关诉讼是否构成法律障碍并审慎发表意见。

关于诉讼对发行人财务状况的影响，请保荐机构、发行人律师、会计师审慎核查并发表意见，说明核查过程及依据。

请在招股书重大事项提示中，及时补充披露专利诉讼案件的进展情况以及对发行人生产经营、财务状况、未来发展等的影响。

回复：

敏芯股份关于专利侵权诉讼的回复如下：

1. 发行人涉及专利诉讼的基本情况与进展

（1）专利侵权诉讼的基本情况与进展

2019年7月29日，歌尔股份以发行人及北京百度网讯科技有限公司产品中产品编码为“MB17H11N”“MB10H11X”“MB16H11Y”的产品侵害其第ZL201521115976.X、第ZL201520110844.1及第ZL201020001125.3实用新型专利权为由向北京知识产权法院提起诉讼。截至本招股说明书签署日，第ZL201520110844.1号实用新型专利权相关诉讼已被撤回，上述三项专利均已被认定无效或部分无效，被认定部分无效的“ZL201521115976.X”号专利项下尚未被宣告无效的权利要求经第三方司法鉴定机构鉴定与涉诉产品相应技术特征存在显著差异。

2019年11月18日，歌尔股份再次向北京知识产权法院提起诉讼，继续就产品编码为“MB17H11N”“MB10H11X”“MB16H11Y”的产品主张发行人及百度网讯侵害其编号为第 ZL201410525743.0 的发明专利。歌尔股份在本次专利侵权诉讼中仍沿用 7 月侵权诉讼的涉诉产品样本，未就其新的赔偿请求进行证据采集，且未提交专利技术与涉诉产品的结构比对。此外，涉诉专利经第三方司法鉴定机构鉴定与涉诉产品相应技术特征存在显著差异。

2020 年 3 月 4 日，歌尔股份及其子公司歌尔微电子有限公司向北京知识产权法院提起诉讼，继续就产品编码为“MB17H11N”“MB10H11X”“MB16H11Y”的产品主张发行人及百度网讯科技有限公司侵害其第 ZL201520987396.3 的实用新型与第 ZL201410374326.0 的发明专利。

2020 年 4 月 17 日，歌尔股份向青岛市中级人民法院提起诉讼，就产品编码为“MB50R11G”、“HVWA1823”与“MB28H12F”的产品主张发行人及潍城区华阳电子科技中心侵害其第 201310320229.9 的发明专利、第 201420430405.4 的实用新型专利及第 201220626527.1 的实用新型专利。

2020 年 6 月 5 日，歌尔微电子有限公司向青岛市中级人民法院提起诉讼，就产品编码为“MB28H12F”的产品举证，主张发行人及潍城区华阳电子科技中心侵害其第 200510115447.4 的发明专利。

（2）专利权属纠纷的基本情况与进展

2019 年 11 月 25 日，北京歌尔泰克科技有限公司（以下简称歌尔泰克）向苏州市中级人民法院提起诉讼，将发行人及其股东李刚、胡维、梅嘉欣列为被告，主张确认发行人所有的专利号为 ZL200710038554.0 的发明专利为梅嘉欣的职务发明，主张该专利的专利权归属于歌尔泰克。

2019 年 12 月 25 日，歌尔股份向苏州市中级人民法院提起诉讼，将发行人及李刚、唐行明、梅嘉欣、邵成龙、张敏列为被告，主张确认发行人所有的四项发明专利申请为唐行明的职务发明，主张上述专利申请权归属于歌尔股份。

2020 年 3 月 19 日，原告歌尔股份再次向苏州市中级人民法院提起一件专利权属诉讼，将发行人及唐行明、梅嘉欣、张敏列为被告，主张确认发行人所有的申请号为“201920493097.2”的实用新型专利（12 月权属诉讼项下“201910293219.8”号发明专利的同技术实用新型专利）为唐行明的职务发明，主张上述专利归属于歌尔股份。

2020 年 4 月 27 日，歌尔股份向苏州市中级人民法院提起一件专利权属诉讼，将发行人及唐行明、梅嘉欣、张敏列为被告，主张确认发行人所有的申请号为“201920492690.5”的实用新型专利（12 月权属诉讼项下“201910293041.7”号发明专利的同技术实用新型专利）为唐行明的职务发明，主张上述专利归属于歌尔股份。

发行人拥有上述涉诉专利技术的研发记录，所涉技术与梅嘉欣、唐行明在歌尔泰克、歌尔股份的本职工作等无关，且该等专利技术与歌尔股份当时的相关技术存在显著差异。

2. 发行人涉及专利诉讼对发行人业务经营的具体影响与所存在的风险

（1）专利侵权诉讼的相关风险

第一，侵权赔偿风险。

截至报告期末，歌尔股份及其子公司 2019 年 7 月、2019 年 11 月与 2020 年 3 月提起的 6 项专利侵权诉讼中主张发行人涉及侵权的产品全部一致且累计销售金额为 40.15 万元，2020 年 4 月提起的 3 项专利侵权诉讼主张发行人涉及侵权的产品累计销售金额 15.96 万元，2020 年 6 月提起的专利侵权诉讼证据中的涉诉产品编码与 2020 年 4 月诉讼的涉诉产品重复，如按照发行人综合净利率测算《专利法》项下“侵权人因侵权所获得的利益”，在认定发行人侵权的前提下发行人因上述全部 10 项诉讼可能被要求承担的赔偿金额合计为 12.12 万元。如发行人在上述专利侵权诉讼中败诉，发行人存在被认定为侵权并被要求承担赔偿责任的风险。

第二，智能家居应用领域 MEMS 麦克风销售占比下滑的风险。

报告期内，发行人智能家居领域 MEMS 麦克风的收入占比分别为 15.53%、41.44% 与 38.60%，在持续两年增长后，2019 年占比有所下降。出于供应链安全与成本管控的考虑，小米、百度、阿里巴巴等下游智能家居品牌的制造厂商引入了多家 MEMS 麦克风供应商，如未来智能音箱市场增速放缓，市场竞争加剧，或诉讼对公司产品销售产生不利影响，公司面临应用于智能家居领域的销售收入占比进一步下降的风险。

（2）专利权属纠纷相关风险

歌尔股份及其子公司于 2019 年 11 月、2019 年 12 月、2020 年 3 月、2020 年 4 月主张发行人的三项专利与四项专利申请权归属于歌尔股份或歌尔泰克。除一项专利申请权已在发行人产品中使用并于 2019 年实现少量销售外，其余专利或专利申请权对应技术均未在发行人产品中使用。如上述专利最终被主审法院认定为相关人员在歌尔任职期间的职务发明，存在上述专利或专利申请权被认定归属原告或由发行人与原告共有的风险。

3. 公司实际控制人及其一致行动人针对上述诉讼采取的保护投资者利益相关措施

针对前述风险，实际控制人及其一致行动人已出具承诺：将积极推动公司的应诉及相关应对措施；若上述诉讼最后形成对公司不利结果，则本人将承担生效判决结果所认定的应由发行人承担的赔偿金或诉讼费用，并向公司补偿因上述专利诉讼及专利无效宣告请求导致的公司生产、经营损失，以避免发行人和发行人上市后的未来公众股东因此遭受任何损失。

案例 3：格科微有限公司

关于格科微的基本信息请参见关于核心技术和专利的市场前景及不可替代性的案例 1，此处不做赘述。

通过上交所 2020 年 9 月 15 日下发的《关于格科微有限公司（GalaxyCore Inc.）首次公开发行人民币普通股（A 股）股票并在科创板上市申请文件的审核问询函的回复》，我们可以看到关于案件不利诉讼结果的相关回复。

在被问及案件不利诉讼结果时，格科微表示 ZL201180047165.9 及 I457906 号专利的相关诉讼事项不会对发行人的持续经营产生重大不利影响，发行人符合《科创板首次公开发行股票注册管理办法（试行）》第十二条第（三）项的规定。

具体问询及回复内容如下：

问询：

根据申报材料，发行人与矽创电子存在专利纠纷。（1）2018 年 3 月 22 日，矽创电子以格科微上海和珠海盛容通电子科技有限公司（系格科微上海的经销商）侵犯了其作为专利权人的 ZL201180047165.9 号专利发明权为由（涉诉产品为包括 GC9304、GC9305、GC9306、GC9307 在内的相关显示驱动芯片产品），向广州知识产权法院提起民事诉讼并立案。格科微上海向国家知识产权局专利复审委员会提出无效宣告请求，后者于 2018 年 9 月 13 日出具审查决定，宣告矽创电子的 ZL201180047165.9 专利全部无效。广州知识产权法院据此驳回了矽创电子的起诉。矽创电子于 2018 年 12 月 11 日向北京知识产权法院就前述专利提起行政诉讼，该院于2019年12月12日一审判决撤销原国家知识产权局专利复审委员会作出的第37174号无效宣告请求审查决定。格科微上海作为原审第三人已于2019年12月30日向最高人民法院提起上诉，该案尚在进行。(2) 此外，矽创电子于2017年12月30日亦在我国台湾地区的“智慧财产法院”向格科微上海及力晶科技股份有限公司（格科微上海在台湾的晶圆代工厂）提起诉讼，矽创电子主张格科微上海 GC9305、GC9306、GC9306S、GC9307 产品侵犯其台湾专利 I457906（ZL201180047165.9 同族专利），该案尚在进行中。涉案台湾专利 I457906 另于2018年6月1日在“智慧财产局”进入了举发申请阶段（类似于我国大陆专利复审委员会之专利无效宣告程序），该程序目前尚在进行中。(3) 若公司就 ZL201180047165.9 号专利相关纠纷败诉，根据矽创电子向广州知识产权法院和我国台湾地区“智慧财产法院”提出的诉讼请求，格科微上海可能被判令支付约840万元的侵权赔偿金和相关费用。涉诉产品 GC9304、GC9305、GC9306、GC9306S、GC9307 在2017年至2020年第一季度的收入金额分别为19 538.43万元、22 712.78万元、17 986.98万元和3747.73万元，占发行人同期营业收入的比例分别为9.93%、10.35%、4.87%和3.00%。

请发行人披露：(1) 上述案件的最新进展情况；(2) 发行人核心技术对应的知识产权截至目前的法律状态，是否存在相关诉讼或仲裁、担保或其他权利限制，是否存在到期注销、终止等异常情况、是否还存在其他潜在的专利诉讼纠纷。

请发行人说明：(1) 合理预计该案件的不利诉讼结果对发行人核心技术、在研技术、产品销售、存货以及财务状况所造成的不利影响；(2) 结合上述情形进一步论证上述诉讼事项对发行人持续经营的影响，发行人是否符合《科创板首次公开发行股票注册管理办法（试行）》第十二条第（三）项的规定。

回复：

格科微关于案件不利诉讼结果的回复如下：

1. 合理预计该案件的不利诉讼结果对发行人核心技术、在研技术、产品销售、存货以及财务状况所造成的不利影响

(1) 案件的不利诉讼结果对发行人核心技术及在研技术所造成的不利影响

根据相关法律程序文件，矽创电子主张发行人 GC9304、GC9305、GC9306、GC9306S、GC9307 产品侵犯了其 ZL201180047165.9 号境内专利发明和 I457906

号台湾专利，但该等侵权主张未涉及发行人的核心技术及其相关专利。此外，发行人与显示驱动芯片相关的主要在研项目包括 TDDI 驱动芯片和全高清显示屏芯片等，与上述涉诉产品无关。

因此，矽创电子的诉讼请求未涉及公司的核心技术及在研项目，案件的不利诉讼结果对发行人的核心技术及在研技术不存在重大不利影响。

（2）案件的不利诉讼结果对发行人产品销售、存货以及财务状况所造成的不利影响

根据广州知识产权法院的民事裁定书，矽创电子在广州知识产权法院提起的侵犯专利权之诉已被裁定驳回起诉，因此目前发行人在境内尚不会承担任何的不利诉讼后果。矽创电子在之前侵犯专利权诉讼中提出的诉讼请求包括：判令两被告停止侵犯发明专利权；判令两被告支付专利使用费 100 万元，赔偿 250 万元，支付合理费用 10 万元，并承担诉讼费用。

矽创电子在我国台湾地区“智慧财产法院”提起的侵权诉讼中要求：格科微上海和力晶科技股份有限公司回收并销毁所有侵权产品；要求格科微上海和力晶科技股份有限公司连带赔偿新台币 2000 万元，并自起诉状送达翌日至清偿日止支付年化 5% 的利息等。

根据我国台湾地区专利诉讼律师及境内专利代理律师的法律意见，若该案件出现不利诉讼结果，预计可能对产品销售、存货以及财务状况所造成的不利影响包括：对相关产品的销售造成障碍，对应收入有所降低；涉诉产品库存发生跌价损失；因支付赔偿、诉讼费等产生一定费用，具体分析如下：

①对产品销售的影响

第一，涉诉产品收入占比较低且整体上呈现下降趋势。

2017 年度、2018 年度、2019 年度及 2020 年 1－3 月，涉诉产品的销售收入分别为 19 538.43 万元、22 712.78 万元、17 986.98 万元和 3747.73 万元，占比分别为 9.93%、10.35%、4.87% 和 3.00%，报告期内收入占比较低且整体呈现下降趋势。

上述涉诉产品为 QVGA 分辨率的显示驱动芯片，相关产品分辨率水平较低（240×320），公司未来将主要致力于较高分辨率的显示驱动芯片开发与推广，涉诉产品在公司未来产品线中的重要性相对较低。未来，随着发行人新产品的推出和产品结构不断向更高分辨率的转移，公司涉诉产品的销售占比预计将继续保持

在较低水平。同时，涉诉产品仅涉及显示驱动芯片，而不涉及 CMOS 图像传感器，显示驱动芯片产品并非公司的主要产品。

第二，涉诉产品不会影响其他显示驱动芯片产品的销售。

首先，其他显示驱动芯片产品不存在侵犯涉诉专利权的可能性。

根据发行人就其他显示驱动芯片产品的技术方案与涉诉专利权利要求的比对分析，其他显示驱动芯片产品均未落入涉诉专利的保护范围中，不存在侵犯涉诉专利权的可能性，因此，其销售情况因侵犯涉诉专利权而受到影响的可能性极低。

其次，涉诉专利相关的技术并非基础性、通用性技术方案。

矽创电子主张发行人涉嫌侵犯其专利权的技术方案主要为“通过两个电荷泵电路为驱动单元提供两个供应电压”的相关方案，该技术方案在涉诉产品中的主要功能为实现对多个驱动单元的供电。该等方案并非发行人用于实现显示驱动芯片产品主要功能的基础性技术方案，仅为优化供电方式的功能优化性技术方案。同时，该等方案系发行人为实现显示驱动芯片产品差异化发展而采取的个性化方案，并非发行人生产显示驱动芯片产品的唯一或通用技术方案，且仅在涉诉的 93 系列产品中应用；在其他系列产品中，发行人采用“一个电荷泵电路产生一个供应电压”“芯片外部电源供电”等其他多种供电技术方案以满足相似的供电功能需求，并实现产品的多样化。

最后，显示驱动芯片产品的收入占发行人主营业务收入比例较小。

在 2017 年度、2018 年度、2019 年度及 2020 年 1 – 3 月，显示驱动芯片产品占发行人主营业务收入的比例分别为 17.95%、19.66%、13.20% 及 7.91%，占较小比例。因此，即使案件对显示驱动芯片产品的销售造成负面影响，也不影响发行人的持续经营能力。

据此，涉诉产品不会影响其他显示驱动芯片产品的销售，亦不会对发行人的持续经营能力造成不利影响。

第三，涉诉产品不会影响 CMOS 图像传感器产品的销售。

2017 年度、2018 年度、2019 年度及 2020 年 1 – 3 月，CMOS 图像传感器带来的营业收入占发行人主营业务收入的比例分别为 82.05%、80.34%、86.90% 及 92.09%。显示驱动芯片产品和 CMOS 图像传感器产品分别销售，二者的业务情况相互独立，无论涉诉产品相关案件的结果对发行人是否有利，均不会影响

CMOS 图像传感器的销售情况。具体而言：

其一，从产品销售角度，CMOS 图像传感器产品主要应用于相机，而显示驱动芯片产品主要应用于显示屏；同时，CMOS 图像传感器产品主要向一线品牌和原始设计制造商供应，而显示驱动芯片产品主要向中小客户的功能机供应。即使是相同的客户，客户内部也分别由不同的业务采购部门与发行人对接，按需采购，并分别签署业务合同。客户对 CMOS 图像传感器产品的需求不受显示驱动芯片影响。根据发行人向前十大终端品牌的出货情况，仅有一家终端品牌同时向发行人采购显示驱动芯片产品和 CMOS 图像传感器产品的情况，发行人在销售时未将显示驱动芯片产品与 CMOS 图像传感器产品搭配销售。

其二，从产品优势上，发行人的 CMOS 图像传感器产品在工艺研发和电路设计能力方面在市场上有卓越的竞争力。在工艺研发方面，公司的产品能够以较少的光罩层数完成生产，并进行了优化的 Pixel 工艺创新，在保障产品性能的同时实现了成本的大幅削减。电路设计方面，公司采用成本较低的三层金属设计，并通过对产品设计的持续优化有效缩小了芯片的尺寸，与同性能的其他产品相比实现了更为精益的成本控制。该等产品优势是发行人吸引并维系 CMOS 图像传感器客户的根本原因，客户对发行人 CMOS 图像传感器的青睐是基于 CMOS 图像传感器固有的产品优势，不受显示驱动芯片产品的影响。

其三，从技术关联性角度，发行人的 CMOS 图像传感器业务部门和显示驱动芯片业务部门存在技术交流，但鉴于两种产品间功能、核心技术的重大差异，业务部门间的技术交流和借鉴仅限于通用算法、静电防护等图像相关芯片设计中的通用技术或算法层面，CMOS 图像传感器业务部门不会借鉴涉诉产品中所包含的显示驱动芯片专用技术。此外，根据涉诉专利的专利权利要求书，涉诉专利保护的范围仅限于液晶显示驱动电路框架内，并非应用于通用芯片的通用技术，且与 CMOS 图像传感器相关技术无关。

综上，显示驱动芯片产品和 CMOS 图像传感器产品分别销售，二者的业务情况相互独立，作为显示驱动芯片的涉诉产品在案件中的结果不会影响 CMOS 图像传感器的销售。

第四，发行人已有产品迭代方案。

发行人涉诉产品的迭代周期通常为 1 至 2 年，发行人已出于电子产品的自然迭代升级需求，对涉诉产品设计了完善的技术迭代方案，更新代产品拥有涉诉产品的全部现有功能，对相关的技术方案予以了调整，并针对原有的技术短板进行了更新。更新代产品目前已完成产品立项，预计于 2021 年 5 月可以实现量产，并完全替代涉诉产品。同时根据律师的意见，即使侵犯专利权诉讼的判决结果对发行人不利，该等判决也预计将于 2021 年 5 月以后作出，公司届时已能完成替代产品的量产。

因此，若未来案件的不利诉讼结果导致公司难以继续就相关产品实现收入，对公司整体销售业绩和盈利能力的影响较小。

②对产成品库存的影响

涉诉专利的相关技术并非基础性、通用性技术方案，未来的专利诉讼结果不会对公司非涉诉显示驱动芯片产品的销售、库存产生不利影响。

2017 年年末、2018 年年末、2019 年年末及 2020 年 3 月末，发行人涉诉产品的账面价值分别为 6600.73 万元、5311.25 万元、6271.44 万元和 8915.36 万元，占各期末存货账面价值比例较低，分别为 10.07%、5.87%、5.32% 和 5.75%。若未来案件出现不利诉讼结果，导致公司涉诉产品无法继续实现销售，从而使对应存货的可变现净值降低，公司将产生一定的存货跌价损失。按照 2020 年 3 月末的库存水平测算，公司可能产生的存货跌价损失上限为 8915.36 万元，与 2019 年度利润总额 38 387.42 万元相比，可能发生的存货跌价损失不会对公司的盈利能力产生重大不利影响。

③支付赔偿、诉讼费等的影响

根据专利代理律师出具的法律意见，参照矽创电子在原侵犯专利权之诉中提出的诉讼请求，若诉讼出现不利结果，法院可能根据案情在原告主张被告支付的专利使用费、赔偿、原告为制止侵权的合理支出费用、诉讼费等费用的范围内确定发行人所需支付的金额，其中专利使用费、赔偿、原告为制止侵权的合理支出费用合计金额上限为 360 万元。

根据我国台湾地区专利诉讼律师出具的法律意见，于对方并未扩张诉之声明之前提下，若境外诉讼出现不利结果，目前发行人总赔偿金额不超过新台币 2000 万元（折合人民币约 470 万元），诉讼费用约新台币 80 万元（折合人民币约 20 万元）。

案件不利诉讼结果所带来的支付赔偿、诉讼费等整体上金额较小，对公司财务状况不会带来重大不利影响。

2. 结合上述情形进一步论证上述诉讼事项对发行人持续经营的影响，发行人是否符合《科创板首次公开发行股票注册管理办法（试行）》第十二条第（三）项的规定

《科创板首次公开发行股票注册管理办法（试行）》第十二条第（三）项规定："发行人不存在主要资产、核心技术、商标等的重大权属纠纷，重大偿债风险，重大担保、诉讼、仲裁等或有事项，经营环境已经或者将要发生重大变化等对持续经营有重大不利影响的事项。"

（1）发行人不存在主要资产或核心技术的重大权属纠纷

涉诉专利ZL201180047165.9及I457906为争议对方矽创电子的专利，因此发行人的知识产权不涉及权属纠纷；同时，发行人与矽创电子产生的相关侵权争议不涉及发行人的核心技术，因此，发行人的核心技术不存在重大权属纠纷。此外，发行人及其子公司的专利也不存在其他针对发行人主要资产、核心技术、商标等的重大权属纠纷。

（2）该诉讼事项不属于对发行人持续经营有重大不利影响的重大诉讼

发行人的涉诉产品未落入矽创电子ZL201180047165.9号和I457906号专利的保护范围，根据律师出具的法律分析意见，涉诉产品构成专利侵权的可能性较小。如果ZL201180047165.9及I457906专利相关法律程序的结果对发行人不利，发行人可能承担的后果参见"合理预计该案件的不利诉讼结果对发行人核心技术、在研技术、产品销售、存货以及财务状况所造成的不利影响"。据此，该诉讼事项对发行人持续经营的影响较小，不属于对发行人持续经营有重大不利影响的重大诉讼。

（二）关于知识产权权属纠纷

关于知识产权权属纠纷，典型案例如下：

案例1：深圳清溢光电股份有限公司

关于深圳清溢光电股份有限公司的基本信息请参见关于核心技术与通用（共性）技术的案例2，此处不做赘述。

通过上交所于 2019 年 9 月 12 日下发的《关于深圳清溢光电股份有限公司首次公开发行股票并在科创板上市申请文件的第二轮审核问询函的回复》，我们可以看到关于专利质押的相关回复。

在被问及专利质押时，清溢光电对质押专利进行了详细的介绍，并强调说明质押专利并非核心专利，仅起到辅助作用。此外，清溢光电还补充说明公司通过不断的研发改进已掌握可以实现相同效果的技术方案，因此上述专利不具有重要性，其质押对公司也不存在重大不利影响。清溢光电也介绍了还款情况与公司目前经营状况，表明不存在无法还款的可能。最后清溢光电通过表格的形式披露了质押权实现的相关条款。

具体问询及回复内容如下：

问询：

根据回复材料，清溢光电向宁波银行股份有限公司深圳分行贷款 2000 万元，深圳市中小企业融资担保有限公司对此受托担保，清溢光电以“一种显微镜透射照明系统”“一种激光共聚焦显微系统”两项专利提供质押反担保。

请发行人说明质押的专利是否属于核心专利，该专利对发行人经营业绩的贡献、对发行人的重要性，主合同还款情况，发行人是否存在无法还款的可能，结合借款合同、质押合同的主要条款，说明相关专利是否存在质押权实现风险、如质押权实现的具体影响及是否存在重大不利影响。

回复：

清溢光电关于专利质押的回复如下：

1. 质押的专利是否属于核心专利，该专利对发行人经营业绩的贡献、对发行人的重要性

2019 年，公司参与深圳市南山区科技金融贴息资助计划，该计划由政府给予企业支持额度范围内实际支付利息的 70% 作为资助，主要支持对象是在南山区注册、具有独立法人资格的科技企业，支持行业范围包括互联网、新一代信息技术、新能源、新材料、生物、航空航天、高端装备制造、节能环保、海洋经济和生命健康。公司符合该资助计划的相关要求，故予以了申请。根据申报指引，公司以知识产权质押作为深圳市中小企业融资担保有限公司（深圳市国资委旗下控股公司，以下简称深圳中小担）为公司银行贷款提供担保的反担保措施。公司质押的专利具体情况如表 50 所示：

表 50　公司质押的专利具体情况

序号	专利名称	类型	专利号	专利申请日	专利简介
1	一种显微镜透射照明系统	发明专利	ZL200810068160.4	2008 年 6 月 26 日	提供一种显微镜透射照明系统，该系统可以选择使用可见光或紫外光，利用可见光与紫外光的波长特点，在低倍物镜阶段，采用可见光寻找显微物面；在高倍物镜阶段，首先用可见光透射照明物面，由于可见光的波长较长，其分辨率受到限制，而将可见光切换为波长较短的紫外光后，即可实现高倍物镜提供均匀透射照明。使用紫外照明，可以提升 1μm 以下的图形的影像
2	一种激光共聚焦显微系统	发明专利	ZL200810068031.5	2008 年 6 月 25 日	提供一种激光共聚焦显微系统，包括显微成像部分和激光引入部分，显微成像部分具有第一光轴，激光引入部分具有第二光轴，第一光轴与第二光轴平行。显微成像部分第一光轴与第二光轴平行设置后，与现有技术的同轴设置相比，可以使激光共聚焦显微系统的光轴长度大大减短，并且可以使该系统的结构更加紧凑和稳定，从而提高微细加工的精度。提供一种激光共聚焦显微系统，能够提高激光微细加工的精度

公司质押的两项专利均作为辅助技术应用在公司修补和测量设备的光学部件上，未应用于产品生产的瓶颈光刻工序，不直接创造经营业绩。

上述两项专利发明至今已超过 11 年，随着公司持续进行生产经验积累和技术研发创新，工艺技术水平不断提升，目前已掌握可实现与发明专利同等技术效果的技术方案：对于“一种显微镜透射照明系统”专利，目前对分辨率要求较低的修补和测量设备的光学部件可使用科勒同轴照明达到同等技术效果，对分辨率要求较高的修补和测量设备的光学部件，如 1μm 以下的图形影像，可使用紫外照明技术达到同样的技术效果；对于“一种激光共聚焦显微系统”专利，目前修补和测量设备的光学部件可使用集成度更高的光学系统设计达到同等技术效果。

综上所述，公司质押的专利不属于核心专利，对公司经营业绩的贡献和重要性较低。

2. 主合同还款情况，发行人是否存在无法还款的可能

公司以两项专利提供质押反担保的主合同为公司与宁波银行股份有限公司深圳分行于2019年3月27日签署的《流动资金贷款合同》（以下简称借款合同），贷款金额为2000万元，贷款期限为2019年3月29日至2020年3月29日。截至本问询回复签署日，贷款尚未到期，公司无还款情形。

公司严格遵守借款合同约定，信用情况良好；报告期内公司业务经营情况良好，营业收入和净利润规模呈上升趋势，公司经营活动现金流量净额分别为9723.67万元、9553.28万元、9957.05万元和4479.99万元，截至2019年6月30日，公司资产负债率（合并口径）为27.75%。公司资金周转和管理情况良好，不存在无法还款的可能。

3. 结合借款合同、质押合同的主要条款，说明相关专利是否存在质押权实现风险、如质押权实现的具体影响及是否存在重大不利影响

（1）借款合同、质押合同的主要条款

借款合同、公司与深圳中小担签署委托保证合同和质押反担保合同约定的质押权实现的相关条款如表51所示：

表51　相关条款

合同名称	合同约定的质押权实现的相关条款
借款合同	无相关规定
委托保证合同	（1）以下任一事件的发生视为本合同项下的突发事件，清溢光电应于事件发生之日起两个工作日内书面通知深圳中小担，向深圳中小担说明事件详细情况： ①清溢光电经营方针、经营范围和生产经营外部条件等发生重大变化； ②清溢光电主要资产被查封、扣押或冻结； ③清溢光电放弃债权或财产、发生重大损失超过上年末净资产的10%； ④清溢光电作出减资、合并、分立、解散及申请破产的决定； ⑤清溢光电提出债务重组方案； ⑥清溢光电经营管理层不能正常履行职责或出现重大内部矛盾； ⑦清溢光电或清溢光电关联企业的实际控制人、关键管理人员涉及重大诉讼、仲裁事项或受到重大行政处罚；

续表

合同名称	合同约定的质押权实现的相关条款
	⑧清溢光电或清溢光电关联企业的实际控制人、关键管理人员异常变动、失踪或死亡、被司法机关依法调查或限制人身自由； ⑨反担保人发生类似清溢光电前述第①项至第⑧项约定的情形； ⑩其他影响深圳中小担权益的重大情形。 （2）突发事件发生后，根据合同和/或其与反担保人之间签订的反担保合同，深圳中小担有权同时或分别采取以下措施： ①要求清溢光电限期纠正突发事件，或消除突发事件的影响； ②通知贷款人停止发放贷款或提前收回贷款； ③委托清溢光电开户银行从清溢光电的存款账户中直接扣款； ④行使担保权利，依法处置各反担保合同项下的抵押物或质押物，要求保证反担保人承担保证责任，要求清溢光电或反担保人增加深圳中小担认可的反担保（含保证金）。 （3）如出现下述违约事件，深圳中小担有权采取上述第（2）项措施： ①清溢光电未依约向贷款人履行还款义务或在乙方代偿后未及时向深圳中小担履行清偿义务； ②清溢光电在本合同项下的陈述不实或未履行所作出的保证； ③清溢光电在其他借款合同或担保合同项下发生违约事项，或反担保人在反担保合同项下发生违约事项； ④提供反担保的抵押物或质押物价值明显减少，影响到深圳中小担权益而清溢光电及反担保人未增加相应担保的； ⑤清溢光电经营状况恶化，丧失商业信誉，与第三人发生纠纷、诉讼或出现其他乙方认为会对其权益带来威胁或不利的事件； ⑥清溢光电或反担保人发生上述突发事件情形； ⑦影响深圳中小担权益的其他重大情形
质押反担保合同	（1）清溢光电未依约向贷款人履行还款义务或在深圳中小担代偿后未及时向深圳中小担履行清偿义务的，深圳中小担有权处分合同项下的质押财产。 （2）发生下列情形的，深圳中小担可以提前行使质权，并以其所得提前清偿债务： ①清溢光电违反合同约定，危机深圳中小担的质权； ②清溢光电被解散、破产、歇业、被停业整顿、被撤销、被吊销营业执照； ③清溢光电经营状况恶化，丧失商业信誉，与第三人发生纠纷、诉讼或出现其他深圳中小担认为会对其权益带来威胁或不利的事件； ④清溢光电违反与贷款人、深圳中小担的相关约定，可能危及深圳中小担债权安全的； ⑤深圳中小担认为足以影响债权安全的其他情形

（2）相关专利是否存在质押权实现风险、如质押权实现的具体影响及是否存在重大不利影响

公司严格履行与贷款人、保证人的合同约定，经营管理规范，业务经营情况良好，具备按约定偿还专利质押对应的相关债务的能力，公司不存在因重大偿债风险或经营风险导致质押权人根据委托保证合同或质押发担保合同约定可能行使质押权的情形，相关专利质押权实现的风险很小。

如专利质押权实现，公司将失去上述两项专利所有权，但因质押专利不属于核心专利，且公司已掌握其他可实现同等技术效果的技术方案，不会对公司生产经营造成重大不利影响。

案例 2：翱捷科技股份有限公司

2020 年 12 月 15 日翱捷科技股份有限公司（以下简称翱捷科技）科创板 IPO 获上交所受理，于 2021 年 12 月 14 日获得批准注册。

翱捷科技是一家提供无线通信、超大规模芯片的平台型芯片企业。公司自设立以来一直专注于无线通信芯片的研发和技术创新，同时拥有全制式蜂窝基带芯片及多协议非蜂窝物联网芯片研发设计实力，且具备提供超大规模高速 SoC 芯片定制及半导体 IP 授权服务能力。翱捷科技所募集资金扣除发行费用后，将投资于以下项目：新型通信芯片设计、智能 IPC 芯片设计项目、多种无线协议融合、多场域下高精度导航定位整体解决方案及平台项目等。

通过上交所于 2021 年 3 月 10 日下发的《关于翱捷科技股份有限公司首次公开发行股票并在科创板上市申请文件的审核问询函的回复》，我们可以看到关于知识产权授权合作机制安排的相关回复。

在被问及知识产权授权合作机制安排时，关于翱捷与苏州速通半导体科技有限公司的合作研发项目，翱捷科技首先披露了合作方苏州速通半导体科技有限公司的基本情况与股东结构，对合作方进行了基本的介绍。并且对于双方合作的原因与合作研发协议的主要内容也都予以了介绍，其中合作研发协议主要从目的、合作双方的权利义务、成果权属与保密条款四个方面进行披露，有助于上市委明晰合作研发的相关内容。

具体问询及回复内容如下：

问询：

根据申报材料：（1）报告期内，公司创新性开发了射频、基带一体化的单芯

片产品，具备比同类企业更强大的射频基带整合能力；（2）研发团队主要成员具有多年无线通信行业知名企业从业经验；（3）公司是国内少数同时掌握5G及AI等技术的企业，在5G通信领域，公司实现了独特的软硬件结合的全模全频段搜网技术；（4）公司拥有研发人员795名，占员工总数89.83%，其中核心技术人员3名；（5）发行人拥有境外发明专利18项，主要分布在美国和韩国；（6）公司与苏州速通半导体科技有限公司签署了《合作研发协议》；（7）发行人主要专利发明人未列示为核心技术人员；（8）报告期内发行人存在采购无形资产、取得技术授权等情形。

请发行人披露：发行人与苏州速通半导体科技有限公司合作研发项目的主要内容、具体约定、合作期限，关于研发成果、知识产权的权属划分情况。

回复：

翱捷科技关于知识产权授权合作机制安排的相关回复如下：

报告期内，公司主要与苏州速通半导体科技有限公司（以下简称苏州速通）进行研发合作。

公司合作方基本情况如表52所示：

表52　公司合作方基本情况

名称	苏州速通半导体科技有限公司
成立日期	2018年7月18日
法定代表人	Hyunjung Lee
企业类型	有限责任公司（中外合资）
注册资本	1715.28万元人民币
注册地址	中国（江苏）自由贸易试验区苏州片区苏州工业园区苏州大道西2号国际大厦303－309室
营业范围	半导体集成电路的研发、设计、销售；研发、销售芯片；电子产品、仪表仪器、机械设备的销售；通信科学技术、软件科技领域内的技术开发、技术咨询、技术服务；从事上述商品及技术进出口业务
与发行人合作背景	翱捷科技与合作方拥有的技术存在互补性，双方合作有利于加速产品研发

其股东结构如表 53 所示：

表 53　股东结构

序号	名称	持股比例/%
1	SenscommLimted	47.29
2	湖北小米长江产业基金合伙企业（有限合伙）	10.53
3	苏州国润瑞祺创业投资企业（有限合伙）	9.58
4	宁波芯旻企业管理合伙企业（有限合伙）	8.42
5	跃风投资有限公司	7.05
6	苏州耀途进取创业投资合伙企业（有限合伙）	6.74
7	江苏疌泉元禾知识产权科创基金（有限合伙）	3.16
8	苏州正中电子科技有限公司	1.94
9	苏州翼朴二号创业投资合伙企业（有限合伙）	1.89
10	苏州嘉睿万杉创业投资合伙企业（有限合伙）	1.58
11	苏州达亚电子有限公司	1.21
12	HYUNJUNG LEE	0.61
总计		100

公司与苏州速通合作的主要原因系苏州速通拥有经验丰富的 WiFi 基带的研发核心技术人员，公司在射频领域具有良好的技术积累，双方合作研发有利于产品的研发速度。目前，该项目仍处于芯片的开发及验证阶段，预计 2021 年上半年流片，2022 年投入市场。

双方签订合作研发协议的主要内容如表 54 所示：

表 54　协议的主要内容

条款	主要内容
合作研发目的	该项目总体目的系研发一款 WiFi 芯片
苏州速通的权利	1. 对外销售合作研发的芯片。2. 获取翱捷科技许可材料及共同开发项目所需源文件，并与翱捷科技共同拥有最终的 SoC 和设计
翱捷科技的权利	1. 对外销售合作研发的芯片。2. 获取速通许可材料和共同开发项目所需源文件，并与苏州速通共同拥有最终的 SoC 和设计

续表

条款	主要内容
苏州速通的义务	1. 将负责全面开发、设计和验证 WiFi 基带部分。2. 负责定义详细的 Wi－Fi 芯片组产品要求文件
翱捷科技的义务	1. 负责全面开发、设计和验证射频部分（模拟、射频集成电路、射频前端）。2. 负责 SoC 架构设计和集成、工艺选择及有关工程费用。3. 负责共同开发产品的所有运营管理。4. 协助苏州速通定义详细的 Wi－Fi 芯片组 PRD
成果权属	1. 苏州速通和翱捷科技对本项目或其任何成果拥有共同所有权。2. 苏州速通共同拥有该项目产生的掩模复制权，但该项目产生的光罩将归翱捷科技所有。3. 本协议一方不得将产生的 SoC 的知识产权（“项目知识产权”）转让给第三方，除非受让人为该方（作为转让方）全资拥有。当出售最终 SoC 时，一方可授予项目知识产权许可证。未经另一方事先明确书面批准，一方不得披露由此产生的 SoC 的知识产权或与之相关的知识产权。未经另一方事先明确书面批准，一方不得申请专利、复制权或任何其他知识产权适用于项目知识产权的任何部分
保密条款	接收方不会披露保密信息，除非披露给需要了解保密信息的关联公司、员工、代理人或专业顾问，并书面同意（或在专业顾问另有义务的情况下）对其保密。接收方将确保这些人员和实体仅将机密信息用于行使本协议项下的权利和履行本协议项下的义务，并对其保密。在法律允许的情况下，接收方在向披露方发出合理通知后，也可以在法律要求时披露保密信息

根据发行人与苏州速通签订的合同，双方已就权利义务、相关专利权的使用和利益分配进行了约定，双方对于合同中约定的权利义务、相关专利权的使用和利益分配不存在纠纷。发行人对自身技术成果的保密采取了必要的措施。

四、技术人员

（一）核心技术人员组成认定

关于核心技术人员组成认定，典型案例如下：

案例 1：苏州和林微纳科技股份有限公司

2020 年 6 月 2 日苏州和林微纳科技股份有限公司（以下简称和林科技）科

创板 IPO 获上交所受理，于 2021 年 2 月 24 日获得批准注册。

和林科技主营业务为微型精密电子零部件和元器件的研发、设计、生产和销售，公司主要产品为微机电（MEMS）精微电子零部件系列产品以及半导体芯片测试探针系列产品；其中，微机电（MEMS）精微电子零部件系列产品主要包括精微屏蔽罩、精密结构件以及精微连接器及零部件。本次发行募集资金扣除发行费用后，将按照轻重缓急顺序投入以下项目，具体如下：微机电（MEMS）精密电子零部件扩产项目、半导体芯片测试探针扩产项目和研发中心建设项目。

通过上交所于 2020 年 8 月 19 日下发的《关于苏州和林微纳科技股份有限公司首次公开发行股票并在科创板上市申请文件审核问询函的回复》，我们可以看到关于核心技术人员认定依据的相关回复。

在被问及核心技术人员认定依据时，和林科技披露了公司核心技术人员的具体信息，并通过表格列举了上述人员在公司研发、取得专利、主要核心技术及主要技术标准的起草等方面发挥的具体作用。和林科技介绍了公司核心技术人员的具体认定依据，并表明上述人员符合核心技术人员的认定标准。

具体问询及回复内容如下：

问询：

招股说明书披露，发行人共有 3 名核心技术人员，分别为钱晓晨、王玉佳以及杨勇。

请发行人披露：按照《上海证券交易所科创板股票发行上市审核问答》（以下简称《审核问答》）第 6 条的要求，结合核心技术人员在公司研发、取得专利、主要核心技术及主要技术标准的起草等方面发挥的具体作用，披露核心技术人员的具体认定依据。

回复：

和林科技关于核心技术人员认定依据的回复如下：

1. 按照《审核问答》第 6 条的要求，核心技术人员在公司研发、取得专利、主要核心技术及主要技术标准的起草等方面发挥的具体作用

公司的核心技术人员为钱晓晨、杨勇、王玉佳，在公司研发、取得专利、主要核心技术及主要技术标准的起草等方面发挥的具体作用如表 55 所示：

表55　具体作用

姓名	参与核心技术研发情况	参与已授权专利的研发数量	发挥作用	研发角色
钱晓晨	微型电阻焊焊点冲压成型技术、微型精密复杂异形深拉伸技术、多排多列的模具设计和高速生产加工工艺排布技术、微型双金属屏蔽罩模内交叉叠层技术、微型精密半导体芯片测试探针生产制造技术、防震动、高可靠低阻值连接器	51个	负责项目开发的全面工作、主要包括设计进度安排、人员安排或负责模具设计及其工艺的最终审核	技术负责人、研发负责人

2. 公司核心技术人员的具体认定依据

公司核心技术人员的具体认定依据如下：

（1）为公司核心技术的研发做出主要贡献，攻克了相关核心技术难题，引领公司技术的持续创新；

（2）主持或核心参与了公司主要研发项目，担任相关技术研发负责人，具有主持新技术研发的工作能力和管理能力，为公司主要产品的研发落地做出突出贡献；

（3）为公司申请或获取专利及软件著作权等知识产权发挥了主要作用；

（4）在公司工作3年以上，本科以上学历，认同公司企业文化，并愿意将公司的价值观进行有效传承；

（5）具备持续引领公司核心技术发展所需要的技术背景以及行业从业经历。

钱晓晨、杨勇、王玉佳三人在公司工作时间均超过3年，主持或核心参与了公司主要研发项目，为公司核心技术的研发和核心专利的申请做出主要贡献，且具备持续引领公司核心技术发展所需要的技术背景以及行业从业经历。因此，公司将钱晓晨、杨勇、王玉佳认定为核心技术人员。

案例2：常州银河世纪微电子股份有限公司

关于银河微电的基本信息请参见关于核心技术运用的案例2，此处不做赘述。

通过上交所于2020年7月31日下发的《关于常州银河世纪微电子股份有限

公司首次公开发行股票并在科创板上市申请文件审核问询函的回复》，我们可以看到关于外购产品中核心技术应用的相关回复。

在被问及外购产品中核心技术应用时，银河微电具体披露了核心技术人员的认定标准，再根据上述标准，通过表格的形式列明了公司核心技术人员认定的具体情况。上述标准与人员的研究经验、科研成果能够相互印证。

具体问询及回复内容如下：

问询：

招股说明书未披露部分董监高的学历、专业背景，未披露董事、监事的提名人、核心技术人员的认定依据等。

请发行人：按照《公开发行证券的公司信息披露内容与格式准则第 41 号——科创板公司招股说明书》第 43 条的要求，补充披露董监高的学历、专业背景；董事、监事的提名人具体情况；按照《上海证券交易所科创板股票发行上市审核问答》第 6 条的规定，披露核心技术人员的认定情况和认定依据。

回复：

银河微电关于外购产品中核心技术应用的相关回复如下：

按照《上海证券交易所科创板股票发行上市审核问答》第 6 条的规定，披露核心技术人员的认定情况和认定依据。

公司对核心技术人员的认定标准为：（1）对公司技术发展具有重要贡献，主导参与多项核心技术或专利研发；（2）在半导体分立器件相关领域拥有多年从业经历；（3）拥有与公司业务匹配的学历、专业背景；（4）在公司研发部门等岗位担任重要职务等。

依据上述标准，公司核心技术人员认定的具体情况如表 56 所示：

表 56　具体情况

姓名	公司任职	研究经验与科研成果
茅礼卿	技术总监	全面掌握公司半导体芯片、分立器件封装、测试等方面的核心技术。主导公司的研发方向及研发项目的确定、实施、成果转化等，主持、参与了公司“GME1601 – RCD 吸收二极管开发”“EP 系列高灵敏保护二极管开发”等多项新产品研发项目，获得“一种贴片桥式器件”等专利 6 项

续表

姓名	公司任职	研究经验与科研成果
刘军	董事、银河电器副总经理	掌握半导体分立器件之功率器件封装、测试等方面的核心技术。主导、参与了公司“超薄 SOD－123F 封装产品开发”“TBF 贴片式桥式整流器的开发”等多项新产品研发项目，获得“一种半导体整流桥的制备方法”等专利 3 项
朱伟英	监事会主席、银河电器副总经理	掌握公司半导体台面芯片、轴向器件封装、测试方面的核心技术。主导、参与了“M50 高反压贴片二极管的开发”“轴向 GPPSKY 高可靠性成型产品的封装工艺研究”等多项技术研发项目，获得“轴向二极管及保护层为聚酰亚胺胶的轴向二极管的制备方法”等专利 2 项
郭玉兵	职工代表监事，微型器件事业部工程技术部经理	掌握公司小信号器件、功率器件、光电器件等分立器件封装、测试方面的核心技术。主导、参与了“DFN 封装系列产品开发”“PDFN5×6/PDFN3×3 封装产品开发”“LSOP－4L 薄型光耦封装产品开发”等多项新产品的设发，以及“高密度 SOT－23 框架封装项目开发”等多项技术研发项目，获得“超薄封装元件的制作工艺”等专利 7 项
贺子龙	半导体芯片事业部副总经理兼工程技术部经理	掌握公司半导体芯片方面的核心技术，主持建设了“年产 60 万片半导体晶圆技改项目”。主导、参与了“超低 VF 的 PPC 芯片开发”“平面型功率 TVS 芯片开发”“双向 TVS 芯片开发”等多项芯片研发项目，以及“平面玻璃电泳钝化技术开发”“DA 系列 PPC 芯片工艺研究及全面性能优化”等多项芯片工艺技改项目

案例 3：上纬新材料科技股份有限公司

2019 年 12 月 17 日上纬新材料科技股份有限公司（以下简称上纬新材）科创板 IPO 获上交所受理，于 2020 年 9 月 1 日获得批准注册。

上纬新材的主营业务为环保高性能耐腐蚀材料、风电叶片用材料、新型复合材料的研发、生产和销售，主要产品包括乙烯基酯树脂、特种不饱和聚酯树脂、风电叶片用灌注树脂、手糊树脂、胶粘剂、风电叶片大梁用预浸料树脂、风电叶片大梁用拉挤树脂、环境友好型树脂、轨道交通用安全材料等多个应用系列，是国内领先的复合材料用树脂供应商。

通过上交所2020年5月22日下发的《关于上纬新材料科技股份有限公司首次公开发行股票并在科创板上市申请文件审核问询函的回复》，我们可以看到关于“核心技术人员认定”的相关回复。

在被问及核心技术人员的认定情况和认定依据时，上纬新材披露了核心技术人员认定标准、认定程序等相关信息，其中以表格方式清晰地罗列出核心技术人员的职务、行业从业年限与对公司研发的具体贡献，阐述上纬新材根据相关人员的专业能力、研发经验、从业经验以及对公司核心技术、主要产品的贡献程度，并结合公司生产经营需要和相关人员对企业生产经营发挥的实际作用认定核心技术人员。同时，上纬新材补充说明了核心技术人员作为其专利发明人等情况，论证上纬新材的核心技术人员作为主要发明人深度参与公司主要专利技术的研发和申请，为公司技术能力的提升作出突出贡献，总体印证了公司核心技术人员组成认定及其标准的合理性。

具体问询及回复内容如下：

问询：

招股说明书未披露核心技术人员重要科研成果和获得情况，对公司研发的具体贡献等内容。

请发行人依据《招股书准则》第五十四条补充披露核心技术人员重要科研成果和获得情况，对公司研发的具体贡献等内容，按照《上海证券交易所科创板股票发行上市审核问答》之6补充披露核心技术人员的认定情况和认定依据。

回复：

1. 核心技术人员认定标准

公司的核心技术人员认定标准如下：在公司研发岗位上担任重要职务，承担研发项目关键技术核心工作的技术骨干；为公司的技术和产品研发作出了重要贡献，如在职期间作为公司主要知识产权、非专利技术的发明人或设计人，或在科研成果贡献中发挥关键作用的人员；与发行人签订了正式的劳动合同，在高性能树脂的产品开发应用领域拥有10年以上的工作经验；结合公司生产经营需要和相关人员对企业生产经营发挥的实际作用综合认定。

2. 核心技术人员认定程序

核心技术人员候选人名单由研发处总经理提名，通过公司人力资源评定委员会讨论通过后进行内部公示程序，公示后无异议的认定为公司核心技术人员。

3. 核心技术人员认定情况

2019 年 7 月，公司根据核心技术人员认定标准，经人力资源评定委员会审议讨论并公示后认定蔡朝阳、陈俊安、王洪荣、高红松 4 人为公司核心技术人员，4 位核心技术人员对公司研发的具体贡献情况如表 57 所示：

表 57　具体贡献情况

序号	姓名	在公司职务	行业从业年限/年	对公司研发的具体贡献
1	蔡朝阳	董事长、总经理、研发处总经理	30	我国台湾地区清华大学化学工程学系硕士，公司创始人，目前主要负责公司的战略规划及实际经营管理，拥有近 30 年的行业经验；主持并成功研发了 SW901、SW907、SW909 等高性能耐腐蚀乙烯基脂树脂产品，对公司原始技术积累具有突出贡献；是“一种环氧树脂及其用途”“环氧树脂组成物”等 9 项专利的发明人
2	陈俊安	研发部经理	11	我国台湾地区清华大学化学工程系硕士，负责公司绿能、环保、安全领域材料的研发和设计；是“一种环氧树脂组成物”“碳纤维预浸料及其制备方法”“一种高填料树脂碳纤维布真空灌注铺层结构”等 5 项专利的发明人；主持或参与了公司风电叶片用灌注树脂、输油管复合材料管接着剂、高压电缆芯 ACCC 拉挤树脂、风电叶片用胶粘剂、一体成形风电叶片灌注树脂、热塑性环氧树脂、风电碳纤大梁拉挤树脂与预浸料树脂等多个产品的研究开发工作
3	王洪荣	职工监事、研发部经理	13	长春工业大学高分子材料与工程专业学士，负责公司绿能领域材料的应用和设计研发；作为主要发明人参与研发设计了 14 项专利；主持或参与了公司多个项目研究开发及产品认证工作，包括风电叶片灌注树脂技术认证及叶片试

续表

序号	姓名	在公司职务	行业从业年限/年	对公司研发的具体贡献
				制技术服务、风电叶片用树脂和胶粘剂在国内外整机厂和叶片厂的认证及叶片试制工作、风电碳纤大梁拉挤树脂与预浸料树脂现场使用工艺研究、主导公司在国际整机厂西门子歌美飒材料认证测试、风电预浸料树脂在 90 米叶型上的认证及叶片试制工艺研究、模块化叶片灌注树脂开发验证、风力叶片降本增效灌注树脂开发应用等；此外还负责完善提升公司 DNV－GL 认证及 CNAS 实验室测试工作
4	高红松	研发部经理	17	东华大学高分子材料加工工程专业硕士，负责公司环保高性能耐腐蚀材料的配方开发和应用研发；作为主要发明人参与研发设计了 3 项专利；主持或参与了公司湿法冶炼树脂混凝土电解槽树脂开发及应用、SW980 高分子材料低成本高性能化技术、地下储油罐防腐蚀树脂开发及树脂 UL1316 和 UL1746 认证、WESP 湿式静电除尘阳极管乙烯基酯树脂开发、阻燃鳞片树脂开发及应用、拉挤乙烯基酯树脂开发、CIPP 专用树脂开发、无卤阻燃树脂开发、光固化修补树脂等产品的研究开发工作；参与了行业标准《纤维增强塑料化工设备技术规范 HG/T20696》的编写工作

公司根据相关人员的专业能力、研发经验、从业经验以及对公司核心技术、主要产品的贡献程度，并结合公司生产经营需要和相关人员对企业生产经营发挥的实际作用综合考虑认定蔡朝阳、陈俊安、王洪荣、高红松为公司核心技术人员。

4. 核心技术人员作为发行人专利发明人的情况

截至本招股说明书签署日，发行人拥有已获授权的发明专利 19 项，其中核心技术人员作为主要专利发明人的发明专利有 12 项，占获授权总发明专利数量的 63.16%，另有 7 项核心技术人员作为主要专利发明人的发明专利正在申请中，具体情况如表 58 所示：

表58　正在申请中的专利

序号	专利权人	专利名称	专利类型	专利号	专利状态	涉及核心技术人员
1	上纬新材	一种燃煤尾气烟囱的防腐方法	发明专利	2007101876785	已授权	蔡朝阳
2		一种抗震耐压不饱和聚酯树脂及其用途		2007101959044		
3		一种环氧树脂及其用途		2007101959059		

公司的核心技术人员作为主要发明人深度参与公司主要专利技术的研发和申请，为公司技术能力的提升作出突出贡献。

5. 核心技术人员最近2年内是否发生重大不利变化

核心技术人员蔡朝阳、陈俊安、王洪荣和高红松均长期任职于发行人处，最近2年未发生变化。

综上，公司根据相关人员的专业能力、研发经验、在高性能树脂领域的从业经验，结合对公司核心技术、主要产品、发明专利数量方面的贡献程度和关键作用，公司综合考虑认定蔡朝阳、陈俊安、王洪荣和高红松为公司的核心技术人员，符合公司实际情况，符合《上海证券交易所科创板股票发行上市审核问答》之6对核心技术人员认定的规定。

（二）核心技术人员构成合理性

关于核心技术人员构成合理性，典型案例如下：

案例1：澜起科技股份有限公司

2019年4月1日澜起科技股份有限公司（以下简称澜起科技）科创板IPO获上交所受理，于2019年6月25日获得批准注册。

澜起科技的主营业务是为云计算和人工智能领域提供以芯片为基础的解决方案，目前主要产品包括内存接口芯片、津逮服务器CPU以及混合安全内存模组。

本次发行募集资金扣除发行费用后，将投资于以下项目，具体情况如下：新一代内存接口芯片研发及产业化项目、津逮服务器 CPU 及其平台技术升级项目和人工智能芯片研发项目。

通过上交所及于 2019 年 5 月 6 日下发的《关于澜起科技股份有限公司首次发行股票并在科创板上市申请文件的审核问询函之回复报告》，我们可以看到关于核心技术人员构成合理性的相关回复。

在被问及核心技术人员构成合理性时，澜起科技具体披露了公司研发人员与核心技术人员的数量，表明了研发人员与核心技术人员对员工总数的占比情况。对于核心技术人员，澜起科技也具体说明了各核心技术人员的学历背景、专业资质、科研成果与获奖情况。

具体问询及回复内容如下：

问询：

公司正在从事 Gen 1.0 DDR5 寄存时钟驱动器芯片等多个产品的研发项目，其中，5 个项目处于可行性研究阶段，2 个项目处于设计优化阶段。

请发行人披露：核心技术人员、研发人员占员工总数的比例，核心技术人员的学历背景构成，取得的专业资质及重要科研成果和获得奖项情况。

回复：

1. 核心技术人员、研发人员占员工总数的比例

截至 2018 年 12 月 31 日，公司研发人员 181 人，占员工总数比达 70.98%，其中核心技术人员 4 人，占比 1.57%。

2. 核心技术人员的学历背景构成、取得的专业资质及重要科研成果和获得奖项情况，对公司研发的具体贡献

杨崇和，男，1957 年出生，美国俄勒冈州立大学电子与计算机工程硕士及博士。杨崇和博士于 2010 年当选美国电气和电子工程师协会院士（IEEE Fellow）。此外，杨博士还荣获多种奖项，其中包括“IEEE CAS 产业先驱奖”和上海市政府授予的“白玉兰荣誉奖”。自公司成立以来，杨博士一直担任公司董事长兼首席执行官，主要分管公司的战略发展和技术研发方向，其参与的职务发明共获得授权及申请专利 21 项，为公司主要专利发明人之一。

山岗，男，1975 年出生，北京航空航天大学电子与通信系统硕士，曾经荣获

中国电子学会科技进步奖一等奖，上海市科学技术奖三等奖等。山岗先生目前担任市场应用技术部（公司的研发部门之一）负责人，自加入公司以来，参与的职务发明共获得授权及申请专利 31 项，为公司主要专利发明人之一。

常仲元，男，1959 年出生，比利时鲁汶大学微电子学博士。常博士曾在 IEEE 学术期刊和国际会议上发表了论文逾 20 篇，其中 3 篇发表于 ISSCC 会议，并作为第一作者在美国出版了 Low Noise Wideband Amplifiers in Bipolar and CMOS Technology。常仲元先生目前担任研发部负责人，自加入公司以来，参与的职务发明共获得授权及申请专利 3 项，为公司主要专利发明人之一。

史刚，男，1969 年出生，复旦大学电子工程系微电子硕士。史刚先生目前担任运营部（公司的研发部门之一）负责人，自加入公司以来，参与的职务发明共申请专利 1 项。

案例 2：华润微电子有限公司

关于 CMR 的基本信息请参见关于知识产权侵权诉讼的案例 1，此处不做赘述。

通过上交所于 2019 年 9 月 12 日下发的《关于华润微电子有限公司首次公开发行股票并在科创板上市申请文件的审核问询函之回复》，我们可以看到关于知识产权法律状态的相关回复。

在被问及知识产权法律状态时，对于研发人员数量的问题，CMR 披露了公司各研发中心的研发人员具体数量、公司正在从事的主要研发项目对应的研发人员数量、各研发中心研发人员的数量与研发项目的对应关系，最后披露了全部研发项目、主要研发项目的范围、项目数量、人员比较情况。

具体问询及回复内容如下：

问询：

截至 2018 年年末，公司拥有 643 名研发人员，2372 名技术人员，与多家单位开展合作研发。请发行人披露：公司各研发中心的研发人员数量，正在从事的研发项目对应的研发人员数量，二者是否相匹配。

回复：

截至 2019 年 6 月 30 日，公司各研发中心的研发人员数量如表 59 所示：

表 59　人员数量

单位：人

部　门	人　数
先导技术研发中心	48
功率半导体技术创新中心	123
微系统与 ASIC 研发中心	177
工艺集成技术研发中心	154
封装工程研发中心	54
应用技术研发中心	8
光电技术研发部	28
功率集成与系统研发中心	44
综合实验室	5
合计	641

截至 2019 年 6 月 30 日，公司正在从事的主要研发项目对应的研发人员数量如表 60 所示。

表 60　研发人员数量

单位：人

序号	项目名称	研发人员	研发人员数量
1	硅基 GaN 功率器件研发	先导技术研发中心人员牵头，工艺集成技术研发中心、封装工程研发中心、综合实验室的人员参与	35
2	SiC 功率器件的开发	先导技术研发中心人员牵头，工艺集成技术研发中心、封装工程研发中心、综合实验室的人员参	29
3	IGBT 技术升级	功率半导体技术创新中心及工艺集成技术研发中心人员	20

截至 2019 年 6 月 30 日，各研发中心研发人员的数量与研发项目的对应关系如表 61 所示。

表 61　研发人员的数量与研发项目的对应关系

部门	人数	参与上述主要研发项目的人数	未参与上述主要研发项目的人数	未参与上述主要研发项目的研发人员主要工作内容及其他说明
先导技术研发中心	48	39	9	未参与上述主要研发项目的先导技术研发中心人员承担集成式温湿度和压力 MEMS 传感器产品、BMS 电池应用方案等项目的研发工作
功率半导体技术创新中心	123	66	57	未参与上述主要研发项目的功率半导体技术创新中心人员承担 FRD、SBD、DMOS、双极型功率器件等系列产品升级项目的研发工作

注：参与上述主要研发项目的人数统计中无重复统计人员。

截至 2019 年 6 月 30 日，公司全部研发项目、主要研发项目的范围、项目数量、人员比较情况如表 62 所示：

表 62　比较情况

项目	全部研发项目	主要研发项目
范围	已完成立项、尚未结项并纳入研发费用核算范畴的研发项目	已完成立项、尚未结项、并对发行人业务发展具有重要影响的研发项目
项目数量	62 个	12 个
人员	641 人	309 人；其中 4 个项目的开展形式为合作开发与自主研发相结合，统计中未包含合作开发方的研发人员

截至 2019 年 6 月 30 日，正在从事的 12 项主要研发项目对应的研发人员数量合计为 309 人，其中 4 个项目的开展形式为合作开发与自主研发相结合，统计中未包含合作开发方的研发人员。未参与上述主要研发项目的研发人员主要从事其他在研项目、拟立项的项目、基础性及前瞻性研究等相关工作。对于功率半导体技术创新中心、工艺集成技术研发中心、封装工程研发中心等研发中心内部从事

工艺平台技术、工艺模块技术、封装和测试技术、可靠性技术等研发任务的研发人员，通常会同时参与并承担多个研发项目的研发工作，参与主要研发项目的研发人员同时也会参与其他研发项目的工作，研发人员能够对应到其参与的一项或多项研发项目或基础性及前瞻性研究等工作上。

综上，经核查发行人全部研发项目对应研发人员数量及清单，正在从事的研发项目对应的研发人员数量与各研发中心的研发人员数量具有匹配性。

案例 3：苏州华兴源创科技股份有限公司

2019 年 3 月 27 日苏州华兴源创科技股份有限公司（以下简称华兴源创）科创板 IPO 获上交所受理，于 2019 年 6 月 14 日获得批准注册。

华兴源创是国内领先的检测设备与整线检测系统解决方案提供商，主要从事平板显示及集成电路的检测设备研发、生产和销售，公司主要产品应用于 LCD 与 OLED 平板显示、集成电路、汽车电子等行业。华兴源创于 2019 年 3 月 21 日召开 2019 年第二次临时股东大会审议通过本次发行募集资金扣除发行费用后，将按轻重缓急投资于以下项目：平板显示生产基地建设项目、半导体事业部建设项目和补充流动资金。

通过上交所及于 2019 年 5 月 15 日下发的《关于苏州华兴源创科技股份有限公司首次公开发行股票并在科创板上市申请文件的审核问询函的回复》，我们可以看到关于核心技术人员构成合理性的相关回复。

在被问及核心技术人员构成合理性时，华兴源创披露了 2016 – 2018 年度各研发方向的研发人员具体数量与研发人员知识结构、受教育程度，说明了研发人员整体受教育程度良好，高学历人才占比逐年提升，知识结构较为合理。最后列举了各年度在研项目与各项目对应研发人员数量。

具体问询及回复内容如下：

问询：

关于研发人员。发行人报告期内研发人员由 164 人增长至 400 人。请发行人：结合研发人员范围、研发人员知识结构、受教育程度等说明研发人员的构成变化、在研项目，进一步说明研发人员大幅增长的合理性。

回复：

1. 研发人员范围

报告期内公司研发人员主要集中在母公司，美国子公司及越南子公司根据业务定位也有少量研发人员，报告期各期研发人员根据研发方向分布如表63所示。

表63 研发人员根据研发方向分布

单位：人

研发方向	2018年度	2017年度	2016年度
测试技术方向	23	19	12
大型试验设备方向	6	3	5
电气工程方向	26	16	13

2. 研发人员知识结构

2017年起，公司在原有的业务基础上，基于对自身技术储备、行业发展趋势和未来市场前景的预期，成立了半导体事业部，并加大了在半导体研发人员方面的投入，建立了半导体的研发团队，因此，2017年以来半导体方向的研发人员数量增长较快。

由于近年来自动化检测设备应用领域不断拓展，公司考虑到自动化的行业发展趋势，增加了自动化设备及信号设计方面的研发投入，招聘了自动化控制及信号设计方面的研发人才，因此工业设计方向及硬件方向的研发人员数量上升较多。

随着产品复杂度的提高，对产品工程设计方面的研发人员需求也进一步提升，公司相应招聘了大量工程设计方面的研发人才，导致该方向的人员数量出现了较大幅度增长。

此外，为拓宽公司业务布局及产品的下游应用领域，公司加强了在汽车电子测试领域的人才梯队建设，导致相应研发人员数量上升。

3. 研发人员受教育程度

在研发人员数量大幅增长的基础上，公司研发人员质量也在不断提升，高学历人才比例不断提高，报告期内研发人员受教育程度具体如表64所示：

表64 受教育程度

人员学历	2018年度		2017年度		2016年度	
	数量/人	比例/%	数量/人	比例/%	数量/人	比例/%
博士及以上	6	1.50	4	1.55	1	0.61
硕士	59	14.75	28	10.85	12	7.32

续表

人员学历	2018 年度		2017 年度		2016 年度	
	数量/人	比例/%	数量/人	比例/%	数量/人	比例/%
本科	204	51.00	127	49.22	77	46.95
大专及以下	131	32.75	99	38.37	74	45.12
合计	400	100	258	100	164	100

4. 研发人员与在研项目数量较为匹配

同时，各年度研发人员数量与在研项目数量也较为匹配，2016 年公司在研项目 7 个，平均每个项目对应研发人员 23.43 个；2017 年公司在研项目为 12 个，平均每个项目对应研发人员 21.50 个；2018 年公司在研项目为 16 个，平均每个项目对应研发人员 25 个。研发人员数量与在研项目数量较为匹配，研发人员大幅增长具备合理性。

（三）公司技术人员管理

关于公司技术人员管理，典型案例如下：

案例 1：乐鑫信息科技（上海）股份有限公司

2019 年 4 月 3 日乐鑫信息科技（上海）股份有限公司（以下简称乐鑫科技）科创板 IPO 获上交所受理，于 2019 年 7 月 1 日获得批准注册。

乐鑫科技是一家专业的集成电路设计企业，采用 Fabless 经营模式，主要从事物联网 Wi－Fi MCU 通信芯片及其模组的研发、设计及销售，主要产品 Wi－Fi MCU 是智能家居、智能照明、智能支付终端、智能可穿戴设备、传感设备及工业控制等物联网领域的核心通信芯片。实际募集资金扣除发行费用后全部用于与公司主营业务相关的项目及主营业务发展所需的发展与科技储备资金，并由董事会根据项目的轻重缓急情况负责实施，具体如下：标准协议无线互联芯片技术升级项目、AI 处理芯片研发及产业化项目、研发中心建设项目和发展与科技储备资金。

通过上交所于 2019 年 5 月 23 日下发的《关于乐鑫信息科技（上海）股份有限公司首次公开发行股票并在科创板上市申请文件的第二轮审核问询函的回复》，我们可以看到关于稳定核心技术人员措施的相关回复。

在被问及稳定核心技术人员措施时，乐鑫科技表示为了稳定核心技术人员，主要采取了激励与约束两方面措施。其中，激励措施主要包括股权激励及战略配售、薪酬激励和人才培养机制及企业文化建设；约束措施主要包括合同及协议约束和股份锁定约束。

具体问询及回复内容如下：

问询：

根据回复材料，发行人 3 名离职海外核心技术人员参与公司多项专利发明涉及公司核心技术。本次新认定 6 名核心技术人员。

请发行人补充披露：稳定核心技术人员的激励约束措施，是否存在上市后核心技术人员流失的风险。

回复：

乐鑫科技关于稳定核心技术人员措施的回复如下：

1. 激励措施

（1）股权激励及战略配售

发行人除实际控制人以外的核心技术人员中，姜江建、符运生、王强、巫建刚目前合计持有乐鲀投资 66.23% 的份额，并通过乐鲀投资间接持有发行人 1.32% 的股份。根据发行人第一届董事会第三次会议决议，发行人董事会已经批准姜江建、符运生、王强、巫建刚和王栋通过资管计划参与本次发行上市之战略配售。考虑到外籍员工不论是通过设立持股平台还是参与资管计划间接持有发行人的股份，因涉及外汇流程等，实施程序较中国籍员工复杂，因此，发行人将在上市以后，根据上市公司的股权激励制度研究包括外籍员工在内的长期股权激励计划，对核心技术人员进行长期激励。

（2）薪酬激励

除了允许部分核心技术人员持股以外，发行人还制定了《研发人员项目奖金制度》，在研发项目取得重要进展或者成功落地时，将对参与发行人新产品研发、现有产品的技术改进、工艺优化等项目的研发人员（包括核心技术人员）提供现金奖励，具体将由研发部门负责人或研发项目负责人向人事部门提出项目奖金申请，说明研发项目奖金的分配方案，包括受奖励人员、具体的贡献或成果、奖励金额等，经审定后由发行人向研发人员发放。根据同行业上市公司比较，发行人向核心技术人员及研发人员提供的薪酬待遇处于同行业领先水平，有利于技术团队的稳定。

（3）人才培养机制及企业文化建设

公司制定了详细的员工培养制度及晋升机制，提高员工的专业素养和归属感，培养员工的责任意识和大局观，增强技术人才储备。公司以开源生态系统为代表的开放的、国际化的、共享的企业文化，利于增强核心技术人员的凝聚力。

2. 约束措施

（1）合同及协议约束

发行人或其子公司与核心技术人员均签署了《劳动合同》，且现有核心技术人员的劳动合同多数为无固定期限合同。发行人或其子公司已分别与核心技术人员签署了《保密和竞业禁止协议》，根据该等协议的约定，相关核心技术人员应当对其任职期间接触到的发行人的保密信息负有保密义务，且自其与发行人或其子公司终止劳动合同之日起的两年内，不得接受与发行人业务具有竞争关系的机构的聘用，也不得直接或间接从事与发行人产生竞争关系的任何业务。

（2）股份锁定约束

对于已经或将要持有发行人权益的核心技术人员，其持股方式均为间接持股，未直接持有发行人股份。发行人实际控制人兼核心技术人员 Teo Swee Ann、通过乐鲀投资间接持有发行人股份的核心技术人员姜江建、符运生、巫建刚、王强均已出具《关于自愿锁定股份的承诺函》，承诺遵守法律、行政法规、部门规章、规范性文件以及上交所相关业务规则对股份转让的规定。

基于上述，发行人为保持核心技术人员稳定采取了相应的激励约束措施，不存在上市后核心技术人员流失的重大风险。

案例 2：中微半导体设备（上海）股份有限公司

2019 年 3 月 29 日中微半导体设备（上海）股份有限公司（以下简称中微公司）科创板 IPO 获上交所受理，于 2019 年 7 月 1 日获得批准注册。

中微公司是一家以中国为基地、面向全球的高端半导体微观加工设备公司，是我国集成电路设备行业的领先企业，是由一大批在全球半导体设备产业长期耕耘，做出突出贡献的研发、工程技术、销售和营运专家创立和参与的科创企业。本次向社会公众公开发行新股的募集资金扣除发行费用后将按轻重缓急顺序投资于以下项目：高端半导体设备扩产升级项目、技术研发中心建设升级项目和补充流动资金。

通过上交所于 2019 年 5 月 20 日下发的《关于中微半导体设备（上海）股份有限公司首次公开发行股票并在科创板上市申请文件第二轮审核问询函的回复》，我们可以看到关于稳定核心技术人员措施的相关回复。

在被问及稳定核心技术人员措施时，中微公司从实施员工持股安排、提供发展机遇和自主研发平台两方面着手，增强核心技术人员的凝聚力与稳定性。此外，中微科技也表明了上市后不存在核心技术人员等人才流失的巨大风险。

具体问询及回复内容如下：

问询：

根据回复材料，创始人团队对发行人的技术研发、生产经营运营具有重要影响，但不足以对发行人形成控制。《公司章程（草案）》第 137 条关于“经营计划、投资方案、重大收购兼并和被收购兼并方案等事项，还需经在公司兼任高级管理人员的董事一致同意”的规定，不会改变发行人无实际控制人的状态。此外，员工持股计划中尚有 21 个自然人未签署《持股协议》。

请发行人补充披露：公司稳定核心技术人员的措施，是否存在上市后核心技术人员等人才流失的巨大风险，并做充分风险揭示。

回复：

中微公司关于稳定核心技术人员措施的回复如下：

1. 核心技术人员

公司与核心技术人员均已签署劳动合同，对服务期限、合同续期等事项进行了约定。截至本招股说明书签署日，核心技术人员在公司的任职期限均已超过十四年，对公司具有较高的忠诚度。为稳定核心技术人员，公司采取的主要措施如下：

第一，实施员工持股安排，加强核心技术人员凝聚力。

为确保核心技术人员的稳定性，公司参照国际高科技公司的惯例制定并实施了员工持股安排，通过核心技术人员持有公司股权的方式增强了核心技术人员与公司之间的凝聚力。同时，核心技术人员均已签署《关于股份锁定及减持事项的承诺函》，进一步保障了核心技术人员的稳定性。

第二，提供发展机遇和自主研发平台，增加核心技术人员稳定性。

公司目前已成为我国半导体设备行业中极少数能与全球顶尖设备公司直接竞争的公司，公司具有成熟的研发机制和配套制度，积极为核心技术人员提供更多的发展机遇和更大的上升空间；同时，公司重视研发创新和产业化，给予核心技术人员相对自主的研发平台，满足核心技术人员对研发环境的需求，保证核心技术人员的长期稳定性。

综上，公司通过实施员工持股安排、提高自身实力、重视科研及人才培养引进等措施进一步保障核心技术人员的持续稳定。

2. 公司是否存在上市后核心技术人员等人才流失的巨大风险

发行人已在《招股说明书》“第五节发行人基本情况”之“七、发行人董事、监事、高级管理人员及核心技术人员的简要情况”之“（四）核心技术人员”中补充披露如下：

“公司通过采取上述积极的措施，在一定程度上保障了核心技术人员的稳定性，公司上市后不存在核心技术人员等人才大量流失的巨大风险。”

案例 3：锦州神工半导体股份有限公司

2019 年 4 月 19 日，锦州神工半导体股份有限公司（以下简称神工股份）科创板 IPO 获上交所受理，于 2020 年 1 月 14 日获得批准注册。

神工股份是国内领先的集成电路刻蚀用单晶硅材料供应商，主营业务为集成电路刻蚀用单晶硅材料的研发、生产和销售。公司核心产品为大尺寸高纯度集成电路刻蚀用单晶硅材料，目前主要向集成电路刻蚀用硅电极制造商销售，经机械加工制成集成电路刻蚀用硅电极，集成电路刻蚀用硅电极是晶圆制造刻蚀环节所必需的核心耗材。公司产品为制造集成电路刻蚀用硅电极的核心原材料。本次发行募集资金（包括公司按照超额配售选择权方案发行股票所募集的资金）扣除发行费用后，拟全部用于如下募集资金投资项目：8 英寸半导体级硅单晶抛光片生产建设项目和研发中心建设项目。

通过上交所于 2019 年 6 月 10 日下发的《关于锦州神工半导体股份有限公司首次公开发行股票并在科创板上市申请文件审核问询函的回复》，我们可以看到关于核心人员管理的相关回复。

在被问及核心人员管理时，神工股份对公司核心技术人员薪酬水平进行了介绍，对各核心技术人员间收入存在差异的原因进行了阐释，并与国内同行业可比公司的薪酬水平进行对比。此外，神工股份还介绍了企业自身文化与激励制度。

具体问询及回复内容如下：

问询：

招股说明书披露，报告期末，公司员工人数分别为62人、96人、134人，其中生产人员占比58.96%、研发人员占比11.19%。另外，公司现有潘连胜、山田宪治、秦朗3名核心技术人员，其中山田宪治为日本国籍，并未直接或间接持有公司股权，秦朗2018年税前年薪为7.49万元。报告期末，发行人研发人员为15人，人员薪酬总共180.3万元，发行人的核心技术人员主要承担管理职能。

请发行人补充披露：（1）核心技术人员山田宪治未参与公司员工持股计划的原因，秦朗2018年税前年薪为7.49万元在公司中的薪酬水平，是否与核心技术人员身份相匹配；（2）核心技术人员薪酬水平与公司研发和技术实力的匹配性以及与同行业可比公司的比较情况，技术人员薪酬水平能否维持技术人员的稳定，激励措施是否健全。

回复：

锦州神工关于核心人员管理的回复如下：

1. 核心技术人员山田宪治未参与公司员工持股计划的原因，秦朗2018年税前年薪为7.49万元在公司中的薪酬水平，是否与核心技术人员身份相匹配。

核心技术人员秦朗税前薪酬与核心技术人员身份相匹配。

2018年度，秦朗税前年薪为7.49万元，高于公司平均工资水平，也高于锦州市城镇就业人员平均工资5.49万元，秦朗税前薪酬符合公司的实际情况和公司所在区域的薪酬水平。

2018年3月，更多亮、626控股、晶励投资、航睿飏灏、旭捷投资、晶垚投资认缴公司新增注册资本700万元，除了取得基本薪酬外，秦朗还作为旭捷投资的有限合伙人参与员工持股平台，公司对本次增资股东所取得权益的公允价值与股东实际投入金额之间的差额按照股份支付进行会计处理。相比公司大部分员工，公司为秦朗承担了较高的人力成本。

综上，核心技术人员秦朗薪酬水平与核心技术人员身份相匹配。

2. 核心技术人员薪酬水平与公司研发和技术实力的匹配性以及与同行业可比公司的比较情况，技术人员薪酬水平能否维持技术人员的稳定，激励措施是否健全。

（1）核心技术人员薪酬水平与公司研发和技术实力的匹配性以及与同行业可比公司的比较情况。

2018 年度，公司核心技术人员潘连胜、山田宪治、秦朗的税前薪酬分别为 163.32 万元、133.12 万元和 7.49 万元，同时 2018 年度公司对秦朗确认的股份支付金额 18.88 万元，公司为秦朗承担了较高的人力成本。公司为核心技术人员承担的人力成本反映了核心技术人员在非专利技术优化、新技术研发、专利申请等方面发挥的作用以及做出的贡献，体现了核心技术人员对公司生产经营和研发活动的重要性，与公司研发和技术实力相匹配。

潘连胜薪酬水平相比山田宪治、秦朗较高，主要因潘连胜不仅需要负责公司整体研发技术路线的设计、统筹协调公司整体研发工作，同时作为公司董事长、总经理，承担了诸多管理和决策职能；山田宪治的薪酬水平相比秦朗较高，主要因公司为保持经营和研发团队的竞争力，向愿意进入公司的外部人才提供了富有市场竞争力的薪酬待遇，山田宪治作为公司外部引入人才，其薪酬水平较高符合公司制定的薪酬体系。

2018 年度国内同行业可比公司披露的最近一年担任董事、监事、高级管理人员的主要核心技术人员的薪酬如表 65 所示。

表 65　薪酬情况

上市公司	姓名	职务	2018 年度薪酬/万元
江丰电子	姚力军	董事长、首席技术官、核心技术人员	20.08
	周友平	副总经理、核心技术人员	15.68
	Jie Pan	董事、总经理、核心技术人员	15.01
	王学泽	副总经理、核心技术人员	13.41
阿石创	陈钦忠	董事长、总经理、核心技术人员	42.96
	陈本宋	董事长、总经理、核心技术人员	32.32

国内同行业可比公司披露的最近一年担任董事、监事、高级管理人员的主要核心技术人员的薪酬存在一定差异，薪酬区间为 13.41 万元至 114.99 万元，潘连胜、山田宪治的薪酬水平具备较强的竞争力。秦朗因不承担管理等职能，因此薪酬水平低于可比公司担任董事、监事、高级管理人员的主要核心技术人员的薪酬，秦朗税前年薪高于公司平均工资水平及当地城镇就业人员平均工资水平，同

时综合考虑股权激励及未来发展机会等因素，秦朗的薪酬水平具备一定竞争力。

（2）技术人员薪酬水平能够维持技术人员相对稳定，公司激励措施较为健全

2018 年度，公司技术人员平均薪酬水平为 6.80 万元，高于锦州市城镇就业人员平均工资 5.49 万元。公司为技术人员提供了具有竞争力的薪酬水平，有利于维持技术人员的相对稳定。

良好的企业文化与激励制度是公司保持技术人员稳定的重要保障，一方面公司建立了较为完善的研发激励制度，为技术人员建立了完善的职业发展通道，并通过绩效奖金、员工持股平台等形式保持核心技术人员稳定性；另一方面公司十分注重员工培训和团队建设，每年组织员工参加各类培训。整体来看，公司的激励措施较为健全。

（四）知识产权竞业禁止、保密协议

关于知识产权竞业禁止、保密协议，典型案例如下：

案例 1：华润微电子有限公司

关于 CMR 的基本信息请参见关于知识产权侵权诉讼的案例 1，此处不做赘述。

通过上交所于 2019 年 9 月 12 日下发的《关于华润微电子有限公司首次公开发行股票并在科创板上市申请文件的审核问询函之回复》，我们可以看到关于竞业禁止与保密协议的相关回复。

在被问及竞业禁止与保密协议时，CMR 通过表格详细介绍了董事、高级管理人员的原单位任职情况、是否存在竞业禁止以及是否违反竞业禁止义务。并根据上述人员出具的确认函、中国裁判文书网、中国执行信息公开网的公示信息，说明上述人员不存在违反竞业禁止协议及保密协议约定的情形，与原任职单位不存在纠纷或潜在纠纷。对于公司目前的专利，CMR 也表明是企业员工的职务发明，不存在违反竞业禁止协议或保密协议约定的情形。

具体问询及回复内容如下：

问询：

主要知识产权的形成过程，知识产权的归属是否存在纠纷或潜在纠纷；境内取得的专利能否在境外进行专利申请，境外申请专利是否存在侵犯他人知识产权或者可能影响境外销售的情形；知识产权是否涉及研发人员在原单位的职务成

果，研发人员是否违反竞业禁止的有关规定，是否存在违反保密协议的情形。

最近两年，发行人董事、高管存在一定变动。请发行人说明：(1) 董事、高级管理人员是否存在违反竞业禁止协议的情形，与原任职单位是否存在纠纷或潜在纠纷。(2) 核心技术人员的认定依据，知识产权是否涉及研发人员在原单位的职务成果，研发人员是否违反竞业禁止的有关规定，是否存在违反保密协议的情形；报告期内研发人员的变动情况、研发人员的教育背景、学历构成、研发经历、薪酬水平以及与同行业上市公司的对比情况。(3) 董事、高管人员卸任或离职对发行人生产经营的影响，是否属于重大不利变化。

回复：

CMR 关于竞业禁止与保密协议的回复如下：

1. 董事、高级管理人员是否存在违反竞业禁止协议的情形，与原任职单位是否存在纠纷或潜在纠纷截至本回复出具之日，发行人董事、高级管理人员的竞业禁止情况具体如表 66 所示。

表 66　董事、高级管理人员的竞业禁止情况

序号	姓名	职务	原单位任职情况	是否存在竞业禁止	是否违反竞业禁止义务
1	李福利	董事长	中国五矿集团公司、中国五矿股份有限公司，于 2018 年离职	无	否
2	陈南翔	常务副董事长	美国加州硅谷 Supertex，Inc，于 2002 年离职	无	否

上述人员中，杨旸、张志高、夏正曙为发行人独立董事，不参与公司具体业务运营、日常管理或技术研发，不存在违反与原任职单位的竞业禁止约定的情形，与原任职单位不存在纠纷或潜在纠纷。根据全体董事、高级管理人员出具的确认函以及中国裁判文书网（http：//wenshu. court. gov. cn/Index）、中国执行信息公开网（http：//zxgk. court. gov. cn/）的公示信息，截至本回复出具之日，公司的董事、高级管理人员不存在违反竞业禁止协议及保密协议约定的情形，与原任职单位不存在纠纷或潜在纠纷。综上，公司的董事、高级管理人员不存在违反竞业禁止协议的情形，与原任职单位不存在纠纷或潜在纠纷。

2. 核心技术人员的认定依据，知识产权是否涉及研发人员在原单位的职务成果，研发人员是否违反竞业禁止的有关规定，是否存在违反保密协议的情形。

知识产权是否涉及研发人员在原单位的职务成果，研发人员是否违反竞业禁止的有关规定，是否违反保密协议的情形。

截至 2019 年 6 月 30 日，发行人在中国境内共取得 1173 项专利、在中国境外共取得 152 项专利，在中国境内共取得 186 项集成电路布图设计，4 项计算机软件著作权。该等知识产权均为发行人研发人员为执行发行人任务或者主要是利用发行人的物质技术条件形成，上述知识产权不涉及研发人员在原单位的职务成果，研发人员不存在违反竞业禁止协议或保密协议约定的情形。

案例 2：上海艾为电子技术股份有限公司

关于上海艾为电子技术股份有限公司的基本信息请参见关于核心技术的认定依据的案例 1，此处不做赘述。

通过上交所于 2021 年 1 月 6 日下发的《关于上海艾为电子技术股份有限公司首次公开发行股票并在科创板上市申请文件的审核问询函》之回复报告，我们可以看到竞业限制与保密条款的相关回复。

在被问及竞业限制与保密条款时，艾为电子表示曾任职华为或启攀微的公司实际控制人、董事、高管和核心技术人员均履行了对前述原任职单位的保密义务，也不存在违反竞业限制的情况，上述员工入职以来均未收到华为或启攀微就保密或竞业限制事项提出任何主张，公司与华为和启攀微不存在直接竞争关系，因此华为或启攀微未来对公司实际控制人、董事、高管和核心技术人员等提起与保密或竞业限制相关的诉讼或发生争议的可能性很小。

具体问询及回复内容如下：

问询：

招股说明书披露，发行人实际控制人、董事、高级管理人员、核心技术人员在加入发行人前，部分曾在华为技术有限公司、启攀微电子（上海）有限公司等任职。

请发行人说明：（1）公司董事、高管、核心技术人员及研发等部门中来自前述公司的人员、数量、对应职务、是否签署相关竞业禁止或保密条款，是否取得相应补偿，是否因竞业禁止、保密等事项被原任职单位主张过权利；前述单位是否可能就上述情形对实际控制人、董事、高管和核心技术人员等提起诉讼或发生争议。(2) 前述人员作为发明人在曾任职单位取得的专利情况，是否存在与发行人主营业务相关的知识产权或技术成果，以及加入公司后，牵头或参与形成的发明专利、对应的权利归属、是否涉及原单位职务成果，是否构成对原单位的专利以及非专利技术侵权，是否与原单位存在纠纷或潜在纠纷。

回复：

艾为电子关于竞业限制与保密条款的回复如下：

1. 公司董事、高管、核心技术人员及研发等部门中来自前述公司的人员、数量、对应职务、是否签署相关竞业禁止或保密条款，是否取得相应补偿，是否因竞业禁止、保密等事项被原任职单位主张过权利

华为（含其下属企业华为海思）作为国内集成电路行业的领军企业，培养并向行业输出了大量人才，部分人员从华为离职后加入其他公司属于正常的行业人员流动。近年来，由于我国集成电路产业呈现快速发展势头，同行业公司之间人员流动更加普遍和频繁。华为在集成电路领域的主要产品为通讯类芯片、手机基带芯片、CPU、GPU 等，启攀微主要产品为通讯类芯片以及应用于白色家电及工业控制的触控芯片等。报告期内，公司主要产品及应用领域与华为和启攀微均不相同。

截至本回复报告出具日，公司董事、高管、核心技术人员及研发等部门人员中，曾于华为或启攀微任职的具体情况如下：

(1) 公司董事、高管、核心技术人员

曾在华为或启攀微任职的公司董事、高管、核心技术人员共 7 人，均在公司设立初期即加入公司，其从华为或启攀微离职距今已超过 10 年。上述人员在华为、启攀微任职及离职的情况如表 67 所示。

表 67　相关人员的任职及离职情况

序号	姓名	艾为电子任职	入职艾为电子时间	曾任职单位	在原单位的职务	离职时间
1	孙洪军	董事长、总经理、核心技术人员	2008 年 6 月	华为	中央研发部基础业务部工程师，技术副专家	2002 年 9 月
				启攀微	产品总监	2008 年 4 月

续表

序号	姓名	艾为电子任职	入职艾为电子时间	曾任职单位	在原单位的职务	离职时间
2	郭辉	董事、副总经理、核心技术人员	2008 年 10 月	华为	中央研发部基础业务部数模部副经理	2002 年 7 月
				启攀微	副总裁	2008 年 10 月

第一，保密事项。

根据对上述人员进行的访谈并取得其书面确认，上述人员均与华为或启攀微签署了相关保密条款，亦履行了对华为或启攀微的保密义务。截至本回复出具之日，上述人员与华为、启攀微未发生过任何保密事宜的争议及纠纷，也未收到过华为、启攀微针对保密事宜的权利主张。

第二，竞业限制事项。

根据对上述人员进行的访谈并取得其书面确认，上述人员均未与华为或启攀微签订竞业限制协议或条款，离职后亦未领取过竞业限制补偿。截至本回复报告出具日，上述人员不存在因竞业限制被华为或启攀微主张过权利的情形，未与华为或启攀微发生过任何与竞业禁止相关的争议及纠纷。

（2）除公司董事、高管、核心技术人员外的其他技术人员

目前公司的技术人员来源以校园招聘为主，社会招聘为辅。截至本回复报告出具日，除公司董事、高管、核心技术人员外，曾在华为或启攀微任职的其他技术人员共 23 人，占公司技术人员数量的比例为 3.70%。上述人员中，20 人曾在华为任职，4 人曾在启攀微任职（其中 1 人曾在华为和启攀微均任职），其中大部分人员系 2018 年之后入职公司。

第一，保密事项。

根据对 23 名技术人员的访谈和/或取得其书面确认，该等技术人员均与华为或启攀微签署了相关保密条款，并且履行了对华为或启攀微的保密义务；截至本回复报告出具日，上述人员与华为、启攀微未发生过任何保密事宜的争议及纠纷，也未收到过华为、启攀微针对保密事宜的权利主张。

第二，竞业限制事项。

启攀微：23 名技术人员中，曾在启攀微任职的共 4 人，根据对其的访谈和/或

取得其书面确认，其中 1 人入职公司时距离其离职启攀微已超过法定竞业限制期限 2 年，其入职公司不涉及违反竞业限制义务，且未收到过启攀微的竞业限制补偿，另外 3 名技术人员未与启攀微签订竞业限制协议或条款，离职后也未领取过竞业限制补偿金。截至本回复出具之日，上述人员不存在因竞业限制被启攀微主张过权利的情形，亦从未与启攀微发生过任何与竞业禁止相关的争议及纠纷。

华为：23 名技术人员中，曾在华为任职的共 20 人，其中 1 人在 2011 年入职公司、1 人在 2017 年入职公司，其余 18 人全部系 2018 年后入职公司。根据对其的访谈和/或取得其书面确认，截至本回复出具日，该 20 名技术人员不存在因竞业限制被华为主张过权利的情形，亦从未与华为发生过任何与竞业禁止相关的争议及纠纷。

该 20 名技术人员中，其中 9 名技术人员入职公司时距从华为离职已超过 2 年，长于《劳动合同法》关于竞业限制最长期限 2 年的规定，其入职公司不涉及违反竞业限制义务；其余 11 名技术人员入职公司时距从华为离职时尚未超过 2 年，根据该等 11 名技术人员的访谈和/或取得其书面确认，其中 10 名技术人员未与华为签订竞业限制协议或条款，离职后也未领取过竞业限制补偿金，不存在因竞业限制被华为主张过权利的情形，亦从未与华为发生过任何与竞业禁止相关的争议及纠纷；1 名与华为签订了竞业限制协议或条款，入职公司时尚在竞业禁止期限内，但该技术人员入职公司不构成违反竞业限制，具体如下：

该员工系 2020 年 10 月从华为退休后加入公司。根据与其访谈了解，华为对年龄超过 40 岁且在华为工作年限较长的员工，可申请从华为提前退休，从华为退休后加入其他单位任职的，需向华为报备并经其同意。该员工目前尚处于试用期，非公司核心技术人员，未担任重要岗位。该员工入职公司前向华为进行了报备，并经过其同意，不存在违反竞业限制的情况，且其离职后未收到过华为的竞业限制补偿金。

2. 前述单位是否可能就上述情形对实际控制人、董事、高管和核心技术人员等提起诉讼或发生争议

通过“中国裁判文书网”“中国执行信息公开网”“国家企业信用信息公示系统”“人民法院公告网”“信用中国”等公示系统进行查询，截至本回复报告出具日，公司及其子公司以及前述曾在华为或启攀微任职的员工均不存在与华为

或启攀微的诉讼、仲裁或追索权益的情况。

案例3：江苏中信博新能源科技股份有限公司

2020年4月7日江苏中信博新能源科技股份有限公司（以下简称中信博）科创板IPO获上交所受理，于2020年7月28日获得批准注册。

中信博立足新能源行业，专注于光伏支架系统的研发、设计、生产和销售，是光伏支架系统解决方案提供商，主要产品为光伏跟踪支架、固定支架。中信博的销售模式为直销，公司下游客户主要为国内外的电站工程总承包商（EPC）和电力投资公司（业主），公司为其提供定制化的产品服务。EPC受业主委托，按照合同约定对工程建设项目的设计、采购、施工、试运行等实行全过程或若干阶段的承包，通常EPC公司在总价合同条件下，对其所承包工程的质量、安全、费用和进度进行负责，可自主采购或按照总包合同范围内的合格供应商目录采购；业主则是电站投资建设和受益主体，其直接采购或指令EPC采购。

通过上交所2020年5月25日下发的《关于江苏中信博新能源科技股份有限公司首次公开发行股票并在科创板上市申请文件的审核问询函之回复》，我们可以看到关于“竞业禁止”与“保密义务”的相关回复。

在被问及相关核心技术人员的竞业禁止与保密等事宜时，中信博披露了目前核心技术人员所涉及专利纠纷的情况，通过对相关专利逐一列明，清晰地展示了专利的授权状态、发明人与所有权人，并完整地梳理了相关核心技术人员所涉专利纠纷的事件脉络。中信博在其后就核心技术人员原就职单位的竞业禁止与保密义务事宜进行了说明，配以原就职单位及其员工的确认作为佐证，论据可靠，论述真实、充分。最后，中信博对于核心技术人员的权利义务情况进行了总结，强调相关核心技术人员加入中信博后，牵头或参与形成的发明专利的权利归属于中信博。

具体问询内容如下：

问询：

招股说明书披露，发行人共有3名核心技术人员，其中王士涛、于鹏晓分别于2007年9月至2014年11月，2010年6月至2014年11月担任上海聚恒太阳能有限公司的首席技术官、研发经理，两人均于2014年12月加入发行人。公开信息显示，2016年上海聚恒太阳能有限公司与发行人前身存在多起专利申请权权属纠纷，后由上海聚恒撤回起诉。2015 年、2016 年，发行人分别获授 5 项发明专利。

请发行人说明：（1）上海聚恒撤诉的原因，专利纠纷是否与王士涛、于鹏晓加入发行人相关、是否已彻底解决、是否存在纠纷或潜在纠纷；（2）涉诉专利目前的权利归属，若属于发行人，说明是否涉及核心技术、是否涉及王士涛、于鹏晓在原单位的职务成果；（3）王士涛、于鹏晓对其曾任职单位是否负有竞业禁止或保密义务，是否因竞业禁止、保密等事项被曾任职单位主张过权利；（4）王士涛、于鹏晓加入发行人后，牵头或参与形成的发明专利、对应的权利归属。

1. 上海聚恒撤诉的原因，专利纠纷是否与王士涛、于鹏晓加入发行人相关、是否已彻底解决、是否存在纠纷或潜在纠纷

（1）上海聚恒撤诉的原因及过程

2016 年 6 月 17 日，第三方自然人在未经上海聚恒同意的情况下，持上海聚恒公章以上海聚恒名义向苏州市中级人民法院对发行人提起 6 项诉讼［（2016）苏民 05 初 421－426 号］，以发行人申请的 6 项发明专利涉嫌上海聚恒前员工的职务发明为由提起专利权权属纠纷诉讼，请求法院判决案涉 6 项发明专利的专利申请权或专利权属于上海聚恒。

在苏州市中级人民法院对案件审理过程中，上海聚恒认为前述发行人申请的 6 项发明专利并不存在利用上海聚恒前员工职务发明且应由发行人承担责任的情形，遂由其法定代表人容学权（容岗叔叔）代表上海聚恒向法院递交了撤诉申请书，要求代表上海聚恒撤回对中信博的起诉；2016 年 9 月 5 日，苏州市中级人民法院作出（2016）苏民 05 初 421－426 号《民事裁定书》，准许上海聚恒撤回对发行人的起诉。

（2）专利纠纷是否与王士涛、于鹏晓加入发行人相关、是否已彻底解决、是否存在纠纷或潜在纠纷

上海聚恒及其母公司浙江聚恒已于 2014 年 11 月停止运营。2016 年 12 月，浙江聚恒董事会作出决议，决定根据公司章程的规定解散公司并组成清算组。2019 年 3 月，嘉兴市中级人民法院作出（2019）浙 04 破申 1 号《民事裁定书》，浙江聚恒因经营困难已于 2014 年停止运营，因公司处于资不抵债状态，名下无财产可供执行，同意受理浙江聚恒的破产申请。

2014 年 11 月，王士涛、于鹏晓与上海聚恒终止劳动关系；2014 年 12 月，王士涛、于鹏晓加入发行人控股子公司上海明博新能源有限公司。

上海聚恒、浙江聚恒均确认：王士涛、于鹏晓等人不存在因在发行人处工作而侵犯其合法权利的情形；上海聚恒、浙江聚恒对王士涛、于鹏晓等人在发行人任职期间完成的发明创造不享有专利权；现在及将来均不会对王士涛、于鹏晓等人及发行人主张相应权利；上海聚恒、浙江聚恒与发行人之间不存在关于专利、非专利技术的争议或纠纷。

综上所述，第三方自然人在未经上海聚恒同意的情况下，持上海聚恒公章以上海聚恒名义对发起人提起诉讼，后上海聚恒法定代表人申请撤诉，并被裁定准予撤诉。前述专利纠纷与王士涛、于鹏晓加入发行人无关，已得到彻底解决，不存在纠纷或潜在纠纷。

2. 涉诉专利目前的权利归属，若属于发行人，说明是否涉及核心技术、是否涉及王士涛、于鹏晓在原单位的职务成果

（1）涉诉 6 项专利权目前专利权授予情况如表 68 所示：

表 68　专利权授予情况

序号	名称	专利申请号	专利申请类型	授权公告日	专利权状态	权利人	发明人
1	光伏系统跟踪及逆跟踪的方法	201510706499. 2	发明专利	2019 年 2 月 1 日	已授权	发行人	王士涛；蔡浩；李彩霞
2	用于光伏系统的检测装置、光伏系统及使用方案	201510688482. 9	发明专利	2018 年 4 月 6 日	已授权	发行人	王士涛；蔡浩；马丽君
3	一种双面匀光的双面电池组件	201510464752. 8	发明专利	2017 年 9 月 26 日	已授权	发行人	王士涛；蔡浩；马丽君；王世成
4	用于安装光伏组件的安装系统及光伏组件的安装方法	201510641204. 8	发明专利	—	驳回失效	—	王士涛；蔡浩；于鹏晓；李阳林

续表

序号	名称	专利申请号	专利申请类型	授权公告日	专利权状态	权利人	发明人
5	一种光伏跟踪方法和系统	201510671839.2	发明专利	—	驳回失效	—	王士涛；蔡浩；于鹏晓；李阳林
6	一种双面光伏电池	201510461043.4	发明专利	—	驳回失效	—	王士涛；蔡浩；马丽君；王世成

（2）上述 3 项已授权专利的发明人涉及王士涛、蔡浩、李彩霞、马丽君、王世成。

除王世成已经去世外，其他发明人均确认：上述专利不存在利用原任职单位知识产权、技术成果服务于中信博的情形；其在中信博任职不存在违反原任职单位竞业限制（竞业禁止）的情形；在中信博参与研发的全部知识产权不存在侵犯原任职单位知识产权、保密义务的情形；在中信博参与的项目的技术成果均属于中信博所有。

（3）上海聚恒、浙江聚恒确认：王士涛、于鹏晓等人离职后 1 年内完成的发明创造系王士涛、于鹏晓等人在中信博及其子公司任职期间的职务发明和智慧成果，并不属于完成与其在本公司承担的本职工作或者本公司分配的任务有关的发明创造，本公司未向王士涛、于鹏晓等人下达过完成相关发明创造的工作任务，王士涛、于鹏晓等人完成的发明创造不属于本公司的职务发明；王士涛、于鹏晓等人在上述期间内完成的发明创造未使用本公司的任何物质技术条件，未违反本公司保密义务；本公司对王士涛、于鹏晓等人在上述期间内完成的发明创造不享有专利申请权及专利权，本公司现在及未来均不会主张相应权利；本公司与中信博之间不存在关于专利、非专利技术的争议、纠纷。

（4）已授权的 3 项专利中，“光伏系统跟踪及逆跟踪的方法”“用于光伏系统的检测装置、光伏系统及使用方案”涉及发行人的核心技术，但由于行业技术更新迭代较快，上述技术应用于发行人实际经营中的范围有限，不会对发行人的持续经营造成不利影响。

综上所述，涉诉的 6 项专利中有 3 项已获授权，专利权人为发行人。其中 2 项专利涉及发行人核心技术，但由于行业技术更新迭代较快，上述技术应用于发行人实际经营中的范围有限，不会对发行人的持续经营造成不利影响。已获授权的 3 项涉诉专利不属于王士涛、于鹏晓在原单位的职务成果。

3. 王士涛、于鹏晓对其曾任职单位是否负有竞业禁止或保密义务，是否因竞业禁止、保密等事项被曾任职单位主张过权利

上海聚恒、浙江聚恒确认：王士涛、于鹏晓等人完成的发明创造未侵犯本公司的合法权益；上述人员未违反公司的竞业禁止（竞业限制）的相关规定，未违反公司的保密义务，本公司不会追究上述人员的责任。

王士涛、于鹏晓未与上海聚恒、浙江聚恒等原任职单位签订关于竞业禁止、保密义务的相关协议或存在相关约定；王士涛、于鹏晓与上海聚恒、浙江聚恒等原任职单位之间不存在关于违背竞业禁止或侵犯保密义务的纠纷；王士涛、于鹏晓不存在被上海聚恒、浙江聚恒等原任职单位主张存在侵权的情形。

4. 王士涛、于鹏晓加入发行人后，牵头或参与形成的发明专利、对应的权利归属

王士涛、于鹏晓加入发行人后，牵头或参与形成的发明专利、相应的权利归属情况如表 69 所示。

表 69 回复函部分披露内容的节选

序号	专利权人/申请人	专利号	申请日	申请类型	发明名称	发明人	法律状态
1	发行人	201510124958.6	2015 年 3 月 20 日	发明	支撑梁与转动轴复用固定可调太阳能光伏支架	王士涛；蔡浩；于鹏晓；王世成	已授权
2	发行人	201510464752.8	2015 年 7 月 3 日	发明	一种双面匀光的双面电池组件	王士涛；蔡浩；马丽君；王世成	已授权

续表

序号	专利权人/申请人	专利号	申请日	申请类型	发明名称	发明人	法律状态
3	发行人	201510688482.9	2015 年 10 月 21 日	发明	用于光伏系统的检测装置、光伏系统及使用方法	王士涛；蔡浩；马丽君	已授权
4	发行人	201510706499.2	2015 年 10 月 27 日	发明	光伏系统跟踪及逆跟踪的方法	王士涛；蔡浩；李彩霞	已授权

综上，第三方自然人在未经上海聚恒同意的情况下，持上海聚恒公章以上海聚恒名义对发起人提起诉讼，后上海聚恒法定代表人申请撤诉，并被裁定准予撤诉。前述专利纠纷与王士涛、于鹏晓加入发行人无关，已得到彻底解决，不存在纠纷或潜在纠纷。涉诉的 6 项专利中有 3 项已获授权，专利权人为发行人。其中 2 项专利涉及发行人核心技术，但由于行业技术更新迭代较快，上述技术应用于发行人实际经营中的范围有限，不会对发行人的持续经营造成不利影响。已获授权的 3 项涉诉专利不属于王士涛、于鹏晓在原单位的职务成果。王士涛、于鹏晓未与上海聚恒、浙江聚恒等原任职单位签订关于竞业禁止、保密义务的相关协议或存在相关约定；王士涛、于鹏晓与上海聚恒、浙江聚恒等原任职单位之间不存在关于违背竞业禁止或侵犯保密义务的纠纷；王士涛、于鹏晓不存在被上海聚恒、浙江聚恒等原任职单位主张存在侵权的情形。王士涛、于鹏晓加入发行人后，牵头或参与形成的发明专利的权利归属于发行人。

五、知识产权管理制度与研发体系

关于知识产权管理制度与研发体系，典型案例如下：

案例 1：安集微电子科技（上海）股份有限公司

关于安集微电的基本信息请参见关于知识产权合作委托开发的案例 1，此处不做赘述。

通过上交所于 2019 年 4 月 30 日下发的《关于安集微电子科技（上海）股份有限公司首次公开发行股票并在科创板上市申请文件的审核问询函的回复》，我们可以看到关于研发管理体系的相关回复。

在被问及研发管理体系时，安集科技通过职责划分、项目立项、项目实施、资金管理、项目评审、技术资料保管和知识产权申请与保护几方面，具体说明了公司具有健全完备的研发管理制度。并且分阶段说明公司的研发管理制度对核心技术的独立性起到保障。最后阐明公司的研发管理制度足以维护核心技术的权益，知识产权维权与争议处理方面也建立了应急小组加以应对。

具体问询及回复内容如下：

问询：

发行人及其子公司共获得 190 多项发明，且有部分专利在境外获得授权，发行人核心技术主要由相关专利组合来支撑与保护，发行人核心技术研发实力较强，后续还要继续研发更多的专利与技术。

请发行人说明：公司的研发管理制度是否健全、完备，是否足以确保发行人核心技术的独立性、维护核心技术的权益。

回复：

安集科技关于研发管理体系的回复如下：

1. 公司的研发管理制度健全、完备

公司制定了研发管理的一系列制度，对职责划分、项目立项、项目实施、资金管理、项目评审、技术资料保管和知识产权申请与保护等工作流程及授权审批作了详尽的规定，强化了研发工作全过程的管理和控制。

（1）职责划分

市场及新业务拓展部和销售部负责收集市场和客户相关的信息，与技术研发部共同制定研发策略。

技术研发部负责提出研究开发计划及相关资源的配置要求，并付诸实施。

财务部根据研发计划及费用预算，提前准备资金，确保研发资金的需求，同时有效地监督研发经费的使用。

质量部和技术研发部负责提供原料和产品检验方法，并按标准进行验收。

采购部负责对新项目的产品的原材料采购，和技术研发部共同评估并决定新原料供应商，并对关键原料开拓第二个备选供应商。

市场及新业务拓展部产品经理负责掌控从研发到量产的进程。

法务及知识产权部与技术研发部在产品研发各阶段进行全过程知识产权保护，确保产品上市无风险。

（2）项目立项

公司技术研发部根据公司发展战略和年度计划，结合市场开拓和技术进步要求编制或更新部门目标，包括各产品线的研究和开发计划。总经理对技术研发部制订的部门目标进行审批。

研发项目立项前，市场及新业务拓展部组织相关部门结合下游客户的市场需求及当前的研究和开发计划进行会议讨论。会议将讨论研发项目在市场和技术上的可行性，总经理审核会议结果。根据总经理的审核结果，市场及新业务拓展部提出正式立项申请，并按照公司授权审批体系审批，启动研发项目。

（3）项目实施

项目立项后，公司确定项目负责人，项目负责人根据项目的研发方向确定所需的人员配置，人员的招募由人力行政部与项目负责人共同完成。为了确保研究过程的高效、可控，公司制定严格的岗位责任制，由人力行政部制定岗位责任制，公司项目领导进行监督，项目负责人执行。

研发人员在实验室内进行配方可行性研究，收集数据来确定产品配方的初步框架。研发期间，定期与客户交流，接受反馈，对研发结果进行总结讨论和修正。

技术研发部总监通过月度技术研发部会议监控各研发项目的执行情况，并持续评估项目在技术上的可行性，以确保项目研发方向的正确性。产品经理组织相关部门对项目的各阶段成果进行评审并记录，确保项目按期、保质完成，有效规避研发失败风险。

（4）资金管理

技术研发部在研发立项时，应同时向公司提报“研发项目资金预算”，按制度规定的分类详细地列明该研发项目涉及的费用和经费的需求时间。“研发项目资金预算”由研发项目组编制，经研发部审核后交财务经理及公司总经理审核，并由总经理提交董事会审批，批准后的“研发项目资金预算”交财务部备案，研发部留底。财务部接到董事会批准生效的“研发项目资金预算”之后，应据此提前准备研发经费，确保按研发计划提供资金保障。

管理层按年复核各部门职能，确认与技术研发相关的部门。根据管理层的复核，仅技术研发相关部门发生的与研发活动直接相关的人员工资费用、直接投入费用、折旧费与长期待摊费用、设计费用、装备调试费、无形资产摊销费用、委托外部研究开发费用、其他费用等支出可以计入研发支出。

（5）项目评审

初步确定配方的过程中，当研发结果与项目设定的性能指标接近时，由市场及新业务拓展部产品经理组织相关部门，包括技术研发、采购、质量、生产运营等部门，对项目进行阶段性评审。评审通过后，方可开始向客户提供样品进行测试。同时公司研发人员继续对产品配方进行研究，建立产品配方关键参数、组分浓度梯度与产品性能的对应关系，以便及时根据客户端测试结果优化产品配方。

当产品在客户端测试达到要求后，产品配方定型，产品经理及时组织相关部门进行共同评审，产品进入大规模送样阶段。

评审通过后，产品由研发部门转入生产运营部门，研发部门配合生产运营部进行生产工艺研究并生产，生产的产品用于客户端测试论证，通过论证后，方能拿到客户订单，产品经理再次组织相关部门进行共同评审，通过评审后，产品由生产运营部门转入生产部门进行量产。

（6）技术资料保管

在研发过程中被确定为技术秘密的信息，其档案材料可以经公司法务及知识产权主管领导批准后保留在本部门，但必须设专门存放处保存，以计算机等保存的，必须对该设备进行数字加密，密码不得向任何无关该技术秘密的人透露；研发中的阶段性成果，必须形成档案材料，依照保密措施保存，直到最终成果形成后，将各阶段成果形成的过程档案进行保存、销毁、解密等措施；在研发活动结束后，项目负责人应把本项目的研发情况以及取得的各项研发成果主要包括实验报告、数据手稿、图纸等技术资料，完整、准确、客观、及时地以书面形式向法务及知识产权部提交，建立相关技术档案，实行加密管理。

（7）知识产权申请与保护

在项目研发的过程中，对于需要申请专利的研究成果，技术研发部相关人员及时提交专利立案申请，并经副总经理审批后提交法务及知识产权部办理有关专利申请，形成自有知识产权。

2. 公司的研发管理制度足以确保发行人核心技术的独立性

公司根据市场需求和行业发展趋势，有针对性地进行产品研发和前瞻性研究，通过完善的研发管理制度和专利冲突检索制度，确保发行人核心技术的独立性。根据发行人提供的《项目管理评审流程》，发行人在研发产品过程中，研发人员和公司知识产权部门会对涉及的专利、技术进行冲突检索。具体流程如下：

（1）项目立项阶段的初步检索：根据关键词搜索专利；根据主要竞争对手的名称进行双重检索；根据竞争对手和专利族对专利进行分类，根据需要决定寻求外部律师或代理人的帮助。

（2）项目实施阶段的初步许可：根据关键词搜索专利或配方；根据主要竞争对手的名称进行双重检索；根据竞争对手和专利族对专利进行分类，根据需要决定寻求外部律师或代理人的帮助。

（3）项目评审后的产品放行：根据关键词（产品特征）对专利进行一般检索，并将产品特征与专利索赔进行比较；搜索现有技术（包括产品技术方案），根据需要决定寻求外部律师或代理人的帮助；根据搜索结果做出决策。

3. 公司的研发管理制度足以维护发行人核心技术的权益

公司取得了中知（北京）认证有限公司颁发的知识产权管理体系认证证书（证书号码：165IP191070ROM；知识产权管理体系符合标准：GB/T29490－2013）。公司已建立健全了知识产权的管理制度，维护核心技术的权益。

（1）研发中的知识产权管理

在从事研发活动之前，公司和研究与开发者之间应明确知识产权的相应关系，应明确管理责任、知识产权信息及查询系统的利用、知识产权的归属、知识产权的保密等重要事项；分析该项目所涉及的知识产权信息，包括各关键技术的专利数量、地域分布和专利权人信息等；通过知识产权分析及市场调研相结合，明确该产品潜在的合作伙伴和竞争对手；进行知识产权风险评估，并将评估结果、防范预案作为项目立项与整体预算的依据。

研发过程中，公司应对该领域的知识产权信息、相关文献及其他公开信息进行检索，对项目的技术发展状况、知识产权状况和竞争对手状况等进行分析；在检索分析的基础上，制定知识产权规划；跟踪与监控研究开发活动中的知识产权，适时调整研究开发策略和内容，避免或降低知识产权侵权风险；对研究开发活动进行记录，对技术研发成果等涉及商业秘密的信息，及时采取保密措施，进行保密管理；督促研究人员及时报告研究开发成果，由项目负责人对研究开发成果进行评估，并交由知识产权部围绕专利授权性进行检索分析，明确是否进行专利申请，执行《知识产权获取控制程序》，获取相应知识产权。

在研发活动结束后，项目负责人应把本项目的研发情况以及取得的各项研发成果主要包括实验报告、数据手稿、图纸等技术资料，完整、准确、客观、及时地以书面形式向法务及知识产权部提交，建立相关技术档案，实行加密管理。

（2）在委托或合作开发活动中的知识产权管理

通过合同明确确认委托开发和合作开发关系中的成果归属关系，明确许可及利益分配，并对共有技术成果的进一步开发或合作方式进行约定。

（3）在技术成果转让过程中的知识产权管理

由公司知识产权部提交相关知识产权价值评估报告和转让可行性论证报告，会同相关职能部门对技术成果转让进行知识产权专项审查，提出审查意见，将审查意见提交公司最高管理层通过后形成知识产权转让书面决定。

对于公司技术成果转让，必须经由知识产权部得到公司最高管理层书面同意后，方可在技术转让合同中加盖企业法人和公司专用章。知识产权部负责保管技术成果转让过程中的相关文件和资料。

（4）知识产权的维权与争议处理

法务对于监控到的可能涉及知识产权侵权或被侵权信息，由法务主管决定组建由律师、专利代理人等组成的应急小组。

应急小组初步调查收集侵权事实相关证据，结合知识产权权属证明、法律保护范围等相关内容，判断侵权成立与否，并分析公司损失大小及受影响响度，确定是否启动知识产权保护行动。

应急小组确定启动知识产权保护行动的，填写《知识产权维权处理评估报告》，通过权衡维权成本、维权周期、维权回报，结合行业特点、发展情况及对方的反击能力，评估选择策略，包括发侵权警告函或者律师函、向法院申请证据保全、向法院申请诉前禁令、向法院申请财产保全、向知识产权行政主管部门举报、向国家知识产权局宣告对方专利无效、根据仲裁条款申请仲裁、向法院直接起诉、与对方和解等。应急小组形成应对方案，递交总经理审批。

总经理批准后，执行应对方案，建立《知识产权维权记录》，由法务及知识产权部向管理者代表和总经理报告处理情况。

案例 2：北京华峰测控技术股份有限公司

2019 年 8 月 7 日北京华峰测控技术股份有限公司（以下简称华峰测控）科创板 IPO 获上交所受理，于 2020 年 1 月 14 日获得批准注册。

华峰测控主营业务为半导体自动化测试系统的研发、生产和销售，产品主要用于模拟及混合信号类集成电路的测试，产品销售区域覆盖我国、美国、欧洲、日本、韩国等全球半导体产业发达的国家……本次募集资金在扣除发行费用后拟投资于以下项目：集成电路先进测试设备产业化基地建设项目、生产基地建设项目、研发中心建设项目等。

通过上交所于 2019 年 10 月 7 日下发的《关于北京华峰测控技术股份有限公司首次公开发行股票并在科创板上市申请文件的审核问询函的回复》，我们可以看到关于知识产权管理体系与研发体系的相关回复。

在被问及知识产权管理体系与研发体系时，华峰测控详尽介绍了公司高效的研发体系，表明公司研发组织体系高效、研发平台统一、研发流程严谨并有丰富的技术成果。并且，公司基于高效的研发体系具备持续创新能力，知识产权管理与激励机制也较为完善。

具体问询及回复内容如下：

问询：

请发行人说明：发行人是否拥有高效的研发体系，是否具备持续创新能力。

回复：

华峰测控关于知识产权管理体系与研发体系的回复如下：

1. 发行人拥有高效的研发体系

（1）公司研发组织体系高效，分工明确

经过多年发展，公司形成了以基础实验室和研发部为核心的研发组织体系，基础实验室负责前沿技术追踪和研究，研发部负责从基础技术、产品技术和应用技术三个层次开展具体研发工作。

（2）公司研发平台统一，沟通高效

公司的研发团队在同一测试技术平台从事深入研究，尽可能避免重复性开发。公司建立的研发体系，既使公司对行业未来的发展趋势具有前瞻性的创造力，又保障了公司的研发方向具有市场敏锐度并且能够紧密贴合终端客户的实际需求，此外还降低了研发成本，有利于研发基底统一和成果共享。

（3）公司研发流程严谨，创新与需求紧密结合

公司产品的研发过程分为项目立项、研发阶段、验证阶段和结项阶段四大阶段，层层验证、监督，将创新与需求紧密结合，所研究技术做到先进性与商业实用性并存。

（4）公司技术成果颇丰，在研项目众多

截至本回复出具日，公司拥有 11 项核心技术，成功研发多代先进产品，打破国外垄断，实现进口替代。同时，公司技术储备丰富，在研项目众多，技术开发安排有序、合理，保证未来公司技术持续进步并处于领先。

2. 发行人具备持续创新能力

（1）公司研发培养体系专业，“以老带新”推动持续创新

公司共有多名员工从事研发工作，占员工总人数的 32.52%，其中，92.42% 的研发人员拥有本科及以上学历。公司核心技术团队在享受国务院政府特殊津贴的技术专家的带领下，形成了一支以老带新、骨干力量强大的研发团队，在国内同行业企业中拥有较强的研发人才优势。为加强公司内部技术共享体系建设，提升公司整体技术实力，建设技术人才梯队，公司建立了内部专利池和论文集，促进公司内部的技术分享和传承。此外，公司还通过体系化培训、内部导师制等方式促进研发人员成长。

（2）公司知识产权管理与激励机制完善

公司建立了完善、严谨的知识产权管理机制，并构建了创新激励机制：强化了知识产权管理方面制定知识产权相关制度和流程；建立了专利管理组织机制；构建了创新激励机制；完善技术创新氛围。

综上所述，发行人拥有高效的研发体系，具备持续创新能力。

案例 3：天合光能股份有限公司

2019 年 5 月 16 日天合光能股份有限公司（以下简称天合光能）科创板 IPO 获上交所受理，于 2020 年 4 月 29 日获得批准注册。

天合光能是一家全球领先的光伏智慧能源整体解决方案提供商，主要业务包

括光伏产品、光伏系统、智慧能源三大板块。光伏产品业务包括单、多晶的硅基光伏组件的研发、生产和销售；光伏系统业务包括电站业务及系统产品业务；智慧能源业务包括光伏发电及电站运维服务、智能微网及多能系统的开发和销售以及能源云平台运营等业务。

通过上交所 2020 年 2 月 3 日下发的《关于天合光能股份有限公司首次公开发行股票并在科创板上市申请文件的审核问询函的回复》，我们可以看到关于“研发体系”等问题的相关回复。

在被问及现有研发体系的具体内容时，天合光能从研发管理制度、研发人员数量及团队构成与背景、研发投入与研发设备以及技术储备四个方面来说明公司目前的研发体系具备持续创新的能力。天合光能在其中详细描述了研发管理制度的制定依据及其合理性，阐述其制定了全套完善的研发管理体系化文件，同时披露了研发人员与技术储备的相关情况，展现了一个完整翔实的知识产权管理制度与研发体系，有力地论证了天合光能现有的研发体系具备持续创新能力或技术创新的机制。

具体问询及回复内容如下：

问询：

报告期内，公司研发人员占比分别为 4.40%、4.63%、4.62%，生产人员占比为 74% 以上；报告期内，公司研发投入占营业收入比例分别为 5.46%、4.60%、3.86%。

请发行人披露：结合研发管理、研发人员数量、研发团队构成及核心研发人员背景、研发投入、研发设备、技术储备等，补充披露发行人现有研发体系是否具备持续创新能力或技术持续创新的机制，在研项目的主要方向及应用前景，技术储备及技术创新的具体安排。

回复：

公司注重技术创新，拥有一批经验丰富的光伏科研人员，以光伏科学与技术国家重点实验室、国家企业技术中心、新能源物联网产业创新中心等创新性平台为依托，建立了高效的研发体系。

公司目前的研发体系具备持续创新的能力，主要体现在以下方面：

1. 研发管理制度

公司制定全套完善的研发管理体系化文件，体系文件涵盖科研工作、知识产权、经费使用、科研仪器、人力资源、岗位职责、信息安全等，以更好地管理和服务公司的科技研发活动。研发项目启动前会对行业、市场现状、项目前景、项目实施风险等内容进行前期调研及分析，形成《项目调研报告》及《知识产权分析报告》为立项提供合理依据；在实施过程中围绕研发节点进行项目阶段性成果评价，对研发资源需求、技术调整性的维度进行评估，最终保证研发方向满足市场需求，研发进度紧跟业务需求。

公司认真贯彻落实GB/T29490－2013《企业知识产权管理规范》国家标准，在公司内部建立和推行“企业知识产权管理体系”，出台了《专利管理制度》对科研人员研发活动产生的专利技术进行详细规定，区分了职务发明与非职务发明专利权归属及激励政策。此外，为保护公司的研发成果，公司与主要技术人员签署了竞业协议，加强对相关技术的保密性及研发过程的高效性。

2. 研发人员数量及团队构成、背景

公司注重对技术研发人才的培养，在行业内打造了一支国际一流的高水平光伏科学与技术的研发团队，报告期内，公司的研发人员数量稳定在600人以上。公司着力整合全球创新资源，建设高水平研发队伍，坚持面向全球集聚人才，构筑创新创业人才高地，拥有包括被誉为“太阳能之父”的澳大利亚新南威尔士大学马丁·格林教授和来自德、日、美等国的顶尖光伏专家组成的学术委员团队。同时，公司拥有以中国首批“外专千人计划”专家皮尔·沃林顿博士为首席科学家和具有20多年美国、日本高科技研发经验、省“双创”归国人才、国家重点实验室主任冯志强博士为核心的技术创新队伍，研发能力达到国际领先水平。公司建有国家级博士后工作站，与国内多个高等院校联合培养专业技术人才，不断为行业培养应用研究人才。(如表70所示)

表70　人才情况

级别	人才项目名称	获批情况/人次
国家级	国家“外专千人计划”	1
	国家“首席外国专家项目”	1
	国家“万人计划青年拔尖人才”	1

续表

级别	人才项目名称	获批情况/人次
江苏省级	江苏省“双创人才”	7
	江苏省“双创博士”	7
	江苏省“333 计划”	1
	江苏省“外专百人计划”	1
	江苏省“六大人才高峰”	2
	江苏省“留创项目”	1
常州市级	常州市“创新人才计划”	12
	常州市“创新团队计划”	1

公司核心研发人员均在所属研究方向上做出了重要科研贡献、在新能源行业具有突出而丰富的工作经验，在公司的任职时间比较长，是公司主要知识产权的发明人，掌握了与公司业务领域相关的核心技术，参与公司的主要研发项目。

3. 研发投入与研发设备

公司注重对科技研发的投入，包括资金、人员、机器设备等方面。报告期内，公司在研发方面累计投入金额超过 42 亿元；在人员上，公司的核心技术人员参与了主要技术的研发过程，公司核心技术的形成与上述人力资源的投入密切相关；除此之外，公司为满足研发的需要，投入了一批先进的研发设备。目前公司拥有的各类主要研发设备仪器超过 300 台套，研发设备总价值超过 6 亿元人民币。部分大型研发设备仪器清单如表 71 所示。

表 71　部分大型研发设备仪器清单

序号	资产名称	型号	用途
1	研发设备 – LOANA 测试系统	LOANAinstrument	太阳电池 I – V 测试、光谱响应测试、损失分析
2	研发设备 – 激光掺杂设备	DR – DL – Y80	用于激光磷掺杂
3	研发设备 – LPCVD 设备	—	用于遂穿氧化层/多晶硅沉积（本征、掺杂）
4	研发设备 – 激光开槽设备	定制	采用激光烧蚀介质膜

4. 技术储备

公司在电池组件技术、面向系统解决方案的产品开发以及智慧能源等领域进行了丰富的技术储备，如表 72 所示。

表 72 技术储备

序号	技术储备	技术要点	公司已取得的成就
1	N 型 Topcon 电池技术	该技术通过采用高少子寿命的 N 型衬底单晶硅制备太阳能电池片，开发新型的 P－N 结构及制备技术、研究正背面钝化技术、新型局域金属化技术等电池工艺来提高电池转换效率，降低电池衰减率和生产成本，降低度电成本，进而实现实验室 N 型太阳电池 156mm×156mm 正面光电转化效率不低于 23.8% 的成果	2019 年 5 月 27 日，该技术成果再一次获得突破：自主研发的高效 N 型单晶 i－TOPCon 太阳电池光电转换效率高达 24.58%，创造了大面积 TOPCon 电池效率新的世界纪录
2	IBC 高效电池技术	IBC 高效电池的受光面没有电极，正负极金属栅线呈指状交叉排列于电池背面，公司一直致力于高效率 IBC 电池技术的研发	2014－2017 年，多次创造 IBC 电池转化效率和组件峰值功率的世界纪录。2018 年 2 月，天合光能自主研发的 6 英寸面积（243.18cm^2）N 型单晶全背电极太阳电池（IBC）效率高达 25.04%（全面积），测试结果已经过权威测试机构日本电气

公司主要的研发项目情况如表 73 所示。

表 73 公司主要的研发项目情况

序号	项目名称	主要方向及应用场景
1	高性能低成本 N 型晶体硅太阳电池双玻组件产品研发	本项目通过采用高品质的 N 型晶体硅结合先进电池技术研发，解决高效晶体硅电池衰减率较大的问题；通过创新性双面玻璃封装工艺研发，获得高品质的光伏产品。 主要用于提升高效组件湿热环境下的耐候性能

续表

序号	项目名称	主要方向及应用场景
2	组件一体化支架的开发	研发有特色的跟踪系统，适合不同的地形纬度，以增加发电量，降低平准化度电成本为最终目的。控制器方面，以时控为主，结合 MPPT 智慧跟踪，实现辐照利用最大化。并且完成支架以及控制器部分的认证。主要用于不同的地形、纬度，以增加发电量，降低平准化度电成本

第四章 IPO的知识产权诉讼防范与应对

近年来，IPO过程中遭遇知识产权诉讼成为越来越多拟上市企业面临的棘手难题。如何准确理解知识产权诉讼对上市审核造成的影响，在此基础上提前进行防范并积极应对？本章主要从宏观与微观相结合的视角，讨论知识产权诉讼的防范策略与应对逻辑，以生物医药科创企业为例探讨专利自由实施尽职调查（freedom to operate，FTO）给企业带来的风险防范价值，再结合非市场竞争战略分析知识产权诉讼的应对逻辑，最后围绕企业内知识产权管理的LIE模式讨论科创企业做好知识产权战略规划的重要性。

一、知识产权诉讼之防范策略

在“水大鱼大”的中国科技创新大变革时代，投融资活动非常活跃，技术壁垒高、具有核心知识产权的优质企业备受市场青睐。以生物医药行业为例，知识产权逐步成为该领域投融资关注的重点，知识产权律师也日益在该领域投融资法律服务中发挥关键作用。资本方要做好风险控制，尽职调查便是提示和规避投资风险的一项重要手段，FTO又是医药创新企业投融资尽调中的重中之重。

FTO，是一种为了评估某项技术或产品是否会因侵犯他人专利权而不得实施的风险，从而进行的法律尽职调查。在生物医药投融资活动中，FTO可以帮助资本方了解目标技术或产品可能的专利侵权风险。通常情况下，FTO工作流程包括技术特征分解、专利检索和筛选、高相关度专利比对分析等，最终根据《专利法》《专利法实施细则》《最高人民法院关于审理侵犯专利权纠纷案件应用法律若干问题的解释》等相关法律规定，结合全面覆盖原则、等同原则、禁止反悔原则等专利侵权比对原则，对目标产品是否落入相关专利权利要求的保护范围给出结论，并提出应对策略。

（一）规避风险，制定应对预案

FTO 能够提前帮助生物医药企业预判专利侵权风险并制定有效的知识产权应对策略，做到防患于未然。以如今炙手可热的 mRNA 领域为例，生物医药产业第三次革命中，核酸药物相关公司市值进入快速增长期，mRNA 疗法成为核酸药物中的明星。在众多种类的核酸药物中，以 ASO、RNAi 和 mRNA 药物最为成功，这三类药物均已有相关产品上市。mRNA 药物在疫情前已经备受市场关注，三大巨头 Moderna、BioNtech 和 CureVac 均已上市，其中 Moderna 更是在 2018 年创下生物技术公司 IPO 最高纪录。

1. FTO 技术关键词

技术关键词的确定是 FTO 的前提。通过专利技术关键词分析，可以明确当前的技术焦点，从而辅助确定开展 FTO 的目标技术领域。以 mRNA 为例，资本市场之前对于 mRNA 药物的质疑主要聚焦在没有产品上市，成药性有待检验，而新冠疫情却让 mRNA 疫苗崭露头角，打破诸多质疑。根据蛋白功能的不同区分，mRNA 药物的主要用途涉及蛋白替换疗法（补充缺失的蛋白质）、免疫疗法治疗肿瘤、传染病及个性化肿瘤疫苗和基因编辑技术等。

目前在 mRNA 领域，通过已有授权有效专利及实质审查中的专利技术关键词分析，相关技术焦点涉及递送、荧光定量、诊断试剂盒、基因融合、荧光探针、生物标记、标志物、诊断方法、测序、CDNA、单克隆抗体、基因片段、DNA 探针、人工信号、癌基因、正义链、反义链、siRNA、双链核糖核酸、配体、结合物、重编程、诱导体、质干细胞、编码基因、甲酸化合物、硫代磷酸等。

2. FTO 贯穿企业投融资的全过程

FTO 的时点可以贯穿企业投融资活动的全过程，但由于涉及技术方案比对，通常在有了基本技术方案后开展，尤其是在产品或技术基本定型后、产品上市前或大规模商业化应用前等关键节点进行详尽的分析调查。

以 mRNA 领域主流核心专利技术 LNP 递送技术（脂质纳米粒，Lipid

Nanoparticle）为例，由于容易被抗原呈递细胞吸收，故常应用于疫苗，目前三大 mRNA 疫苗巨头企业的新冠疫苗均采用 LNP 递送技术。LNP 技术已经出现数十年，但专利仍是主要“卡脖子点”，三大巨头的 LNP 技术均来自 Arbutus。Moderna 在 2018 年开始尝试挑战 Arbutus 的 LNP 专利，在开始 LNP 自主研发之路前及之后的研发过程中，都需要进行该技术的 FTO 调查，检索构成阻碍的现有专利并排查是否存在侵犯相关专利权的法律风险。

3. FTO 目标地域和分析重点

FTO 分析比对重点以目标产品的具体情况以及目标商业化地域为前提。由于专利具有地域性，即使是同一专利家族在不同地域的专利布局、保护范围及法律状态等也可能不同，因此开展 FTO 之前需先明确关注的地域。可以根据目标产品的拟上市地域或主要目标市场来确定 FTO 的地域范围。此外，目标产品的各个方面都可能涉及自由实施问题，又需要结合目标产品所涉重点技术进行 FTO。

在确定调查地域和技术领域的前提下，聚焦 FTO 分析重点，经过专利检索和分析比对，发现与目标产品相关的风险专利，进一步考虑通过规避设计、实施许可、收购持有相关专利的公司、专利无效等应对策略。据 Arbutus 所述，根据 Moderna 发表的文献、报告和专利分析，Moderna 很难在不依靠 Arbutus 专利的情况下，开发出有效的脂质体递送技术，即很难规避 Arbutus 的 LNP 技术，导致其挑战专利失败，未能有效避开专利侵权风险。

生物医药企业在实施相关技术前，需要查清该技术是否存在侵犯他人知识产权的可能性。全面的 FTO 能够帮助企业有效规避知识产权纠纷的法律风险，对可能发生的专利侵权风险提前预警，并制定有效的应对方案。

（二）减少损失，创造商业价值

FTO 也是生物医药企业发生专利侵权纠纷时面对“故意侵权”的抗辩理由以及论证企业自身风险应对能力的有力证据，为生物医药企业涉及知识产权的投融资活动保驾护航，做到防患于未然。

生物医药行业的特点是研发投资巨大，很多原研厂家一般选择通过大量的专利布局保护核心产品。同时，该领域某些突破性研究成果可能因具有广泛的应用性，而使其被授予专利保护的范围也相应广泛，足以覆盖整个技术领域。比如，PD－1 抗体（programmed death 1，程序性死亡受体 1，获得 2018 年的诺贝尔生理或医学奖），以及 CRISPR - Cas9 “基因剪刀”基因组编辑方法（获得 2020 年诺贝尔化学奖）等这些革命性的发明，在不同的国家和地区都进行了相应的专利布局，其保护范围可以影响领域内几乎所有使用相关技术的公司。

1. FTO 调查不充分引发专利侵权及巨额赔偿

FTO 能够排查专利侵权风险，调查不充分则可能引发专利侵权诉讼并相应产生巨额赔偿。以肿瘤治疗领域的明星分子 PD - 1 抗体为例，MSD 和 BMS 都是久经沙场的制药巨头，深谙专利的价值和侵权风险，通过一系列的“买买买”并购行动持续在该领域布局。在多番的专利较量中，MSD 最终被判定专利侵权，并向 BMS 支付巨额许可费，究其原因是在 2009 年收购 PD - 1 品种时未进行详尽的 FTO。

2005 年日本小野制药（Ono）公司与 Medarex 公司合作开发 PD - 1 抗体药物——Opdivo，并于 2001 年就着手通过 PCT 途径进行全球专利布局，涉及抗体产品及其改进、组合疗法、医药用途、下游标志物检测等，牢牢控制了相关抗体研究的技术主战场。2009 年 BMS 以 21 亿美元收购 Medarex，Opdivo 成为收购中的重要资产，后续 BMS 又进一步针对 PD - 1 抗体与其他抗癌疗法进行广泛专利布局。

与此同时，MSD 通过收购 Schering - Plough 公司获得 PD - 1 抗体药物——Keytruda，但因 PD - 1 抗体并非当时收购中的关键资产，因此并没有针对他人的在先专利进行详尽的 FTO，为后来的专利战埋下了伏笔。

2. 规避专利侵权的风险

通常根据全面覆盖原则、等同原则等进行专利侵权风险的分析，综合分析结果来确定目标产品是否落入相关专利的保护范围，针对有一定或者较大可能性构成专利侵权的情形，进一步提出对目标产品的规避设计建议，降低或避免专利侵权风险。在 MSD 和 BMS 的较量中，MSD 开启专利有效性挑战，BMS/Ono 则提出了专利侵权诉讼。关于这场专利技术引发的经济利益博弈，双方最终达成和解。

但对于 PD - 1 抗体研发领域的其他投融资企业来说，在投融资交易决定做出前须尽可能通过 FTO 客观详尽地对现有技术进行调查并了解潜在风险。以中国市场为例，目前涉足 PD - 1 抗体研发的企业包括君实生物、恒瑞医药、百济神州等，上述涉案专利尚未进入中国，BMS/Ono 在中国授权的专利是限定了特定

CDR序列的抗体结构3。国内相关制药企业通过FTO规避相关专利侵权风险，例如研发抗体序列不同于BMS/Ono获得专利保护的序列，则不会落入相关专利保护范围。

3. 降低认定“故意侵权”的可能

FTO的价值还体现在为高技术生物医药企业减少经济损失，带来商业价值。近年来随着知识产权案件标的和商业影响力的扩大，专利的商业价值日益凸显。尤其在《民法典》《专利法》《最高人民法院关于审理侵害知识产权民事案件适用惩罚性赔偿的解释》等法律法规、司法解释陆续明确知识产权惩罚性赔偿后，“故意侵权”和“惩罚性赔偿”等词汇使国内企业关于知识产权保护意识逐步提升，专利侵权风险调查意识明显加强。故意侵犯专利权且情节严重的，可能按照损害赔偿基数的一倍以上五倍以下确定惩罚性赔偿数额。

在我国知识产权司法审判中，法院会根据侵权人侵权的性质和情节等因素决定赔偿额度，而侵权人是否构成故意侵权也是法院考量的重点因素之一。如果企业在实施某项技术前进行了充分的FTO分析且报告评估结果显示被调查的技术不构成专利侵权，企业也善意使用了相关专利技术，那么即使该技术最终被认定为侵权，法院很可能也不会对企业适用惩罚性赔偿。

（三）总结

据IQVIA统计，2018年港股18A上市新规及2019年上交所科创板的推出，快速推高了资本市场对生物医药的投资热情，较2017年，2021年生物医药整体融资额（一级市场+IPO）增长近3.5倍。在生物医药投融资活跃的同时，诸如知识产权权属清晰、效力稳定、侵权风险等知识产权问题备受关注，知识产权律师扮演的角色也日渐凸显。

生物医药产业创新活跃，仍然处于蓬勃发展的阶段，在热门的赛道持续发力，FTO成为该领域投融资阶段知识产权尽调必不可少的一项重点工作，这项工作既体现了知识产权在投融资中的重要价值，又彰显出知识产权律师配合资本市场律师在提供投融资相关法律服务过程中发挥的关键作用。一方面，有利于生物医药企业实施知识产权保护，规避潜在风险，提前制定应对预案，从而防患于未然；另一方面，又在一定程度上减少潜在损失，为企业带来商业价值，从而防患于然。

二、知识产权诉讼之应对逻辑

竞争需要非市场思维。企业非市场战略的最终目的，是为企业的市场战略创造一个有利的竞争环境，通过改善企业经营绩效来增强企业在行业中的竞争力，从而拓展企业的外部生存与发展空间。

近年来，科创板创新制度硕果累累，然而在这个资本舞台上，因知识产权诉讼导致发行人折戟 IPO 的案例也不胜枚举：安翰科技、汉弘集团、白山科技等。

《中国科创板企业诉讼分析报告（2019－2021）》显示：2019 年至 2021 年，科创板上市企业共发生相关司法诉讼 7839 件。

从立案案由来看，侵害发明专利权纠纷为 272 件，占比 3.5%，是案件数量排名第三的案由（其中，第一为买卖合同纠纷占比 41.7%，第二为劳动争议占比 6.3%）。可见，科创板拟上市企业面临的知识产权侵权纠纷风险较高。

从战略性新兴产业分类来看，案件数量排名前两位的行业，分别为新一代信息技术领域和高端装备制造领域，案件数量共计 3261 件，占比 41.9%。在科创板拟上市企业涉及的知识产权诉讼中，不乏恶意知识产权诉讼（见表 74）。

表 74　科创板拟上市企业知识产权恶意诉讼典型案例

拟上市企业（被告）	案由	诉请金额	对上市影响
安翰科技	专利权侵权纠纷	5000 万元	主动撤回上市申请
汉弘集团	侵害技术秘密纠纷	1.09 亿元	主动撤回上市申请
白山科技	专利权侵权纠纷	2.5 亿元	主动撤回上市申请
晶丰明源	专利权侵权纠纷	2000 万元	当次申请被取消
敏芯股份	专利权侵权纠纷	1.5 亿元	当次申请被取消
智融科技	专利权侵权纠纷	6609.37 万元	主动撤回上市申请

上述恶意知识产权诉讼的原告普遍为拟上市企业同行业的竞争对手，案由以专利权侵权纠纷居多，亦有部分案件涉及侵害商业秘密纠纷，且诉请金额较高，造成的影响包括使科创板拟上市企业主动撤回上市申请，或使其当次上市申请被取消。

而就在 2021 年 8 月 24 日，中国裁判文书网还公布了 2021 年 5 月 21 日最高人民法院作出的对西门子与联影医疗有关专利的行政二审裁决全文。国家知识产权局、联影公司的上诉请求成立，应予支持。就在裁判文书公布前两日，联影医疗（688271. SH）正式登陆上交所科创板，发行价 109. 88 元/股，募集资金总额 109. 88 亿元。

为何企业上市过程是知识产权诉讼的高发时期？什么是恶意知识产权诉讼？如何解读其背后的商业逻辑？

（一）非市场竞争环境与非市场竞争战略

总体来看，企业面临的经营环境包括市场环境和非市场环境。

市场环境无须赘言，由企业、供应商和客户交织构成，有效管理市场环境是企业取得高业绩的必要条件，但不是充分条件。因为，企业的业绩和管理成效同样取决于其非市场环境行为。企业、个人、利益团体、政府单位、新闻媒体以及社会公众和私人机构为媒介的大众的交互影响共同构成非市场环境。

非市场环境正变得日益重要，也更加复杂。最值得企业关注的非市场问题有环境保护、健康和安全问题、监管与放松管制问题、知识产权保护、反垄断、非政府组织压力、商业报道、企业社会责任及道德问题等。

虽然把企业面临的经营环境分成市场环境和非市场环境两种，但这绝不意味着两者是割裂或对立的关系。

市场战略主要由“独特性/效率机制”来支配，非市场战略主要靠“合法性机制”来主导。企业非市场战略是指积极主动应对和影响非市场环境，通过“顺应或影响”利益相关者获取市场机会以及获取、维护与修复企业的组织合法性，进而与利益相关者之间产生基于获取资源或化解社会压力而形成的利益博弈关系和寻求合作共赢的战略行为。

一般来讲，非市场战略主要包括企业政治战略、企业社会责任战略、社会公众与媒体战略三种类型。与市场战略比较，非市场战略具有以下特征：①防范竞争对手，非市场战略能通过防范竞争对手提供竞争优势；②抵御来自新厂商和替代品的威胁，非市场战略在创造市场机会和抵御新厂商和替代品方面是必不可少的；③供应商和买商的议价能力，非市场战略也能应付由供应商和买商的讨价还价能力所引起的威胁。

市场战略与非市场战略就像古希腊的“双面神”Janus 长在同一头部上的两张不同面孔。市场战略与非市场战略互为前提，如果说市场战略追求的是“利”，非市场战略则追求的是“理”，即获得社会的理解、认同和赞许，两者交互达到“理利合一”。

实际上，企业非市场战略的最终目的，是为企业的市场战略创造一个有利的竞争环境，通过改善企业经营绩效来增强企业在行业中的竞争力，从而拓展企业的外部生存与发展空间。

非市场战略行为被证明有助于企业形成独特的市场地位和竞争优势，因而企业的非市场战略被认为是企业战略的一个组成部分和帮助企业获取竞争优势的来源之一。企业的高层领导者越来越认识到，企业在非市场领域的成功与市场领域的成功一样重要。

（二）知识产权恶意诉讼

正如前文所述，企业知识产权保护就是典型的非市场问题。

产权的经济效益原理是双重的：一方面，产权规则促进了讨价还价，允许经济交易的进行和交易收益的实现；另一方面，产权规则提供了创造资产的诱因，如知识产权，其主要形式有专利、版权、商业机密和商标。

在知识产权的司法诉讼领域，针对竞争对手提起法律诉讼的策略安排，是典型的非市场竞争战略行为，在企业 IPO 的过程中体现得尤为明显（见图 29）。

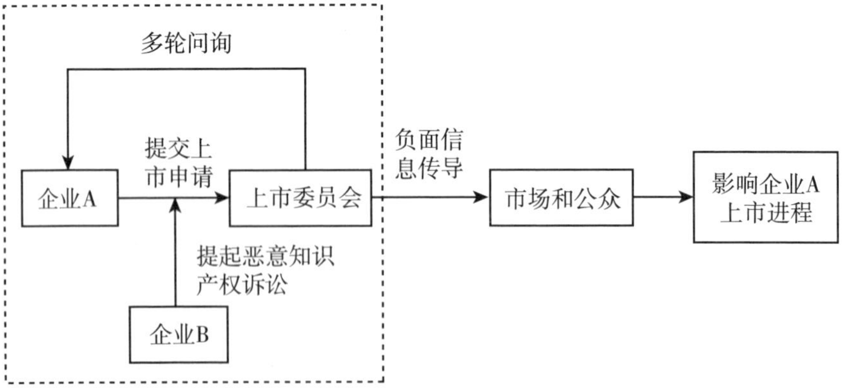

图 29　企业 IPO 过程中遭遇恶意知识产权诉讼过程分析

企业 A 与企业 B 一般为同行竞争者，若企业 A 提出 IPO 申请，企业 B 希望阻碍企业 A 的上市进程甚至使其上市计划失败，企业 B 或许会采取提起恶意知识产权诉讼的方式。

对证券市场而言，无论是监管者还是投资者，都对拟上市企业的诉讼信息较为敏感。因为诉讼是解决纠纷最后的手段，当外界得到的信息是企业深陷纠纷之中，可能对经营业绩产生影响时，往往会动摇投资者的信心。

因此，从非市场竞争战略角度看，提起恶意知识产权诉讼的竞争对手，可能并不想真的通过诉讼阻止侵权行为或获得赔偿，而是干扰企业的正常经营活动，或在市场中散布不实信息以使其上市失败。

何谓恶意诉讼？恶意诉讼实质上是一种诉权滥用行为，其构成要素包括：没有诉讼权利基础；具有损害他人的故意；致使他人受到了损失。

以专利权侵权诉讼为例，首先，“没有诉讼权利基础”指恶意诉讼原告明知提交的技术方案，不具有被授予专利的实质性要素（新颖性、创造性、实用性，统称专利“三性”），但却利用现有审查漏洞，递交申请并获得授权。现有的审查漏洞，来自专利权相对于其他类型的知识产权具有技术复杂性的特点。专利审查员在处理海量的技术申请和现有技术文献信息时，难免存在对专利“三性”的实质审查中出现漏检的问题。申请人因此具备了故意违反法定披露义务而骗取专利授权的条件。

其次，“损害他人的故意或恶意”指专利恶意诉讼原告在起诉时知道其诉讼中的请求缺乏事实或法律依据。如在（2015）京知民初字第 1446 号案件中，恶意诉讼原告在无效宣告程序中放弃了既有专利的权利要求，却又就此向被告提起专利权侵权。

最后，理论界和司法实务界现已达成共识，恶意诉讼属侵权行为的一种，所以在认定恶意诉讼行为给他人造成损害时，也需要一并认定行为和损害结果间的因果关系。

如何应对专利恶意诉讼？现存救济方式主要包括民事、刑事两种。在上述案件中，民事判决都包括恶意诉讼原告支付被告一定数目的经济损失。在刑事责任方面，基于不同的行为方式，恶意诉讼原告可能会被以虚假诉讼罪、诈骗罪、敲诈勒索罪追究刑事责任。

如在（2019）沪 01 刑终 2157 号案件中，被告人（恶意诉讼的原告）在受害人（恶意诉讼的被告）上市进程中，与关联公司以倒签时间的方式，伪造知识产权独占许可合同，向法院起诉受害人侵犯相关专利，并向证监会举报此事，造成被害人公司延迟挂牌上市。其间，被告人抓住被害人担心上市延迟的心理，与其谈判索取钱款，构成敲诈勒索罪。

上述刑事案件最终定罪依据，是被告人利用被害人担心上市延迟的心理勒索钱款。从案件整体事实发展来看，恶意诉讼给被害人上市带来的不利影响不容忽视，应引起相关部门重视。

（三）如何应对恶意诉讼

恶意诉讼成为 IPO 过程中一种非市场竞争策略。在政策层面的基础是证监会发布的《首次公开发行股票并上市管理办法》第 30 条第 5 项规定：发行人不得有下列影响持续盈利能力的情形：……发行人在用的商标、专利、专有技术以及特许经营权等重要资产或技术的取得或者使用存在重大不利变化的风险。

虽然发生本条规定的情形并不直接导致上市进程的停滞，但发行人会倾向于选择和解以免夜长梦多。

为应对科创板上市过程中的恶意诉讼，《上海市高级人民法院关于服务保障设立科创板并试点注册制的若干意见》《最高人民法院关于为设立科创板并试点注册制改革提供司法保障的若干意见》等文件接连出台，虽然包含防范恶意知识产权诉讼、维护科创板上市公司知识产权合法权益的条款，但并未规定具体的落实程序。

现在，科创板企业 IPO 期间依然是专利诉讼的高发期。在非市场竞争战略视角下，以原告起诉的目的来划分的话，知识产权恶意诉讼主要有以下三种类型。

第一种“阻挠对手发展”型：原告通常选择打完诉讼后不同意和解或调解，其目的是干扰竞争对手的日常经营甚至阻挠 IPO 的上市进程，诉讼只是手段。

如台 D 公司与光峰科技（科创板证券代码：688007）旷日持久的诉战。2019 至 2021 年，台 D 公司累计对光峰科技提起了 12 起侵害专利权诉讼。

2021 年 12 月 21 日，光峰科技在《关于台 D 公司恶意诉讼的诉讼公告》中指出：“在数案被法院驳回其诉讼请求后，被告仍然在多个法院起诉原告及原告经销商；同时，被告明知其专利存在权属纠纷的情况下，仍然使用该专利向原告提起专利侵权纠纷案件；且多起案件起诉之后又主动撤回起诉，对原告商誉造成不良影响并试图影响原告正常生产经营。”

在此类知识产权诉讼中，禁令和财产保全措施能够直接干扰企业的日常经营。通常情况下，《专利法》规定的保全制度是希望企业可以在进行知识产权侵权诉讼的期间进行援引，防止自己的损失进一步扩大。

例如，M 研究所以 N 公司为被告，提起侵害商业秘密纠纷案件，并同时申请对 N 公司的银行存款或等值财产进行保全。法院作出裁定并实际冻结了 N 公司名下银行存款超过 1 亿元，对 N 公司日常经营造成巨大影响。

这是一般诉讼中原告出于自身利益考虑而采取的合法保全方式，但当被应用于恶意诉讼时，很可能会造成权利的滥用。在原告看来，即使最终案件败诉，作为被告的竞争对手也可能因临时禁令失去本有的商机或市场，损失严重甚至濒临破产。

第二种“敲竹杠”型：原告以获利为主要目的，利用被告担心上市受阻的心态，通过协商达到和解的结果，流程持续时间短，索赔金额高。

如宁波盈 X 起诉奥比中光（科创板证券代码：688322）专利侵权，提出索赔金额合计高达 7850 万元。虽然在向科创板披露的文件中奥比中光表示根据专利稳定性分析，宁波盈 X 的专利均不具备新颖性或创造性，但不出 3 个月，奥比中光还是与宁波盈 X 达成了和解协议。

第三种“醉翁之意不在酒”型：其诉讼目的不在干扰发行人经营或取得金钱，而是希望通过诉讼获得竞争对手的商业秘密等信息。

如美国 ITC 公司（IntelliCAD）曾对浩辰软件（科创板证券代码：832097）发起侵犯知识产权及商业秘密的诉讼，诉讼要求除去赔偿金，还要求浩辰软件提供源代码和销售“侵权产品”相关的商业信息。苏州浩辰也做出反击，在苏州市中级人民法院对 ITC 提起不侵权诉讼。双方经磋商最终以和解撤诉结案，其中浩辰软件的考量是公开证据可能导致商业秘密泄露。

在企业上市的过程中，很可能遭遇竞争对手提起的知识产权恶意诉讼，干扰企业日常经营、索取高额和解金，甚至想要获得企业的核心商业秘密。

面对若干“不安分”的竞争对手，也有些公司提前布局，主动出击。如深谙非市场竞争之道的 E 公司，就在 IPO 过程中就采取较为主动的策略，为应对恶意知识产权诉讼提供了一种防范思路。

E 公司先锁定了竞争对手 F 公司。从 2020 年开始，F 公司在提起知识产权诉讼一事上较为活跃，被诉对象不仅包括个人、小规模企业，还包括行业内知名科技型企业。已有数据显示，F 公司在 2020－2021 年针对该行业巨头提起 10 余起专利侵权诉讼。

E公司上市路上如有对手搅局，F公司的可能性较高。经比对，F公司的产品存在侵犯E公司专利权的可能性。E公司开始着手研究F公司是否存在侵犯其专利权。经搜集线索，调查取证，公证固定证据，E公司不久便对F公司提起了诉讼。

通过上述行为，E公司能获得哪些实质性利益？

首先，F公司存在侵犯其专利权的可能，E公司作为专利权人提起诉讼是合理维权的行为，更能“以打代谈”，促进双方签订双赢的协议。

其次，从市场竞争角度看，E公司正处于IPO过程，面对诸多不安定的竞争对手，抓住F公司这一个典型率先发起专利侵权诉讼，声明打击侵权的决心、针对侵权行为果断维权的立场。

最后，从非市场竞争角度看，诉讼对上市委员会、媒体、投资者和广大民众对企业的评价影响是巨大的。E公司如果在专利侵权诉讼中成为被告，哪怕走完一系列诉讼流程，法院驳回原告的诉讼请求，在这之前的“悬而不决”都会经过问询程序及媒体分别被传达给上市委员会以及广大民众，影响E公司的IPO进程甚至使其就此止步。E公司先起诉，作为权利人积极主张自己的权利，有助于传递出积极的信息，助力上市顺利推进。

（四）竞争需要非市场思维

和非市场环境相关的商务领域，对企业经营业绩和管理效率有举足轻重的作用。应对非市场问题，良好地运用市场战略和非市场战略达到管理目标是企业管理者的重要职责。

在当前大部分企业均以市场思维主导其竞争行动选择时，非市场行动的采取更有可能产生“意想不到”的效果。当前的竞争需要非市场思维，而非市场竞争战略看重企业市场领域外的其他利益相关者。

在司法诉讼领域，常见的一种非市场竞争战略行为是在拟上市企业IPO的重要时间节点对其发起恶意诉讼，干扰上市委员会和广大民众对企业的看法，从而影响其上市进度，并以此为要挟，迫使企业交付高额和解费用或在诉讼中通过公开证据以获得企业的商业秘密等信息。

现阶段，虽然有以意见形式存在的文件强调保护发行人的合法利益、使发行人免受恶意诉讼的困扰，但并没有赋予发行人除诉讼外更多的救济途径。因此，为应对竞争对手的潜在恶意诉讼威胁，企业可以及早准备，聘请律师出谋划策，主动出击，为IPO之路扫清障碍。

除企业主动采取的非市场竞争战略行为之外，检察院、法院、知识产权行政管理、行政执法部门等相关政府部门，应加强建立沟通协作机制，加大对知识产权恶意诉讼的监管和惩治力度，构建协同共治的知识产权保护体系。

比如，首先，建立涉知识产权恶意诉讼数据共享研判制度。相关部门可以形成信息对接、数据共享等常态化联络机制，合力加强大数据分析治理。其次，建立涉知识产权恶意诉讼线索通报制度，并加强涉知识产权恶意诉讼打击防范力度。设立侵犯知识产权违法犯罪举报通道，规范完善相关线索移送文书；加强虚假诉讼监督力度，共同推进防范打击成效。最后，通过进一步加强相关部门的沟通协作力度，协同相关部门共同推进行业治理，从源头上遏制恶意诉讼行为的发生。这些举措将有利于全社会“尊重知识、崇尚创新、诚信守法、公平竞争”的知识产权文化环境加快形成，有助于支撑创新型国家建设的实现。

三、知识产权诉讼之战略管理

企业知识产权管理不仅仅是知识产权法问题。法律、管理和技术，是企业知识产权管理的三大要素。三要素中，法治是前提、管理是根本、技术是初心。本文从企业知识产权管理的角度，提出了知识产权管理的LIE模式。何为LIE模式?

从组织管理的角度，“LIE”就是三类关键人：“L”，就是Lawyer，律师；“I”，就是Innovator，科研人员；“E”，就是Entrepreneur，企业家。

从战略管理的角度，“LIE”就是三个基本要素：“L”，就是Law，懂法律；“I”，就是Innovation，懂科技（创新）；“E”，就是Enterprise，懂管理。

也就是说，企业的知识产权管理，需要懂法律、懂技术和懂管理的人，要律师、企业家和科研人员协同配合。

为什么Lawyer要排在最前面?绝对不仅仅是因为LIE可以构成一个英文的单词“谎言”或者是“寄托”。而是因为法治是市场经济最重要的基石，知识产权制度是市场经济不可或缺的部分。

（一）创新驱动，科技先行

日本学者渡部俊也，在其《创新人员的知识产权管理：从技术诞生到开放式创新的收益化》一书中指出，专利制度是诞生了500多年的老制度。就像中世纪的剑和盔甲，想在现代战争中打胜仗，颇费周折。西方居然用老到生锈且落后于时代的制度和企业的创新结合，并获取巨大收益。

电影《电力之战》没什么名气，却是作者喜欢的电影。为什么？这是美国企业知识产权管理的生动教材。直流电之父爱迪生、西屋公司的创始人乔治·威斯汀豪斯、交流电发电机的创始人特斯拉，三个大发明家，为了技术路线和企业利润，钩心斗角，专利争斗，最后交流电胜出。体现了企业用知识产权管理的逻辑。这些发明家，不仅仅是科研人员，也是美国激励机制的受益者。特别是爱迪生为了证明交流电的弱点，用马做实验，证明交流电可以杀人，阴差阳错地推动美国死刑犯执行从绞刑到电椅的过渡。

根据中国学者尹锋林《科研能力转化、科技成果转化与知识产权运用》的研究，中国每件专利转移的平均数额不到10万元人民币；美国这个数字是300万元人民币。中美专利价格相差30倍。中国专利申请的平均费用则高达50万元人民币。考虑到中国专利的转化率不到百分之十，则一件专利的市场成本高达500万元。而转让价格不到10万元，造成专利成本与价格的严重倒挂。这就造成激励机制的严重扭曲，科研和创新的目的与经济驱动脱轨。

根据相关调查同行业竞争对手申请专利的动机，排名第一的是为了拿到政府的各种创新补贴；排名第二的是为了申请高科技企业资质；排名第三的是完成领导任务，或者其他。专利制度最本质的特征，保护创新并没有被体现出来。

2011年，美国谷歌公司为了保护Android OS软件，以125亿美元的价格并购了摩托罗拉移动通信，包括17 000件已经获得授权的专利和7000件正在申请的专利。平均下来，一件专利价值50万美元。如果只计算已经获得授权的专利，则一件70万美元。谷歌并购摩托罗拉的例子，足以证明中美知识产权管理的巨大差异。

（二）企业科创，知产管理

从国家的层面，知识产权管理主要是知识产权政策管理；从企业层面，知识产权管理主要是知识资本的管理。2008年，中国的国家知识产权战略纲要中，提出了十六字方针：激励创造，有效运用，依法保护，科学管理。

激励创造，主要和科技有关。被激励的可以是高校、科研机构和企业，但是背后是人，主要靠科研人员。有效运用和科学管理，主要和企业有关，运营和管理的主体，主要是企业。依法保护，主要和法律有关。法律提供了保护和有效运用的框架。没有规则，其他都无从谈起。所以说，法律是龙头。

以制药企业为例，来总结 LIE 的逻辑。专利是经过申请取得的权利，但是拥有专利不直接与企业的效益挂钩。没有创造效益的专利申请，只是企业的负担。只有科研人员被激励，投入新的技术创新中，企业获得了实实在在的经济效益，乐意投入物质条件和人力资源进行研发，技术创新通过知识产权管理为企业创造经济效益，才能形成良性循环。

企业践行 LIE 模式，就是要把技术创新和知识产权有效结合，通过知识产权管理，让知识产权真正为企业带来持久的竞争优势。

过去，企业的知识产权管理往往停留在被动的技术应对上，比如商标专利申请和维护的初级阶段。未来，企业的知识产权管理更需要主动关注战略层面知识资产的运用和管理，从维持企业的竞争优势角度出发，进行依法保护。

附录

相关企业名录

序号	企业简称	企业全称	受理日	注册日
半导体企业名录				
1	明微电子	深圳市明微电子股份有限公司	2020/4/28	2020/11/17
2	恒玄科技	恒玄科技（上海）股份有限公司	2020/4/22	2020/11/11
3	利扬芯片	广东利扬芯片测试股份有限公司	2020/4/17	2020/9/22
4	芯海科技	芯海科技（深圳）股份有限公司	2020/3/31	2020/8/25
5	思瑞浦	思瑞浦微电子科技（苏州）	2020/4/20	2020/8/19
6	正帆科技	上海正帆科技股份有限公司	2020/4/8	2020/7/28
7	芯原股份	芯原微电子（上海）股份有限公司	2019/9/20	2020/7/22
8	敏芯股份	苏州敏芯微电子技术股份有限公司	2019/11/1	2020/7/14
9	仕佳光子	河南仕佳光子科技股份有限公司	2020/3/24	2020/7/14
10	力合微	深圳市力合微电子股份有限公司	2019/11/7	2020/7/1
11	中芯国际	中芯国际集成电路制造有限公司	2020/6/1	2020/6/29
12	芯朋微	无锡芯朋微电子股份有限公司	2019/12/25	2020/6/24
13	寒武纪	中科寒武纪科技股份有限公司	2020/3/26	2020/6/23
14	金宏气体	苏州金宏气体股份有限公司	2019/12/13	2020/5/21
15	紫晶存储	广东紫晶信息存储技术股份有限公司	2019/4/3	2020/1/20
16	华润微	华润微电子有限公司	2019/6/26	2020/1/20
17	神工股份	锦州神工半导体股份有限公司	2019/4/19	2020/1/14

续表

序号	企业简称	企业全称	受理日	注册日
18	华峰测控	北京华峰测控技术股份有限公司	2019/8/7	2020/1/14
19	有方科技	深圳市有方科技股份有限公司	2019/5/7	2019/12/27
20	华特股份	广东华特气体股份有限公司	2019/4/12	2019/11/27
21	聚辰股份	聚辰半导体股份有限公司	2019/4/2	2019/11/15
22	芯源微	沈阳芯源微电子设备股份有限公司	2019/7/12	2019/11/15
23	清溢光电	深圳清溢光电股份有限公司	2019/5/24	2019/10/23
24	联瑞新材	江苏联瑞新材料股份有限公司	2019/4/11	2019/10/16
25	晶丰明源	上海晶丰明源半导体股份有限公司	2019/4/2	2019/9/10
26	晶晨股份	晶晨半导体（上海）股份有限公司	2019/3/22	2019/7/16
27	乐鑫科技	乐鑫信息科技（上海）股份有限公司	2019/4/3	2019/7/1
28	安集科技	安集微电子科技（上海）股份有限公司	2019/3/29	2019/7/1
29	中微公司	中微半导体设备（上海）股份有限公司	2019/3/29	2019/7/1
30	澜起科技	澜起科技股份有限公司	2019/4/1	2019/6/25
31	睿创微纳	烟台睿创微纳技术股份有限公司	2019/3/22	2019/6/14
32	华兴源创	苏州华兴源创科技股份有限公司	2019/3/27	2019/6/14
33	东微半导	苏州东微半导体股份有限公司	2021/6/17	2021/12/21
34	东芯股份	东芯半导体股份有限公司	2020/9/22	2021/11/9
35	普冉股份	普冉半导体（上海）股份有限公司	2020/8/3	2021/6/22
36	盛美股份	盛美半导体设备（上海）股份有限公司	2020/6/1	2021/8/17
37	芯碁微装	合肥芯碁微电子装备股份有限公司	2020/5/13	2021/2/2
38	复旦微	上海复旦微电子集团股份有限公司	2020/9/30	2021/6/1
39	天微电子	四川天微电子股份有限公司	2020/10/13	2021/6/8
40	力芯微	无锡力芯微电子股份有限公司	2020/7/23	2021/5/11
41	银河微电	常州银河世纪微电子股份有限公司	2020/5/25	2020/12/23
42	莱特光电	陕西莱特光电材料股份有限公司	2021/6/16	2021/12/28
43	臻镭科技	浙江臻镭科技股份有限公司	2021/6/29	2021/12/21
44	天岳先进	山东天岳先进科技股份有限公司	2021/5/31	2021/12/14
45	翱捷科技	翱捷科技股份有限公司	2020/12/15	2021/12/14
46	炬光科技	西安炬光科技股份有限公司	2021/2/4	2021/11/23

续表

序号	企业简称	企业全称	受理日	注册日
47	芯导科技	上海芯导电子科技股份有限公司	2021/4/9	2021/10/26
48	炬芯科技	炬芯科技股份有限公司	2020/12/30	2021/10/19
49	安路科技	上海安路信息科技股份有限公司	2021/4/30	2021/9/22
50	艾为电子	上海艾为电子技术股份有限公司	2020/9/30	2021/6/8
51	宏微科技	江苏宏微科技股份有限公司	2020/12/22	2021/7/6
52	格科微	格科微有限公司	2020/7/7	2021/6/16
53	新疆大全	新疆大全新能源股份有限公司（220301）	2020/9/11	2021/6/22
54	气派科技	气派科技股份有限公司	2020/6/24	2021/5/18
55	和辉光电	上海和辉光电股份有限公司	2020/8/26	2021/4/6
56	迅捷兴	深圳市迅捷兴科技股份有限公司	2020/7/30	2021/3/30
57	莱尔科技	广东莱尔新材料科技股份有限公司	2020/6/15	2021/3/9
58	和林科技	苏州和林微纳科技股份有限公司	2020/6/2	2021/2/24
59	富信科技	广东富信科技股份有限公司	2020/6/11	2021/2/24
60	美迪凯	杭州美迪凯光电科技股份有限公司	2020/5/12	2021/1/19
61	四方光电	四方光电股份有限公司	2020/4/29	2021/1/5
62	晶科能源	晶科能源股份有限公司	2021/6/28	2021/12/28
63	希荻微	广东希荻微电子股份有限公司	2021/5/24	2021/12/14
64	国芯科技	苏州国芯科技股份有限公司	2020/12/30	2021/12/7
65	品高软件	广州市品高软件股份有限公司	2020/6/30	2021/11/23
66	概伦电子	上海概伦电子股份有限公司	2021/6/25	2021/11/23
67	泛海统联	深圳市泛海统联精密制造股份有限公司	2020/12/28	2021/11/2
68	创耀科技	创耀（苏州）通信科技股份有限公司	2020/12/1	2021/11/16
69	富吉瑞	北京富吉瑞光电科技股份有限公司	2021/1/20	2021/8/31
生物医药企业名录				
1	微芯生物	深圳微芯生物科技股份有限公司	2019/3/27	2019/7/17
2	热景生物	北京热景生物技术股份有限公司	2019/4/4	2019/9/3
3	申联生物	申联生物医药（上海）股份有限公司	2019/4/2	2019/9/20
4	华熙生物	华熙生物科技股份有限公司	2019/4/10	2019/9/29
5	博瑞医药	博瑞生物医药（苏州）股份有限公司	2019/4/8	2019/10/12

续表

序号	企业简称	企业全称	受理日	注册日
6	普门科技	深圳普门科技股份有限公司	2019/4/16	2019/10/16
7	硕世生物	江苏硕世生物科技股份有限公司	2019/4/22	2019/11/7
8	泽璟制药	苏州泽璟生物制药股份有限公司	2019/6/10	2019/12/31
9	东方基因	浙江东方基因生物制品股份有限公司	2019/5/9	2019/12/31
10	百奥泰	百奥泰生物制药股份有限公司	2019/7/8	2020/1/14
11	南新制药	湖南南新制药股份有限公司	2019/6/26	2020/2/25
12	复旦张江	上海复旦张江生物医药股份有限公司	2019/5/13	2020/5/14
13	神州细胞	北京神州细胞生物技术集团股份公司	2019/9/16	2020/4/29
14	君实生物	上海君实生物医药科技股份有限公司	2019/9/26	2020/5/20
15	艾迪药业	江苏艾迪药业股份有限公司	2019/10/10	2020/6/19
16	三生国健	三生国健药业（上海）股份有限公司	2019/10/31	2020/6/24
17	赛科希德	北京赛科希德科技股份有限公司	2019/12/27	2020/7/7
18	康希诺	康希诺生物股份公司	2020/1/22	2020/7/15
19	安必平	广州安必平医药科技股份有限公司	2019/12/27	2020/7/21
20	苑东生物	成都苑东生物制药股份有限公司	2020/4/22	2020/7/29
21	圣湘生物	圣湘生物科技股份有限公司	2020/3/4	2020/7/28
22	科前生物	武汉科前生物股份有限公司	2019/3/22	2020/8/25
23	前沿生物（南京）	前沿生物药业（南京）股份有限公司	2019/8/13	2020/9/15
24	艾力斯	上海艾力斯医药科技股份有限公司	2020/4/17	2020/11/3
25	科兴制药	科兴生物制药股份有限公司	2020/5/11	2020/11/11
26	悦康药业	悦康药业集团股份有限公司	2020/4/29	2020/11/24
27	之江生物	上海之江生物科技股份有限公司	2020/6/1	2020/12/8
28	浩欧博	江苏浩欧博生物医药股份有限公司	2020/5/11	2020/12/15
29	凯因科技	北京凯因科技股份有限公司	2020/5/27	2021/1/5
30	奥泰生物	杭州奥泰生物技术股份有限公司	2020/5/28	2021/2/18
31	科美诊断	科美诊断技术股份有限公司	2020/6/8	2021/2/24
32	亚辉龙	深圳市亚辉龙生物科技股份有限公司	2020/4/22	2021/3/9
33	睿昂基因	上海睿昂基因科技股份有限公司	2020/6/23	2021/4/6

续表

序号	企业简称	企业全称	受理日	注册日
34	诺泰生物	江苏诺泰澳赛诺生物制药股份有限公司	2020/6/17	2021/4/13
35	圣诺生物	成都圣诺生物科技股份有限公司	2020/6/24	2021/4/27
36	皓元医药	上海皓元医药股份有限公司	2020/5/26	2021/4/27
37	欧林生物	成都欧林生物科技股份有限公司	2020/6/24	2021/4/21
38	金迪克	江苏金迪克生物技术股份有限公司	2020/10/26	2021/6/1
39	华纳药厂	湖南华纳大药厂股份有限公司	2020/6/24	2021/6/8
40	百克生物	长春百克生物科技股份公司	2020/8/25	2021/5/11
41	首药控股	首药控股（北京）股份有限公司	2021/3/16	2022/2/8
42	迈威生物	迈威（上海）生物科技股份有限公司	2020/12/17	2021/12/7
43	百济神州	百济神州有限公司	2021/1/29	2021/11/16
44	亚虹医药	江苏亚虹医药科技股份有限公司	2021/5/26	2021/12/1
45	迪哲医药	迪哲（江苏）医药股份有限公司	2021/3/10	2021/11/9
46	安旭生物	杭州安旭生物科技股份有限公司	2020/6/2	2021/9/28
47	诺唯赞	南京诺唯赞生物科技股份有限公司	2020/12/24	2021/7/13
48	成大生物	辽宁成大生物股份有限公司	2020/5/8	2021/9/14
49	博拓生物	杭州博拓生物科技股份有限公司	2020/10/12	2021/7/27
50	汇宇制药	四川汇宇制药股份有限公司	2020/12/2	2021/8/3
51	上海谊众	上海谊众药业股份有限公司	2020/8/11	2021/8/3
52	南模生物	上海南方模式生物科技股份有限公司	2020/12/18	2021/11/2
新材料企业名录				
1	明冠新材	明冠新材料股份有限公司	2020/6/4	2020/11/24
2	会通新材	会通新材料股份有限公司	2020/4/27	2020/9/22
3	上纬新材	上纬新材料科技股份有限公司	2019/12/27	2020/9/1
4	华光新材	杭州华光焊接新材料股份有限公司	2019/12/17	2020/7/21
新能源企业名录				
1	天合光能	天合光能股份有限公司	2019/5/16	2020/4/29
2	卓越新能	龙岩卓越新能源股份有限公司	2019/4/26	2019/10/16
3	中信博	江苏中信博新能源科技股份有限公司	2020/4/7	2020/7/28

续表

序号	企业简称	企业全称	受理日	注册日
环保企业名录				
1	英科环保	山东英科环保再生资源股份有限公司	2020/7/24	2021/5/25
2	京源环保	江苏京源环保股份有限公司	2019/7/5	2020/3/5
智能制造企业名录				
1	海德曼	浙江海德曼智能装备股份有限公司	2019/12/26	2020/8/5
2	金盘科技	海南金盘智能科技股份有限公司	2020/5/12	2021/1/13